教｜育｜知｜库

三班的小时光

朱君——

著

光明日报出版社

图书在版编目（CIP）数据

三班的小时光 / 朱君著 . -- 北京：光明日报出版社，2022.3

ISBN 978-7-5194-6494-3

Ⅰ.①三… Ⅱ.①朱… Ⅲ.①小学教育－教育工作 Ⅳ.① G62

中国版本图书馆 CIP 数据核字（2022）第 039159 号

三班的小时光

SANBAN DE XIAOSHIGUANG

著　者：朱　君

责任编辑：石建峰　　　　　　　责任校对：田昌华
封面设计：中联华文　　　　　　责任印制：曹　净

出版发行：光明日报出版社
地　　址：北京市西城区永安路 106 号，100050
电　　话：010-63169890（咨询），010-63131930（邮购）
传　　真：010-63131930
网　　址：http://book.gmw.cn
E - mail：gmrbcbs@gmw.cn
法律顾问：北京市兰台律师事务所龚柳方律师

印　　刷：三河市华东印刷有限公司
装　　订：三河市华东印刷有限公司
本书如有破损、缺页、装订错误，请与本社联系调换，电话：010-63131930

开　　本：170mm×240mm
字　　数：260 千字　　　　　　印　　张：16.5
版　　次：2022 年 3 月第 1 版　　印　　次：2022 年 3 月第 1 次印刷
书　　号：ISBN 978-7-5194-6494-3

定　　价：68.00 元

小时光，有大爱

朱君老师的"小时光"，是让人感动的教育叙事，字里行间满是对学生的爱。

朱老师用六年的时间挑灯夜战，陪伴学生，观察学生，引领学生，写下学生白天的学习和"风波"，反思自己处理问题的方法，日积月累，汇集成册，赠给每一个孩子，让他们在以后的日子里，随便什么时候，只要有回忆的需求，比如考上大学，抑或组建家庭，甚至是有了孩子，都可以手握这卷书，重温往事，重回现场，那将是怎样罕有的一种幸福？

可以这样说，小时光，大收获；小时光，有大爱。

翻开"小时光"，在孩子们第一次进入学校并成为"3班"学生的时候，朱老师就像许多初为父母的人一样，充满关爱，有意识地记录孩子成长的点点滴滴，尤其是充满教育契机的"小事件"，在朱老师的笔下都成为重要的叙事，作为教书育人的案例，加以记录、整理和分析。因此，除了"3班"的学生可以借着"小时光"回忆童年，更多小学生的家长看了，可以避免再走弯路，而各位教育同行，尤其是青年教师，也可以从中受益，寻找解决问题的办法。因此，朱老师的"小时光"对于青年教师可以说是"入门宝典"。

"小时光"重要的开始，是让关爱抵达每一个孩子的心里，而关键的第一步是记住孩子们的名字。"每个孩子的名字我都能脱口而出"，当朱老师叫得出孩子们的名字，孩子们就知道，老师已经接纳他们成为自己的学生了！所以，快速记住每一个学生的名字，是建立师生关系的基础。在朱老师眼里，责任感要从"小事件"开始培养，但是这并不代表孩子们就能够迅速长大懂事。在朱老师的"小时光"里，充满期待，孩子们，不急着长大，慢慢来，即使犯了错误，也并不意味着一无是处。教室是"试错室"，学生接受教育的过程，在朱老师看来就是"试错教育"，这一点，值得各位同仁仔细琢磨。

六年中，朱老师并没有随意挥霍时光，而是精心设计。"让名片来帮您"就充满设计感。社会飞速发展，教育专家们说，教育已经进入设计时代，如区域顶层设计、校园文化设计等；而最宝贵的，当属天天陪伴孩子们的老师，如果他们都能够精心设计日常教育生活，让孩子们的学习生活充满乐趣，就是对孩子们生命的最大负责！俗话说"内容为王"，除了教学形式上要用心设计，更重要的是学习的主题选择。朱老师善于观察学生的心灵成长，通过习作《家乡的当泥树》，适时引入家乡教育，引导孩子们认识自己的家乡，进而热爱自己的家乡，并立志学好知识建设家乡。

桃李不言，下自成蹊。在不知不觉的"小时光"里，潜滋暗长的是孩子们的感恩之心。朱老师收录了学生的一封来信，字里行间，流淌着满满的爱，那是师生之间情感的回流。多少年过去了，学生写道："稍微大一些，我看见你的身旁闪烁着光芒，一种伟大、慈祥的光芒。"这样的认识，当时无法领悟，非经时光的打磨不能达成。小学教师的伟大，就是等待，一边付出，一边期待，告诫自己不图回报，至少是不急于收成！

教育如耕耘，勤耕细作才有收获。有如农夫辛苦但也很快乐。朱老师就是一位"快乐的农夫"，书写着教育的"田园诗话"，享受着"守望的幸福"。在我们的视线里，朱老师戴着眼镜，说话声音弱弱的，笑起来的时候有些含羞，对于未来，她仍然充满好奇和期待。朱老师是一个酷爱阅读和写作的老师，尤爱古诗词。她是那种视读书为生命的人，读书对她来说，像呼吸空气一样自然。她爱阅读、爱写作；她更享受阅读、享受写作。她的日常生活就是读书，和孩子们一起读书；写作，和孩子们一起写作。她和孩子们在书海中遨游，一起享受阅读和写作的乐趣。朱君老师是南山阅读的点灯人，她博览群书、出口成章、下笔有神。她更鼓励学生阅读和写作，在《蛇口消息报》等报纸专栏上，常常可以看到她的文章和学生的习作。师生共读、共写，共同探索生活大课程，课堂延伸，学科融合，线上线下，学生的学习方式悄然改变。阅读促进学习，学习力的本质就是竞争力。在这一过程中，培养了学生坚毅的品质、关爱同伴的心灵、善于合作的能力，可以毫不夸张地说，阅读就是提高学业质量的"金钥匙"，朱老师就把这把"金钥匙"交到了孩子们的手上。

学生心目中的朱老师是最美的，她善良宽厚，性格温柔，她朴实无华，低调内敛。在她看来，这么多年来，她只是默默无闻地做好一个老师的本职工作，尽职尽责地做好属于她的每一件事，尽心尽力地陪伴、关爱着她班上的每一个孩子，生动有趣地上好每一节课。她从事着教育工作，享受着教育的快乐。

朱老师的"小时光"，也是她教师生涯苦乐参半的见证。

到了小学中年级，朱老师就在平时的教学生活中开始有意培养学生民主、合作、沟通的能力，并日渐形成互相监督、互相批评、互相帮助的"互助小组"，实现孩子们之间"弱弱的帮助和守护"。正如她所言，"老师成立合作小组的目的，就是为了大家共同进步、共同提高。"2015年，我国广东、北京、上海、江苏四省市参加世界经合组织PISA测试，结果显示，中国学生的"合作"意识低于世界平均水平。如果我们的每一位老师，都能够像朱老师一样，从小学开始，就意识到这一点，在"小事件"中立意，认真分析研究，科学引导，一定能够实现"于无声处听惊雷"的教育效果。

到了小学高年级，学生们在假期作业里写道："期待着、盼望着，盼望着新学期快点来临，我想快点见到我的老师和同学。"这就是学校的吸引力，这就是教育成功的体现。朱老师让孩子们对校园生活、对班集体如此向往，这就是归属感、认同感，这就是班级生活的温度，这就是一个"有爱的集体"。朱老师回应道："亲爱的孩子们，我愿你们快乐成长，我愿尽自己的力量给你们一个快乐而充实的童年。我有责任和义务，使我的班级成为孩子们成长的乐园和天堂。这是我的目标，也是我努力的方向。"从某种意义上来说，班主任就是妈妈，就是孩子六年时光的编织者。朱老师用巧手编制璎珞，用爱心呵护童年。

朱老师也不是"铁人"，她短暂的低吟可以视作一个生命状态低迷的抒发。家长会后的朱老师疲惫不堪，她叹道："不求鲜衣怒马，不求万千繁华，只求头疼欲裂时，身边有一双端汤递药的手。可家里还有一个更小的孩子需要我照顾呢……"

倘若我们无视这些，没有理解教师的不易，也就很难珍惜老师们的付出与奉献！每一位老师，都会面临人生的困境，所以请善待我们的老师，在他们肩负使命、勇挑重担、以爱育人的时候，社会、家庭也应形成良好的舆论环境，理解、关心教师，帮助和支持他们渡过难关。这样的环境，可能还需要我们来努力营造，只有爱的暖流形成从学校到社区，再从社区回流到校园的完整循环时，友爱和谐的环境才能真正形成！

朱老师的"小时光"，更是在师生之间、家校之间架起的一座理解之桥。

乐必先苦，朱老师提到自己深夜备课的经历，大凡优秀的教师都有过。所谓十年磨一剑，讲的就是"功夫"需要时间的磨炼，倘若要在三年、五年的时间里迅速成长和提高，肯定是要付出八小时以外的时间。只有这样，才能"快速成长"，才能"跨越式进步"。

我以为，朱老师是深悟学生心理、尊重学生个性的好老师，因而能够因材施教，能够促进每一个学生的进步和成长。老师只有首先成就学生，才能成就自己，才能体会其中的快乐和自豪！

朱老师说，记录孩子们六年生活的点滴，本意就是想把它们作为礼物送给长大了的孩子们。这一纯朴的愿望，不就是教育的初心吗？

我相信，朱老师的孩子们早已收到了这份爱的礼物，并将携带着它走向未来！

以人生百年来看，六年不长。可是，以学生基础教育十二年看，这是其成长的一半历程，不可谓不长。所以有一种说法，叫"小学大成"。教师的生涯，以三十年计，六年是其五分之一的时光，不可谓不长。若每一位教师都以朱老师为榜样，六年时光里，一年一记，一月一记，一周一记，一日一记，六年下来，就不仅仅是"小时光"了。

老师们，记下那些发生在学生身上的小故事吧！那些小片段、小事件、小时光，饱含对学生的爱，对教育的深情，六年如初，十年如初，三十年如初，坚持教育叙事不停笔，必将汇聚学生生命成长的力量，成为令人感动的"时光巨作"！

朱老师的"小时光"，已成打动人心的"绕指柔"。细细品来，感动你我，引领同行，示范同行。我们有理由相信，倘若家长看见，除了内心升腾起温暖和感动，也必将收获许多育儿之道。我们希望，社会各界人士更多关爱像朱老师这样"有心"的教师，给他们理解和支持，也期待大家共赏共论，共同探索！

百年大计，教育为本，教育大计，教师为本。习近平总书记号召广大教师争做有理想信念、有道德情操、有扎实学识、有仁爱之心的"四有"老师，在南山美丽的校园里，朱老师用实际行动践行着习总书记的号召，三十年的教育探索初心不改。

"让每一所学校都优质，让每一位教师都精彩，让每一个学生都幸福"是南山教育人的理想。推出朱老师的"小时光"，是为了让更多"小时光"能够被精心设计和实施，让爱的阳光照耀孩子们成长的路，让教育智慧润泽学生的生命，这才是我们所殷切期待的。

银艳琳

2018 年 12 月 18 日于南山

目 录
CONTENTS

小时光，有大爱

陪伴一年级的孩子已经两周了。最值得高兴的是，孩子们基本上适应了小学生活，每个孩子的名字我也都能脱口而出了，我对孩子们的性格也基本上有了了解。闲暇时，脑海里经常浮现出班里孩子们的面容。想当初，我也是几经挣扎才从六年级下来，接这班一年级的"小豆包"。可现在觉得，和天真活泼的孩子们在一起，见证他们一天天的成长，看到他们个子一天天长高，见到他们心智一天天成熟，我内心竟然也有说不出的高兴。

一年级的孩子是多么依恋老师啊！摔跤了、掉牙了、被蚊子咬了、和同学吵架了……都要跑来向老师报告。在学校，老师就是他们最信任的人。看着孩子们争先恐后的神态和天真无邪的眼神，我只恨自己不能多长几只手和几双眼睛，来安抚他们，来做他们公正无私的"法官"。

我想，我愿意记录跟孩子们在一起的点点滴滴，记录我们班级里发生的小故事，作为送给孩子们毕业的礼物。教育是什么呢？我想，教育除了谆谆教导以外，也许还有耐心的陪伴和充满深情的等待吧。孩子们，老师有充足的耐心，等待你们慢慢成长。

一年级第一学期

2012 年 8 月 28 日

"蒋欣彤、廖泽隆、宋心怡、黄紫玄……"我默念着每一个孩子的名字。从今天在教导处抽到这些名字开始,我跟这帮孩子们的不解之缘便开始了。佛说:"五百年的回眸才换来今生的擦肩而过",那么我们又修了多久,才结成今世的师生情缘呢?明天我会看到一班怎么样的孩子呢?那么多稚嫩的孩子在我身旁,那么多明亮的眼睛注视着我,让我做他们人生道路上的启蒙老师,想起这些,我的心里多了几分惴惴不安,更多了几分殷殷期盼。

2012 年 8 月 29 日

喂蚊子

今天是孩子们入学教育的日子。一大早,校园里就热闹起来了,穿过拥挤的家长,我来到了一(3)班的教室,我们的入学教育就从好听的故事开始啦。跟着可爱的乖乖熊,孩子们学会了如何排队,学会了课前应该准备什么,学会了课堂要求,学会了下课要文明休息,还学会了自己的事情自己做,自己的东西保管好,别人的东西不要拿。

下午,我带着孩子们去参观了美丽的沙河小学校园。对刚从幼儿园毕业的孩子来说,沙河小学无疑是个广阔的世界,孩子们一路走,一路发出惊叹:"哇,沙河小学真大呀!""真漂亮呀!"……我们浩浩荡荡的队伍从东教学楼出发,穿过田径场,来到森林教室,往下走,来到古榕苑,观察了苍劲的榕树爷爷，再往前经过西教学楼，穿过感恩园，回到教室。

一回教室，"痒死了，痒死了。"孩子们一个劲地喊痒，我一看，孩子们白白嫩嫩的小胳膊、小腿上被蚊子咬了不少的红包包。原来沙河小学的蚊子饿了一个暑假了，忽然来了这么一群细皮嫩肉的孩子，把它们喂了个饱。我赶紧去办公室拿花露水，给孩子们不停地喷，不停地揉，心里又后悔又心疼。我真傻，竟然不知道校园里的蚊子这么多。

2012年9月3日

经过四天的入学教育，我在一（3）班发现了许多好苗子。聪慧的应璐冰；反应敏捷的舒宇；语言表达清楚的许子璇、邹雅琪、李泳纯；上课专注的梁力麒、覃海圣、陈俞聪、张淄博、蒋欣彤、刘语彤、黄耀慷、张慧、韦佳音；能干的陈子超；落落大方、很懂礼貌的管彦博……

也许，在老师眼中，孩子们只是班级组成的一部分，但在每个家长的眼里可都是独一无二的宝贝啊。

附：罗子仪妈妈写的一篇纪事，看了它就可以知道孩子上学对家庭来说是多大的一件事了。

小学一年级第一周纪事

9月3日是子仪宝宝第一天上小学的日子，9月2日，全家进入学前最紧张状态，交代很多，担心很多，催促很多……晚上8点半准时带她上床睡觉。还好，中午没睡的她不到9点就睡着了，我却一直睡不着，想着可能会出现的情况，甚至在心里希望她以后都能一起床就"拉臭臭"……一周过后回想起那晚想的种种，自己都觉得好笑，真正是"庸人自扰"。

第一天：学校午餐还没开火，奶奶中午就把子仪接回家吃饭、午睡，再送去上学，4点放学接回来。下班回到家问子仪："今天第一天上学觉得怎么样啊？"子仪："觉得很好玩！"问她认识了几位老师，子仪说只认识一位朱老师。第一天上课，以班主任为主吧。真是辛苦朱老师了，这么多孩子，刚从幼儿园上小学，不好管呀！当天晚上10点多才睡着，我又开始担心，睡得太晚了吧，明天可是在学校吃午饭啊，没有午觉睡，以后都……又是一晚失眠！

第二天：一早起来，吃过早餐，奶奶送子仪上学，我上班，在楼下说"再见"。一整天上班，想的都是她中午吃饭、休息的问题。下班回家问子仪中午有没有吃饱？子仪说："好饱啊！好吃！"这下我放心了。又问："吃什么菜呀？"子仪答："白菜、鸡腿、青菜肉末、海带汤。"还不错呢。"学校有没有有趣的事呀？"她想了想："妈妈我跟你说，有个男同学啊，下午上课上着上着就睡着啦！""可能是太累啦，那宝宝有没有打瞌睡呀？""我才没有呢！我认认真真地听老师讲课。""那老师有没有布置作业呢？""没有！"好，那就玩吧。因为中午没睡，晚上早早睡下了。我也终于睡着了。

第三天：下午，校讯通可以正常使用了。朱老师、敖老师和黄老师都发了作业过来。我第一时间就转发给子仪姑姑，这段时间子仪姑姑在家真是好啊！有她带着子仪学习，我就可以放心了。子仪现在的学习可是不让人省心的！不过，相信适应一段时间，在老师、子仪姑姑和我们大家的努力下，子仪很快会养成良好的学习习惯，成为一名优秀的小学生。下班回到家，子仪给我开了门，转身就去倒了一杯水给我喝。晚上，我把衣服拿到房间去整理，放下后就先去了趟洗手间，回来一看，子仪已经在叠衣服了，而且叠得很整齐。这让我吃惊不小："宝宝，你会主动干活了！而且你做得很棒！"子仪没有抬头，很平淡地回答我："我长大了，以后什么事都要靠自己。"我瞪大了眼："是谁教宝宝的呀？"答："没人教我的呀，是我自己想的。"上了小学就是大不同啊！

第四天：奶奶问子仪：中午有没有吃饱呀？子仪情绪明显不高："没吃饱！"看她很累的样子，眼睛都快睁不开了。只好早早带她睡觉，决定明天给她买个午睡枕，让她中午趴在桌子上睡一睡。

第五天：上班中，子仪爸爸打来电话，说他向有经验的同事请教了，小朋友一开始上学不要给她太大压力，以免产生厌学情绪……总之一句话，怪我对子仪太严格，当爹的抗议了，郑重提出要给她减压！都说女儿是爸爸前世的情人，就你疼孩子，那就减压吧。下午只给子仪姑姑发了语文作业，英语和数学作业就双休日慢慢做吧。

周六：8点40分起床，吃过早餐后，开始让子仪做作业。一个上午的学习，情绪很高，效果也很好。中间休息了两次，提醒她，下课啦，要喝水啦。子仪这一周在校都不喝水，成了个令人头痛的问题。但是我不像一周前那么担心、那么神经质了，孩子每天都在成长，我们相信她能处理好在校的各种情况，子仪，加油！宝宝，加油！

2012 年 9 月 7 日

想做班长的陈子超

陈子超是第一个引起我注意的孩子。下课了，子超挤到我身旁，很委屈地告诉我："朱老师，我跟班里同学说我是班长，他们都不相信。"我忍住笑，心想："多么积极的孩子啊！"笑着问他："是吗？你为什么要做班长呢？"子超充满憧憬地说："做班长可以管班里同学。"我笑了笑说："做班长可不只是这么简单呢！做班长也不是光为了管班里同学呢，班长是为全班同学服务的。班长首先自己要表现好，其次还要热心为班里同学服务，帮助班里同学，这样才能做同学们的棒样，才能做班长。老师还要观察大家一段时间，才能选出我们的班长呢！""哦！"子超若有所思地回答，走开了。

为了让他的满腔热情有机会表达，我安排他每天第一节课后去给班里同学拿牛奶，小家伙很积极地承担了这项工作。第一节课才上课，他就迫不及待地走上讲台来问："朱老师，我可以去拿牛奶了吗？"但愿这个小家伙能一直保持这份为同学服务的热情。

2012 年 9 月 10 日

幸福的教师节

今天我被花包围了，整个办公室成了花的海洋。

孩子们，谢谢你们的鲜花，谢谢你们对老师的喜爱。

9 月 7 日，《蛇口消息报》教师节专刊里，刊登了高晓唯的文章《谢谢您给了我"责任感"》，看后，感触颇多，因此，把这篇文章转贴在我的QQ 空间里，提醒自己做一个好老师。

谢谢您给了我"责任感"
华侨城中学　高晓唯

望着蓝蓝的天空，白云飘飘，可我的心里浮起了丝丝面临毕业的忧愁。猛然间，我看见一个园丁正在给一株小柳树浇水，我的脑海里浮现出了您在教室里给我们讲课的身影；看着夜空中的星辰，星光闪烁，我的心充满了将要别离的烦恼。我看见一根蜡烛在给我们带来光明的同时，也在燃烧自己。我的耳畔回荡着您对我们的谆谆教导。

要毕业了，我在跟同学们告别时，您也要告别我们了。朱老师，您当了我们两年的班主任。在您的教学生涯中，您种下的桃李多得已经数不清。而我只是您栽下的众多杨柳中的一棵。对您来说，我也许毫不起眼，但您在我心中却是终生难忘的导师。

也许，您早已忘记，但这件事在我的小学生活中是个永远的标签。

那一年，您刚刚接手我们班，我还不适应新老师。当时正值夏季，我们班的同学每次离班都忘记关风扇和电灯。您为此叫我来专门负责关闭这些电源开关。或许是因为还不熟悉您吧，所以我每次离班时总是忘记自己该做的事情。每每您看见我们不在时，教室里的风扇放肆地转着，电灯照样大亮着，您不忍心批评我，只好时常叮嘱我。而不负责任的我对您的叮嘱也只记一时，之后也就忘到九霄云外去了。或许您真的对我失望了吧！那一次，因为排路队，我又忘记了关开关，您把我叫了出来，带着忧闷的语气对我说："高晓唯，为什么老师每次叮嘱你关开关，你都不记得呢？老师让你担任这份工作是看好你，认为你有能力做好这件事，你真的让老师很失望。"说完老师便让我回去了。

老师的这一番话，让我改变了对待这份工作的态度。老师让我明白了一个对我人生很重要的道理：不管这份工作是大还是小，你都要怀着一种很认真的态度去对待它。不管它是谁给你的任务，你都要尽心尽责地去完成它，因为它是你的任务。

或许，在我人生的路上，将会有许许多多的老师教导我。但在我心目中最喜爱的老师、最崇敬的老师、最不能忘的老师，就是教给我一番难忘的人生道理的朱君老师。

2012 年 9 月 11 日

孩子，我们慢慢来

蒋欣彤是个乖巧的小姑娘，尽管坐在最后排，上课的时候身子也坐得正正的，目光是专注的，因此，我很快就注意到了她。也许是一次一次的表扬，也许是我的微笑给了她勇气。下课后，她来到我身边，带点害羞地告诉我："朱老师，我喜欢你。"我还了她温柔的一笑。稍后，我正在擦黑板，忽然，感觉到有一双小小的手在轻轻地敲我的背，回头一看，又是这个温柔的小姑娘。见我回头看她，小姑娘连忙解释："朱老师，我给你捶背呢。"我连忙夸奖她："真是个懂事的孩子。在家也给妈妈捶背吗？"她抿嘴一笑就跑开了。天天穿裙子有点腻了，今天换了套运动装，欣彤一见就跟我打招呼："朱老师，你今天穿得好漂亮啊！"我莞尔一笑，摸摸她的小辫子："谢谢，你今天也打扮得很漂亮啊！"欣彤开心地笑了。

晚些的时候，我接到了欣彤妈妈的电话。她一开口，来不及客套就问："朱老师，为什么欣彤的字老学不会呢？"声音里透出一种焦虑和不满。我马上跟她说："不要焦虑，不要为难孩子。十个手指头还有长短呢，孩子的智力也不是均衡的。有的孩子形象思维好，有的孩子逻辑思维好，有的孩子空间能力强，有的孩子学得慢，有的孩子学得快。你怎么能强求孩子呢？"

欣彤妈妈转口又问："欣彤在学校成绩怎么样？"我真有点生气，同时也觉得不可思议，孩子才上学几天啊？怎么就开口问孩子的成绩？孩子能顺利地适应小学生活，不是已经很好了吗？转而一想，又有点同情这个家长，我慢慢地跟她解释："孩子在学校挺好的。我很喜欢这个孩子。她能顺利地适应学校生活，能听老师的指令，能主动地跟老师表示好感。不是已经很好了吗？这些我都能看到，你怎么就看不到这些呢？你怎么就只光盯着那几个字呢？"然后欣彤妈妈又说欣彤性格内向，对她的说法我也不敢苟同。"其一，内向和外向只是性格表现的两个方面而已，我不觉得内向型的性格就一定比外向型性格差。其二，内向性格有内向性格的优点，内向的孩子比较坐得住，比较珍惜友谊，并且友谊会比较长久。"

说了半天，欣彤妈妈总算释然了，连声感谢不尽。第二天，见到欣彤妈妈来帮助欣彤值日，欣彤见到妈妈后露出了开心的笑容。我的一颗心总算放下了。我希望我们班所有的家长都开开心心的，这样，我们班所有的孩子也都能过上快乐的日子。

孩子们，家长们，我们都别着急，我们慢慢来。

2012 年 9 月 12 日

下课了，我正在收拾书本、教具，罗子仪过来了，在我手上贴了一个小猫贴纸，等反应过来，我笑了，因为平时我会给表现好的小朋友手上或额头上贴一个贴纸以示奖励，所以孩子也学会了用贴纸来表示奖励。因为我的赏识和鼓励，孩子们也学会了赏识和鼓励。第二天，童莉怡也上来在我手上贴了一个贴纸。这一天，我的手上就贴着孩子的贴纸，忙进忙出，心里高兴得想唱歌。多开心啊，我得到了小朋友的表扬和奖励。这证明我的工作还不赖嘛。晚上回家，老公诧异地问："你手上贴的是什么？"我说："是贴纸。"老公更加诧异了，满脸的疑问："你贴这个干什么？"真是少见多怪，这个书呆子，只好告诉他："是小朋友奖给我的。"晚上冲凉的时候，我才把贴纸撕下来。看来，没有人是不需要赏识的。以后，我一定要多多地赏识我们班的孩子，赏识我的家人，赏识我身边的同事。这会令我的生活变得快乐。

2012 年 9 月 13 日

除了自己的课，我每个课间也都待在教室里，提醒孩子们做好课前准备，提醒孩子们下课要上厕所、去喝水，提醒孩子们保管好自己的东西，提醒孩子们下课不要奔跑、不要追逐……孙琪摔跤了，手疼，安慰她一下；郑灏被蚊子咬了，帮他喷点花露水……哥哥在 QQ 里问："最近在忙什么呀？"我没好气地回复他："在做保姆。"

就算这样，可还是天天有家长给我打电话，不是书不见了，就是水壶不见了。我真是有点烦恼啊！想了想，又给全班家长发了一条短信："目前班里存在的几个普遍性的问题是：①孩子不会保管东西，书、水壶到处乱扔。请多教育孩子：自己的东西保管好，别人的东西不要拿。②下课奔跑、追逐、打闹，孩子容易摔倒摔伤。请在孩子书包里放一本爱看的课外书或画画的纸和笔。孩子课间有书看，可以画画，就减少奔跑打闹的机会。③要教育孩子铅笔尖是很危险的，一定要小心，注意不要扎伤自己或别的小朋友。我也会在班里多强调。老师和家长一起给孩子说，效果会更好。"看来，不管做什么，一定要家校携手才行，光靠老师一个人的力量是有限的。

2012 年 9 月 14 日

罗子仪和刘语彤是在学校午托的孩子。每天吃完中饭，都跑到老师饭堂的窗户外，喊朱老师，跟老师打招呼，问："朱老师，我可以跟你玩吗？"我只要看见了，就跟她们笑着示意一下。好可爱的孩子，好纯真的孩子，她们在想尽办法表达对老师的亲近和喜爱呢。

开学已经两周了，孩子们慢慢地适应了学校的节奏和上课制度，慢慢地养成了认真听课的习惯。让刚从幼儿园出来的孩子规规矩矩在课堂坐一整节课，真是难为孩子们了。为了给孩子们一个积极的心理暗示和强化课程的印象，我每天进教室的时候，都面带微笑，温柔地问一声：

"孩子们，今天是快乐的星期几呀？"

"今天是快乐的星期四。"

"这一节是什么课呀？"

"语文课。"

"那同学们做好课前准备了吗？语文书放在桌上了吗？小手放好了吗？嗯，朱老师观察一下，看看谁按老师的要求做了？谁坐好了？我表扬黄耀慷、唐嘉杰、管彦博……"

这一路的名字点下去，小家伙们慢慢地安静了，手慢慢地放好了，一个个坐得笔直，大眼睛里闪耀的全是对老师表扬的期盼，全班都慢慢地进入了状态，我们有趣的语文课也开始了……

附：罗子仪妈妈《小学一年级第二周纪事》

总的来说，子仪对小学的适应情况比我预期的要好！

小学一年级第二周纪事

第二周相对没那么紧张了，一切都走上正轨。但是，一些本以为会在第一周出现的问题却在这周出现了：周一，复习完当天功课，整理周二课本时，子仪发现音乐书不见了，反复跟我强调说："我就放在书包里的，我也不知道书包里为什么会没有。"我说："仔细想想，在哪个教室上的音乐课？上完后干什么了？"答："上完后直接去吃饭了，但是我吃完饭记得带书了呀。"看她挺担心的，我也不好意思再去批评她，以免影响晚上睡眠。上床睡觉前，子仪有些不好意思地跟我说："妈妈，我还是在想那个事。"我明知故问："什么事呀？"答："我那个书不见了呀。"我："不用担心啦，你现在担心书也不会回来，明天你去到学校，问问班里同学有没有不小心把你的书塞进书包，你的书写了名字的。当然，你也可以求助老师。"子仪："可是，我怕会被老师批评呀，音乐老师是挺漂亮的，可是也是会批评小朋友的。"我："就算是被老师批评，也要去面对呀。重要的是，你要学会整理好自己的东西，不能到处乱放。"子仪："我知道了。"

　　周二，音乐书在老师的帮助下找回来了，但是，语文书和水壶又丢在学校了！又跟子仪强调一遍：要整理好东西，不要乱放……以后几天都没发生类似情况了。不错，表扬一下！

　　周三，晚上睡到半夜，"扑通"一声，子仪从床上掉到地板上了，吓得爸爸从梦中跳起，在我还没有明白咋回事前已把宝宝抱起，轻轻问她："摔哪儿啦？"子仪摸着头扁了扁嘴巴要哭，爸爸哄："没事，爸爸给揉一揉，没事了，睡吧。"真的就睡着了。六周岁了，还从未发生过睡觉时掉到地板上的事，这真是值得记住的一天！

　　周四，因为发生了一起大案，爸爸一晚未回来。早上起床，子仪问："爸爸呢？这么早上班啦？"我说："爸爸昨晚没有回来睡觉。"子仪问："为什么呀？"我说："有工作。"子仪问："晚上还抓坏人啊？"我说："工作，不一定就是抓坏人啊。"子仪问："那好人还抓啊？"我……

　　周五，该是我放风的时候啦！约了朋友一起吃晚饭。子仪，也放松一下，明后天再学习。晚上回到家，子仪已经在奶奶房间睡着了。爸爸仍在处理案件不能回家睡。

　　周六，上午，子仪学习的情绪高涨，效果也不错。中午睡醒后就带她到海岸城去玩了，一直到晚上在世界之窗看完烟花才回家。因为爸爸还要工作，宝宝有些不高兴，给爸爸微信："爸爸，我想你了！你什么时候回来啊？"爸爸回："爸爸今天忙完工作，明天就回来。"子仪："那我先睡啦，晚安！"

　　周日，上午学习完毕，子仪就开始不停地微信催爸爸回家吃午饭，爸爸说工作还没忙完，中午就不回家吃了。下午带子仪到同学家参加聚会，收到不少礼物，子仪开心得不得了。吃过晚饭洗过澡，子仪在客厅开始玩平板电脑，到时间叫她上楼睡觉，她好像没听见，我就有些生气了，把平板电脑直接拿走，她说："为什么周一到周五都要上学，只周六周日两天休息啊？多不公平啊！爸爸也是的，老是工作，我都好多天没有见到他了！"

我怕影响爸爸工作，没让子仪微信打扰。不过她很乖，知道明天要上学，发完牢骚就上床睡了。

2012 年 9 月 17 日

没人接的黄浩

中午 11 点半放学，把孩子们送出校门。孩子一个一个都被接走，和老师挥手再见了。可是黄浩妈妈还没来，我把黄浩带回学校，送到保卫室的窗前，交代黄浩："你就在这里等妈妈来接，不要乱跑。"就去饭堂吃饭了。可等我 12 点多吃完饭回来，黄浩竟然还一个人不声不响地站在窗下，不哭，也不闹，也不乱跑，就这么安安静静地站在那，妈妈还没有来接。"这家长怎么回事？这么晚了竟然还不来接孩子？也不怕孩子饿着？"我心里嘀咕着，打电话也联系不上家长，我就准备带着黄浩去饭堂吃饭。没想到这孩子身体一个劲地往后退，不肯去，"不用了，老师，我不饿。""不行，必须去，这是命令。"我不由分说就把黄浩拉到饭堂，让师傅给他打了饭，看着他吃完，又带他回窗下，告诉他："你就在这里等妈妈来接，不要跑，妈妈什么时候来接，你就什么时候回去。"

可是妈妈一直没有来接黄浩，黄浩也一直乖乖地站在原地等着。等到下午 2 点，上学的孩子又进校了。黄浩跟着大家又回到教室上课。直到 4 点放学的时候，我看见黄浩妈妈了，我有点生气："你怎么这时候才来接孩子？你真放心，中午干什么去了，怎么没来接黄浩？"黄浩妈妈嗫嚅着："我身体不太舒服。"黄浩跟着妈妈走了，看着母子俩离去的背影，我想："看来，以后我得多关心黄浩了，这是个懂事听话的孩子。"

2012 年 9 月 18 日

班上慢慢稳定了，我总算松了一口气。不过，书本和水壶乱丢的现象还是存在，廖泽隆的音乐和品德书找不到了，刘灏的音乐书不见了。我想了想，又给家长发了一条短信："亲爱的家长，我们开学三周了，孩子们慢慢地适应了小学生活。有几件事跟大家沟通一下：①请有意培养孩子的自理能力。孩子上学后，意味着他在很多事情上将开始独立，比如，按时上下学，按时上课，按时写作业，按时参与活动，能够整理自己的学习用品，能够与小朋友交往等。孩子能做的事让孩子自己做，孩子不能做的事情请指导孩子做。使孩子不仅能在学习上自理，在生活上也能自理，这对孩子的一生都是有益的。②请重视培养安全意识。一年级的孩子，最容易在以下几方面受到伤害：①出入教室、上下楼梯时拥挤摔倒甚至踩踏；②下课后在教室走廊奔跑容易摔倒；③路队互相推搡容易摔倒；④用铅笔玩、打闹。铅笔尖锋利，非常危险，绝不能拿来扎小朋友。一旦戳到要害部位，就会造成不可逆转的伤害。同时，也要小心别戳到自己。以上各点，家长都要告诉孩子应该怎么做，不应该怎么做。"

亲爱的家长们，希望我们一起努力把我们的孩子教育好。

2012 年 9 月 19 日

关于麦政鸿

清早，我正领着孩子们在教室早读，张书记来了，把我叫出去，很严肃地提醒我："朱老师，你上课时不要把麦政鸿赶出去。"我一听急了，我怎么会把孩子赶出去呢？原来是这孩子在校园里玩，被书记发现了，误以为是我赶他出去的。我急忙跟他解释说："我没有把麦政鸿赶出去。才一年级的孩子，我怎么会把他赶出去呢？"书记这才放心地走了。说起麦政鸿，也是令我头疼的孩子，这孩子好像混沌未开，不懂上课下课的区别，随心所欲，上课的时候，老师的眼睛只要一离开他，一转眼他就跑出去玩了。

第一次，英语黄老师过来告诉我，麦政鸿不见了，我跑出去找了一节课，没找到，下课后自己回来了。原来是去哥哥教室玩了。

第二次，保洁阿姨来告状，说他在厕所玩水。我又把他叫到办公室，跟他讲道理，说不能在上课时跑出去，不能玩水。他像小鸡啄米一样点头，答应改正。

第三次，美术雷老师气呼呼地把他送到我办公室，说："下次就算尿湿裤子，也不准假给他去上厕所了。"原来上美术课的时候，麦政鸿请假去上厕所，结果又溜出去玩，被安全主任张斌发现，把他送到班上。我批评教育了他，他满口答应我不再跑，还跟我拉钩了。

第四次，一个下午不见，到放学站队的时候冒了出来，我问："麦政鸿去哪了？"他低着头说："去三楼了，被老师罚站了。"教育，放学。

第五次，上着课，麦政鸿又不见了。我告诉家长，请求家长配合，家长在窗外陪读一天，有进步。

第六次，中午午读，麦政鸿不见了，到处找，发现在校医室的窗口下躲着玩得很开心。找到他后，我教育提醒了他，然后送他去上形体课。形体课徐梦老师见了，大吃一惊。

第七次，语文课写字的时候，麦政鸿不见了。这导致他的作业没完成，我把本子给家长，要求晚上补上。

第八次，英语课上到一半了，麦政鸿才跑回来，衣服湿了大半边。我在教室门口堵住他，他一副兴冲冲的样子，一见我立马做蔫状，"老师，我错了。"

第 N 次……孩子，老师有的是耐心，老师在等着你，看你到底什么时候才能明白上课不能跑出去的道理。

跟麦政鸿的谈话记录：

师："麦政鸿，刚才上课干什么去了？"

生（低头小声）："跑出去玩了。"

师："上课能跑出去玩吗？"

生："不能。"

师："那上课要怎么做呢？"

生："上课要认真听课，不能跑出去玩。"

师："你说得很对，那为什么还要跑出去玩呢？"

生（摇头）："我不想跑出去，是我的脚要跑出去。"

师（严肃状）："那你能不能管住自己的脚呢？"

生："能。"

师："好，朱老师看你能不能做到，老师看你明天的表现。"

谈话结束，麦政鸿回教室。下次再轮回。

2012 年 9 月 20 日

应璐冰当上了路队长。陈子超眼巴巴地盯着应璐冰手里的小旗子，一个劲地跟我表态，想举小旗子。我心动了，可想想还是不行。陈子超太好动了，能带好男生的路队吗？我还是得找个稳重一点的孩子来负责路队。想了想，我把旗子交给了黄耀慷。黄耀慷是个踏实的表现很好的男孩子。

陈子超看来很泄气，可是没过多久，他下课后又跑到我身边来，问：

"朱老师，我能请你吃饭吗？"我有点想笑，反问他："你为什么要请我吃饭呀？"他不答。我在心里说："孩子，你是因为想当路队长，要请我吃饭吗？"但愿是我猜错了。我回办公室一说，大家都笑爆了。孩子到底是天真的，希望子超坚持。

2012 年 9 月 21 日

孩子令我惊喜

今天孩子们令我惊喜了。读绘本是孩子们每天最开心的事。今天跟孩子们读了《穿过隧道》，故事里哥哥变成了石头人，妹妹抱住哥哥，哥哥又变回来了。这是一个有点深度又有点隐晦的故事。孩子们听得很专注，很入神。

故事讲完了，为了了解孩子们是否听懂了故事，我提了一个问题："哥哥为什么能从石头人变回来呢？"一时间教室里静静的，孩子们都在思考，一会儿，韦佳音举手了："因为妹妹给了他爱。"又过一会儿，舒宇举手了，"妹妹给了哥哥拥抱，哥哥觉得温暖。"

天哪，我的孩子太聪明了，他们读懂了，听懂了，他们那么快地理解了故事的主旨和道理。孩子们的想象力、理解力令我吃惊。我热切地请全班同学把掌声送给他俩："棒！棒！棒！你真棒！"然后我又殷切地跟孩子们说："韦佳音和舒宇说得对，是爱和温暖使哥哥变回来了，让我们也把爱和温暖带给我们的兄弟姐妹，带给我们的同学，带给我们身边的每一个人，好吗？"教室里响起了同学们清脆而响亮的回答："好。"

回到办公室，我的心还是激动不已！

2012 年 9 月 24 日

肖艺婷的鞋带

放学了，我在讲台上收拾教具，孩子们一个个背着书包鱼贯而出，经过讲台准备离开教室。忽然，一只脚伸到了我面前，与此同时，还伴随着一声清脆的童音："朱老师，帮我把鞋带系上。"我一愣，一时还没反应过来。想了想，赶紧蹲下帮孩子把鞋带系上。放学要紧，道理留着以后再讲吧。

<<< 一年级第一学期

第二天下课，一个孩子走过来，在我面前，伸出脚："老师，帮我系鞋带。"我一看，是肖艺婷。我才知道那天要我系鞋带的就是她。我和她慢慢攀谈起来："肖艺婷，你不会系鞋带吗？""我不会，妈妈没有教我。""那老师教你系鞋带，好吗？"我一边系，一边示范："下次，学会自己系鞋带，好吗？"

没想到，第三天下课，肖艺婷又来找我系鞋带。我没理她，而是转身问同学们："我们班谁会系鞋带啊？"很多同学回答会。小机灵舒宇自告奋勇："老师，我会，我去教她系鞋带。""好的，你去教她吧。"我表扬了舒宇。

我想，肖艺婷以后应该学会自己系鞋带了吧？可是，第四天，我坐在办公室休息的时候，肖艺婷又过来了："老师，我的鞋带松了。""去找舒宇，让他教你。"

从此以后，肖艺婷没有再找我系过鞋带。

孩子，你现在应该是学会系鞋带了吧？多年以后，你还能记得老师低头给你系鞋带的深情吗？你能理解老师不再给你系鞋带的良苦用心吗？

2012 年 9 月 25 日

在校门口回礼的校长

新校长的影响力慢慢地开始渗透进学校里了，校园里开始穿梭着穿着橙色马甲的"校园小督察"。我校开始把对学生的文明礼仪教育放在了很重要的位置。

值周的时候校长站在校门口迎接孩子们，每个孩子进来都敬个礼："校长好。"张校长给每个孩子欠身回礼："同学好。"这一幕成了校门口的一道亮丽的风景线，也深深地镌刻在了每位老师和每个孩子的心里，无言地讲解着教育的真谛。

2012 年 9 月 26 日

忙乱的一天

今天真是忙乱的一天。

上午上完两节课，刚回办公室喝口水，就接到一个孩子的报告："老师，我们班的同学跑去玩水了。"我赶紧打发来报告的孩子："快去，把他

015

们叫回来，就说朱老师说的。"一会儿，报信的孩子回来了："老师，我叫他们，他们不回来。"这帮孩子，胆子是越来越大了，看来得"御驾亲征"才行。我跟着孩子走到一楼，看到我们班一大帮孩子守着水池，麦政鸿还在使劲泼水，蒋欣彤干脆跳到了水池里，黄耀慷两个裤筒全湿了，陈子超一只鞋子踩在了水里，鲁昌昊全身都是湿的。连老实听话的陈俞聪都在旁边看热闹，看来，水池的吸引力很大。

"一（3）班的孩子全部回教室。"我发布了第一道命令。没办法，大家恋恋不舍地跟我回来了。回教室发布第二道命令："今天玩了水的同学全部站起来。"接着，第三道命令："出来，在外面排好队。"全程，我一直面无表情。孩子们开始害怕了，开始认错了。

"认识到自己的错误就好，能改吗？"

"能。"

"有决心改吗？"

"有。"

"大声点，我没听见。"

"有——"声音响彻寰宇。

"有决心改就好，老师给你们一次改正的机会，朱老师要看你们以后的表现。现在回教室上课。"

教育完毕，孩子们回到教室上课，我回办公室给弄湿了衣服鞋子的孩子家长打电话，让他们送干净的衣服鞋子过来。忙忙碌碌一节课过去了。

想一想开学已经四周了，家长委员会正在筹备当中。为了了解一下家长的意愿，我给家长们发了一条短信："亲爱的家长：一（3）班的家长委员会正在筹备当中，如果有热心为班集体服务，并且有时间、有精力，愿意承担家委会工作的家长请与老师联系，或者回复此短信报名。"在解释了"家委会是干什么的""要不要占用上班时间"等诸如此类的疑问后，家委会报名得到了家长们的积极响应和支持，一共有8名家长报了名。我想了想：目前需要家委会协助的事有这么几件：①班级图书角的成立是捐书还是买书？捐的话，一个孩子几本比较合适？买的话，费用如何解决？②为了提高孩子们学习的积极性，奖励孩子需要一些小奖品。③学习资料的打印和复印问题如何解决？以上开支，如果需要筹措班费的话，班费定为多少较为适宜？这些问题都需要家委会出面去征求广大家长的意见，做到大家都乐意接受才行。QQ 上和家长们聊了几句，半节课过去了，又到了孩子们上午放学的时间了，赶紧去送路队。

下午，放学后，忙着布置教室，迎接学校"班级文化建设"的检查。好在孩子们的画已经画好了，板报标题所需用的大字早几天也打印好了，装饰用的模板也准备好了，只要照着描好再剪就行。加上积极的孩子们和热心的家长们也来帮忙，大家涂的涂，剪的剪，贴的贴，干得热火朝天。6 点多，我们的教室总算布置好了。等我最后离开教室也是将近 7 点了。多谢黄耀慷妈妈、陈子超妈妈、郑钰熙爸爸的鼎力相助，这样，明天下午我才能放心地出去听课。

亲爱的家长，多谢你们的信任和支持。正是因为你们的信任和支持，我才有了前行的力量和动力。

我拖着疲惫的脚步走进家门已将近 8 点，老公和孩子还在等我煮饭，饥肠辘辘的我实在不想再下厨了。因此，我们的晚餐就用外卖解决了。心里想着：再坚持几天，马上就快"十一"长假了。长假在望，又给了我无限的憧憬和希望。希望到时候能好好放松一下，休息一下。

2012 年 9 月 27 日

放学了，和叶老师一起去送路队。郑灏四处乱跑，结果弄疼了手指。叶老师一把把他拉到我身边，用东北人的大嗓门大声地跟孩子说："孩子，过来。你在家有个妈，你有什么事都找妈。在学校，朱老师就是你的妈，有什么事找朱老师。"孩子和我都笑了。想一想："做一年级的老师可不就是当妈吗？什么都得帮孩子做，可是比妈操心更多，还得操心近 50 个孩子。"

做一年级的老师可真不容易啊！

2012 年 9 月 28 日

成立家委会

长假在望，心里充满了期待。再不放假，我也得请假了。嗓子实在坚持不下去了。今天值得高兴的是我们班的家委会成立了。罗子仪妈妈、鲁昌昊妈妈、覃海圣妈妈、陈子超妈妈、童莉怡妈妈、舒宇妈妈、管彦博妈妈、蔡睿妈妈、董伯安妈妈和应璐冰妈妈，一共 10 位。

陈子超妈妈很能干，被选为了家委会的组长，蔡睿妈妈被选为家委会的财务和采购。陈子超妈妈还打印了全班家长的通讯录，跟我汇报了工作：

"我们初步的讨论结果是自愿捐书，我们分类统计后再看有哪些书籍要购买补充。还有就是计划收取一定费用，用于学生练习题的打印、复印及小礼品的购买，收取的费用将指定专人进行记账、管理，定期公布费用使用情况"。

罗子仪妈妈这样提议："我想我们可以这样做：①按50元一人收取，开个账户，在群里发布信息让家长们往这个账户打50元，备注写哪位同学的家长。②统计捐的书籍，还差多少再统一购买，可以在当当网买。③其他需要的东西也购买齐。④做个账目在群共享公布。"

蔡睿妈妈说："我们先通知没加群的家长加群、捐书和交班费"。

看到家长们如此热心，家委会成员的工作开展得如此有声有色，我也感到浑身充满了力量，我对一（3）班的发展充满了信心和希望。我不是孤军作战，我的背后有着我们一（3）班全体家长的努力和支持。

又想起一件好玩的事：送路队的时候，黄紫玄又抱着我的手啃了几下。我逗她："今天老师没洗手哦。""啊？"紫玄做惊诧状，又亲一下。这孩子，太惹人爱了！

2012年9月29日

懂礼貌的应璐冰

你要是见到一个活泼可爱的小女孩在一年级老师办公室门口，轻轻地一边敲门一边很有礼貌地问："老师，我可以进来吗？"不用问，那就是我们班的应璐冰。每次见她一来，办公室的老师们都忍不住要夸奖一句："瞧，这是个多有礼貌的孩子啊！"作为她老师的我，心里也不免有几分得意。

说起来，这也真是个懂事的、有心的孩子。记得还是刚开学的时候，有孩子晚到了，不懂要跟老师报告，就直冲进来走到自己的座位前坐好。因此，我就在班上跟孩子们说："同学们，如果我们迟到了，不跟老师报告，不经老师允许，就直接走进教室的孩子是没有礼貌的孩子。如果我们迟到了，就应该先跟老师报告，问：'我可以进来吗？'经过老师允许后才可以进来。能这样做的孩子才是有礼貌的孩子。进老师办公室也要如此。"我只说了一次，可没想到应璐冰从此就记住了。以后，每次只要晚到了，或是进我的办公室，她总要站在门口轻声地问一声："老师，我可以进来吗？"这么乖巧、懂礼貌的孩子，谁见了不爱呢？因此，应璐冰很快就赢得了各科老师的喜爱。

孩子，让我们从小就记住，礼貌是我们在这个社会行走的通行证。

2012 年 9 月 30 日

清官难断家务事

班里有一对长得清秀的双胞胎女孩，姐姐叫黄紫玄，妹妹叫黄紫尘。两姐妹都娇滴滴的，凡事都爱跟老师来请示报告，"朱老师，我的同桌不让我进去。""朱老师，我的手被蚊子咬了一个包。"我侧耳倾听以后，总是能很快地做出处理意见。所以，两姐妹都把老师当成了神通广大的靠山。

一天下课，姐姐很着急的样子，跑来报告："朱老师，妹妹有个字不认识，我去教她，好吗？"我笑着说："好啊。"一会儿，妹妹跑来告状了："朱老师，多多打我。"我问："多多是谁啊？""多多就是我姐姐啊。"妹妹一副诧异我连"多多"是谁都不知道的样子。我笑着问紫玄："多多，为什么打妹妹啊？"姐姐更急了，忙为自己辩解："我没有打她啊，我教她认字，她不听。"整个一笔糊涂账了。真是清官难断家务事，我只好搂着两个小肩膀，把两个小脑袋凑到一起，说："你们姐妹俩要互相关心，互相爱护，互相体贴，怎么能吵架呢？"这才算了了一桩"官司"。

2012 年 10 月 1 日

放假没事，习惯性地上 QQ 去看一下，看到罗子仪妈妈更新了日志《孩子让我感动》，子仪是个善良、懂事的孩子，每次说话都慢条斯理，轻言细语，和孩子们相处得也很融洽，可能和王思忧比较熟，有时下课的时候会跑过来问我："朱老师，王思忧呢？他去哪啦？"感谢子仪妈妈的记录，要知道被感动的不只有子仪妈妈，还有朱老师呢。

附：罗子仪妈妈的记录：

孩子让我感动

子仪是个善良且感性的孩子，经常会说一些让人觉得不像这么大孩子能说出的体贴人的话。今天，子仪又一次让我感动。

今天是万家团圆的中秋节，我因为回家计划被打乱显得有些不高兴。但这件事情没有告诉她，因为还没有最后决定要怎么样做。子仪见我在楼上一个人打电话，就上来找我，说："妈妈，我知道你想念你妈妈。没关系，明天我就陪你回去见外公外婆，你就能见到他们了。"我说："谢谢宝宝！"子仪说："不用谢，那你现在高兴起来好吗？楼下好热闹啊，你也与大家一起吃月饼，一起看电视，一起说话，好吗？"不想让孩子不开心，我只好跟着下楼去坐了一会儿。然后又上楼去联系回家的事。过了一会儿，子仪又上来："妈妈，你有什么不高兴的事吗？跟我说说吧。"我想了想，跟她说："宝宝，我们可能明天不回外婆家了。""为什么呀？你不是很想回吗？""是的，可是情况有些变化。""这样啊。那也没关系，我们可以在深圳陪奶奶过节啊。爸爸也在家，我们也可以很高兴的呀。""是的，妈妈知道，妈妈还在尝试着看能不能回，你先下楼吧，妈妈一会儿洗过澡就下来陪你们。"

正在洗澡，子仪又上来了，在门外喊："妈妈，我给你拿柠果来了，你开门先吃吧。"我说："先放着，妈妈洗好再吃。""不行，洗好出来就没有了，人这么多，一下就吃完了。""没关系，妈妈不吃。""不行，可好吃了，快开门吧。""要不你帮我放着，我现在正在洗澡怎么吃？""你就打开一个门缝，我递给你吃。""我不要在洗手间吃东西。""哦，我忘记了。那我放一边，守着。"我一阵感动……其实家里有一整箱的柠果，子仪却愿意为我守着一块。

吃过柠果，子仪在楼下不知在忙什么，过了十几分钟，手里拿着一张 A4 纸画的画，折成卡片的样子上楼来找我，说："妈妈，中秋节快乐！这是我送给你的礼物，希望你天天都开开心心的，天天都和宝宝在一起。"我接过卡片，心里真的好暖："谢谢宝贝，谢谢你！""不用谢，这是我应该做的，妈妈对我这么好，这么爱我。我有时候还不乖，惹妈妈生气，是我不对，我向你道歉了。""有时候是妈妈脾气不好，太急躁了，一下就骂你，有时还会打你，对不起。""没关系，我知道，妈妈骂我是为我好，就算是打我，也只是打一下手什么的，疼一下就好了，没什么。"说着还摊了摊双手，耸了耸肩。

子仪接着又说："我知道，全家人，爷爷奶奶、爸爸妈妈都是很爱我的。我小时候，奶奶带着我，还要做饭，她担心我一个人在房间睡醒了听不见或者是着凉，就背着我做饭。我很感动，每次一想起，眼泪就在眼睛里（估计小家伙想表达说，眼泪在眼眶里打转吧），就想有时候奶奶说我，我不应该大声说回奶奶。"我问她："你怎么知道这个事的？""我看到照片了。"当时我下班回家看到这样一幕，心里也是很感动，所以拿起相机拍下了这一幕，就是想等子仪长大后给她看，告诉她："奶奶多爱你，你也要爱奶奶，敬奶奶。"

今天虽然有一点事让我不太开心，但是子仪给我那么多爱，让我很温暖，很开心！谢谢你，宝贝！有些方面，妈妈要向你学习。

2012 年 10 月 8 日

令我欢喜令我忧

"十一"长假一转眼就过去了，又回到了美丽的沙河小学的校园，见到了可爱的孩子们的笑脸。今天，我们班一个都不少，齐刷刷地回来了，健康平安，令我很开心。刘俊峰长假前额头上的伤痕已经平复了，可"皮小子"麦政鸿的脸蛋上却挂了彩，小家伙告诉我是回老家的时候，在墙壁上撞的，希望孩子快点好起来。

班会课上，同学们聊了聊假期的经历和收获，结论都是很开心。长假过后第一天上课，班上的气氛轻松而愉悦。孩子们长假前培养的课堂常规、路队常规坚持得很好。可是，我的嗓子仍然没有好转，说话声音越发嘶哑了。

正在带着孩子们朗读《日有所诵》的时候，可爱的陈子超又主动请缨了："朱老师，我帮你巡视好不好？"看着孩子跃跃欲试的眼神，我果断地同意了，想看看他如何行动。这个小大人把手背在背后，围着教室绕了一圈，没有发现违纪情况。最后转到了胡俊杰的座位旁，胡俊杰正在玩一个小塑料包装。他立刻伸手去抢，胡俊杰不肯松手，两人进行了一会儿拉锯战。最后，陈子超赢了，把胡俊杰的塑料包装抢了过来，一脸正气地交到我手上，同时向我报告："朱老师，胡俊杰没有好好读书，在玩东西。""嗯，好的，我知道了。"我吓了一跳，赶紧接过他的战利品，"你也要读书啊，赶紧回座位吧。"他乖乖地回到了座位，结束了他的视察工作。读书继续。

而我却陷入了沉思。孩子是多么希望表现啊，这种热情又是多么难能可贵啊，孩子的工作方法又是多么直率简单啊。可这种自我表现的热情里又藏着多少想要炫耀卖弄的心思呢？我不禁想起了上次，因为陈子超多带读了一遍课文，结果许子璇伤心地哭了的事。

看来，如何给孩子们创造更多的自我管理的岗位和机会，如何正确引导孩子们的"当官意识"，如何培养我的班干部，指导我的班干部应用管理班级的方法，将要成为摆在我面前的重点工作了。

2012 年 10 月 9 日

走上正轨

家委会的工作是卓有成效的。长假刚过，我们就收到了当当网寄来的图书，再加上孩子们以前捐赠的，我们空空的书柜装得满满当当。跳绳也送到了班上，两根长绳，二十根短绳，装在一个整理箱中。下课后，走廊里一排跳绳的小朋友，书柜边一堆看图书的小脑袋，孩子们课间追逐打闹的现象得到了有效遏止。今天在班上选出了体育器材管理员林晓文和刘灏，图书管理员胡林滢和刘语彤，四个小家伙很负责。胡林滢和刘语彤每天放学后都把班里同学看过的书在书柜上摆得整整齐齐。林晓文和刘灏就把同学弄乱的跳绳一根根缠在手柄上，码好装在整理箱，供同学们第二天使用。我有空的时候就去和班里同学一起跳绳，三十年了，跳绳的本领却还没有退化。我跳得很轻盈，绳子甩得飞快。同学们围一堆，睁大了羡慕的眼睛，大声欢呼："朱老师，真棒！"这种感觉真好，和孩子们在一起，永远不会老！班级还选出了十个跳绳小能手，下课负责教不会跳绳的同学。我们的目标是到期末，每个同学都学会跳绳。子仪营养太好，妈妈把她养得胖墩墩的，跳不起来，我鼓励她加油，学校课间练，放学回家练，一定能把跳绳学会。

班级慢慢地走上了正轨，一片欣欣向荣。下一个阶段，我们的主要任务就是学习了。

2012 年 10 月 11 日

失踪的小红花

课堂上本子刚发下去，就听到许子璇"哇"的一声大哭起来。我一边维持课堂纪律，一边招手叫许子璇到讲台上来。"怎么啦？许子璇，告诉老师，怎么回事？"许子璇哭得很伤心："老师，我的小红花不见了。"她一边说一边把她的本子给我看。

平时，为了对孩子们进行规范和引导，对做得正确又整洁的作业，我都会在本子的封面上贴个小红花以示表扬和鼓励，十个小红花可以换一个大拇指。许子璇的作业写得很好，已经得了两个小红花了。我一看她的本子，两个小红花果真不翼而飞了。我赶紧重新给她的本子上贴上两个小红花，一边询问她："你知道是谁撕的吗？""不知道。本子发下来，小红花就不见了。""好的，老师知道了，你先下去做作业吧。老师知道你是个好孩子。"得到了老师的安慰，子璇不哭了，教学继续进行。

可我的心里却一直纳闷：许子璇本子上的小红花去哪里了呢？难道是有孩子恶作剧？我没有声张，心里想着下午得在班上好好排查一下这件事情。可没想到，下午曾佳仪的本子一交上来，我心里马上就有答案了。曾佳仪的本子封面上赫然贴着两个小红花。而翻看里面，每次作业都是需要订正的。毫无疑问，这两朵小红花是从许子璇的本子上搬家过来的。"孩子毕竟是孩子呀。"我心里感叹着。

我把曾佳仪叫到办公室，和颜悦色地问她："曾佳仪，你的小红花是从哪里来的？"她低头不吭声，小脸因为害怕而涨得通红。这是个各方面表现都很平凡的孩子，长得也矮小柔弱。平时和她谈话，如果我不蹲下来，把耳朵放到她的嘴边，是听不见她的声音的。她是班上唯一一个放学后家长不接的孩子，每天都在学校门口等着和她一同在学校上学的姐姐带她回去。记得在第一次书面作业后，我跟她的父亲反映过，孩子的学习需要辅导，她的爸爸毫不在意地摇头说："她不行，很差。"

开学已有一个多月，各科老师在各个方面都在对孩子们进行奖励。很多孩子都积攒了很多的小红花，可曾佳仪却没有得到一朵属于自己的小红花。她像一个灰姑娘一样，被我们所有的老师忽略了。可就是这样的一个孩子，在她的心里也同样渴望得到一朵小红花，或者说她比优秀的小朋友更需要一朵小红花。

我的心里不由得涌起一阵怜惜。我轻轻地摸了摸曾佳仪的头，说："佳仪是个很文静的孩子，朱老师很喜欢佳仪。佳仪也很想要小红花，对不对？"曾佳仪用轻得几乎不能察觉的动作轻轻地点了一下头。"不过，我们不能撕别人本子上的小红花，我们要靠自己的努力去得到小红花。只要你努力，就一定可以得到小红花。老师一定能看到你的进步的。""如果你能把今天的作业订正好，就能得到老师的小红花。""现在开始吧。"我把曾佳仪的本子翻开，看着她一笔一画地认真订正。

订正完了，我给曾佳仪的本子上贴了一朵真正属于她自己的小红花。我表扬了她的认真和努力。孩子的眼睛里闪出了欣喜的光芒。

失踪的小红花告诉我，野百合也期盼春天的到来。老师要像阳光一样温暖班上所有孩子。今后，我应该更多地关注、关爱像曾佳仪一样在班上默默无闻、平淡无奇的孩子。

2012 年 10 月 23 日

孩子的礼物

一年级的孩子实在是太可爱了，每天都有孩子送我礼物，有时候是在古榕苑捡的漂亮的金色落叶，有时候是在校门口捡的白色小石子，有时候还会画一幅漂亮的画送给我。孩子们送我的礼物，我都仔细地收起来。今天，李泓锐送了一幅画给我，画上画了一幢漂亮的房子，我问他画的是什么，他说画的是我们的学校——沙河小学。我心里一动，提笔写下了一首小诗：

孩子的礼物
今天孩子送我一片树叶，
一片金黄的树叶，
我把它放在案头，
秋天来到了我的房间。

今天孩子送我一张贴纸，

一张白雪公主的贴纸，

我把它贴在手背上，

孩子说老师今天表现很好。

今天孩子送我一幅画，

画上有一幢漂亮的房子，

我把它夹在教案里，

那是我们共同的家。

孩子每天都会送我不同的礼物，

所有的礼物送的都是对老师的喜爱，

亲爱的孩子啊，你不知道，

其实你们自己才是最珍贵的礼物。

2012 年 10 月 24 日

温暖的集体

真心喜欢我的搭档。喜欢教数学的敖老师的负责严谨，对孩子严格要求，孩子们在她面前乖得像小猫一样。

喜欢英语小黄老师的轻言细语，不怒自威。吸引孩子们注意力的招数层出不穷。上课铃声一响，英语歌曲一放，孩子们一唱，全班自然安静下来，做好了上课的准备；有时候会选出每个组的纪律组长，下去一巡查，小红花一贴，孩子们立刻一个个小身板坐得笔直，令人不得不佩服黄老师一流的课堂组织能力。

喜欢音乐徐梦老师的优雅。"孩子们，静息，轻轻地，拿着自己的音乐书，轻轻地，走出来，在外面排队。"孩子们果真马上脚步轻轻，像踩在云端上一样。

喜欢体育叶老师的直爽憨厚。孩子喜欢他就像喜欢自己慈祥的老爷爷一样……

真心喜欢我们一年级组。喜欢素丽的亲切温暖，喜欢阿芬的平和善良，喜欢钊钊的优雅严谨，喜欢我们一年级组的资源共享、水果共享，喜欢我们办公室里经常飘荡着水果的芬芳和家的温馨……

真心喜欢我们班的家长。聪明能干，对老师是这么无条件地信任，对班级的付出是这么无怨无悔，跟大家的沟通是这么容易……

真心喜欢我们班的孩子。聪明伶俐，活泼可爱，亮亮的眼神，像小动物一样，如此依恋老师。

真心喜欢沙河小学，校园是这么美丽，办公室是这么宽敞舒适，教室的多媒体设备使用是如此便捷。

每天早晨起床要上班都令我由衷地感觉到工作者是美丽的，是幸福的。

2012 年 11 月 3 日

关于小麦

一想起小麦，就令我焦虑，晚上睡不着，失眠。开学两个多月了，可我们的小麦同学仍然没有进步。"十一"长假回来，小麦脸颊肿起老高，吓我一大跳。问他，说是回老家撞到墙上撞的。真像一头小蛮牛啊。二十天过去了，小麦的脸颊仍然有一块硬硬的核，没消退，额头上又多了一个大包。周末提醒麦妈妈带他去医院看。这孩子像头结实的小牛犊，每天有着使不尽的精力，但是最近也显出疲态了，真令人心疼。如果大一岁上学，我想肯定不一样，孩子不用这么遭罪，家长和老师也不用这么辛苦了。

深夜辗转反侧，总结了一下小麦近来的表现，主要体现在以下三个方面：

1.上课到处乱跑，从来没有安静过 5 分钟。不会听课。坐在靠运动场的窗户边，就趴着看外面的学生做操和上体育课；坐在讲台下面，就爬到讲台上来；坐在靠走廊的窗户边，就趴在窗户上看外面的小鸟。老师一不留神，就从窗户里跳到走廊去玩了。他喜欢谁就会挨到谁的课桌边坐。任何规章制度都不能对小麦起作用。小麦行动遵循的规则就是自己的心，自己愿意怎样就怎样。

2.不能独立完成学习任务，不能独立完成作业。所有的作业如果不是在我办公室里手把手教着完成的，就是在家里由妈妈手把手教着完成的。

我从来没有能在课堂上收到过他的作业。

3. 对同伴有攻击行为，没有危险意识。舒宇的不锈钢水壶，有一两斤重，和舒宇争吵，一扬手，舒宇的水壶就飞出去了，把我吓得够呛，严厉批评教育，答应不再扔水壶。第二天，和同桌童莉怡吵嘴，伸手就给童莉怡一耳光，把我气坏了，一把把小麦拉出来，严厉批评教育，威胁说不再理小麦了，小麦连声认错"下次不了"。可当孩子们正在认真上课时，"啪"的一声，一支铅笔飞到讲台上来了，原来是小麦在和胡俊杰打闹。

小麦这些行为得不到纠正的直接后果是：小麦的直接示范作用，比我的作用大多了，胡俊杰、廖泽隆都开始跟着小麦往外跑了。另外想起班上还有一些孩子掉了一根头发丝都紧张的家长，我的头发都要愁白了，这样的孩子要是和小麦遇上了，那可怎么办呢？那不得火星撞地球啊？

附：关于小麦的记录

2012 年 10 月 22 日，星期一。孩子这么坐不住，大家都怀疑小麦是不是多动症。小麦妈妈也不放心了。上周末，小麦妈妈带小麦去医院验血了，回来后，高兴地告诉朱老师，医生说："孩子没事。孩子要是不动，那就傻了。"我只能苦笑。也许，孩子要是能在农村的广阔天地里成长，那该多好。如果在美国的教育制度下学习，这也该是个机灵的孩子啊。可对我们集体授课的班级来说，没有规则意识的孩子令老师多么的烦恼啊。

2012 年 10 月 23 日，星期二。六年级的孩子来告状说，当六年级的孩子去制止他在外面奔跑的时候，小麦像头小蛮牛一样打他们。走廊里经常会出现六年级的孩子去追小麦，追上了，结果又被小麦追着打。六年级的孩子一边跑一边夸张地大喊："小麦来了。"满走廊的孩子像演警匪片一样跑来跑去。我只好无奈地告诉六年级的孩子，不要去管他，也不要理他。

2012 年 10 月 24 日，星期三。小麦去鱼池玩，用石头砸鱼。弄湿衣服，打电话让麦妈妈送衣服来，批评教育，答应改正。这个学期，小麦已经是第二次弄湿衣服了，跟麦妈妈沟通，提出质疑，小麦太幼稚，年龄不够，建议孩子晚一年读。家长很紧张，连声说："我努力，我一定努力。老师再给他一次机会。"令我反倒过意不去了。连忙安慰她："别着急，慢慢来。我只是提我的建议而已，如果你已经决定了，那我只能尽力。"

2012 年 10 月 25 日，星期四。小麦一大早就跟朱老师表决心："朱老师，今天我不去水边玩了。"朱老师点点头："嗯，真是个好孩子。"下午发现，小麦裤腿上全是泥巴，衣襟上一大块是湿的。朱老师严肃地指出小麦说话不算数，小麦回答："朱老师，舒宇也去玩水了。"

　　2012年10月29日，星期一。小麦和胡俊杰上语文课的时候跑到操场玩爬绳架，一节课未归。老师气坏了，批评小麦和胡俊杰，拉小麦去校长那儿告状。下午告诉麦妈妈加强教育。

　　2012年10月30日，星期二。小麦去一楼玩雨。第二节语文课，小麦和廖泽隆、郑灏、陈子超溜出去在走廊用雨伞"打仗"。批评教育，面壁思过。答应改正。小麦下课后单独去办公室接受教育：面壁思过5分钟。5分钟过去了，小麦保持军人姿势，站得笔直，得到朱老师奖一朵小红花。跟朱老师约定：每天早晨奖一朵小红花，如果今天不违反纪律，小红花就属于小麦了。如果违反纪律，朱老师就把小红花收回来。小麦满口答应，出去的时候满眼放光。希望孩子能有进步和改变。

　　2012年11月5日

五元钱的风波

　　今天送路队的时候，思忧奶奶告诉我，思忧5元钱不见了，被同学拿走了。有这种事？我赶紧询问思忧："你的钱给谁了？"

　　"给陈子超了。"

　　"为什么要给陈子超啊？"

　　"陈子超拜我为师。我们是好朋友了，他求我，我就给他了。"

　　我赶紧把陈子超喊来，当着陈子超的面又问了王思忧一遍。王思忧又回答了一次。我转而问子超："王思忧说的，是这样吗？"

　　"是的。"子超承认了。

　　我明白了。师傅收徒弟，徒弟要师傅给见面礼，师傅拿不出来，就拿手里的5元钱作为礼物给了徒弟。两个小大人凑在一起，就有了这样的事情发生。接下来处理起来就简单了。我问子超："你的钱在哪里呢？"

　　"买糖吃掉了。"

　　"妈妈知道吗？"

　　"不知道。"

　　"你觉得这样做，对吗？"

"不对。"

"那怎么办呢？"

"道歉，说对不起。王思忧，对不起。"

"光道歉就可以了吗？"

"我明天还他两角钱。"

我有点哭笑不得，只能严肃地告诉他："拿了他5元钱，还两角钱，不行。一定要把5元钱还给他。以后，不能随便要别人的钱。你今天承认了错误，很好，回去把这件事告诉妈妈，主动跟妈妈承认错误。以后，改正了错误就是个好孩子"。同时，也告诉思忧，以后，不能无缘无故给同学钱，思忧也答应了。

我随即打电话告诉了两位妈妈事情的处理经过和结果。

星期一，子超妈妈给我发来了信息："朱老师，给您添麻烦了。今天陈子超已把要还给王思忧的钱带上了，并交代他要告诉您。麻烦您带他把钱还给王思忧，谢谢！那天你给我打电话，我觉得尴尬极了，没把小孩教好，电话里不知该怎么说。晚上接他时，在回家路上我们交谈了，我把我的感受告诉他，也问了他的感受，他也认识到自己的错误，说要改正做个好孩子。"

我回复："子超今天一大早来就主动把钱还给思忧了，并且告诉了我。我相信子超是个好孩子。孩子哪能不犯错啊，改了就好。从来不犯错的就是圣人，不是孩子了。"

至此，这件事情就算处理完了。希望两个孩子都能从此事受到教育。孩子还太小，不能明白社会的复杂。不明白很多学生被敲诈的起因，就是因为钱太容易得到了。这件和钱有关的事情不禁令我想起了我刚送走的毕业班的冯伟哲和张一洋。

冯伟哲是个顽皮小子，张一洋是个沉默寡言的孩子。一洋因为孤独，没有朋友，主动拿出钱来给冯伟哲花，换来冯伟哲跟他玩。冯伟哲习惯了以后，没钱花了就去找张一洋要。张一洋的家长发现了以后，就到我这里来告状，说："冯伟哲勒索张一洋。"我经过深入调查才还原了事情的真相。尽管后来我也制止双方不再发生金钱上的纠葛，双方家长也都参与介入。可冯伟哲仍然会找张一洋要钱，张一洋也愿意给他。这件事也成了压垮冯伟哲妈妈的最后一根稻草，使冯伟哲妈妈下定决心卖掉了深圳的摊位，带着儿子回了黑龙江老家。

虽然两件事情一点也没有可比性，可我想任何事情还都要防患于未然。

2012 年 11 月 6 日

顽皮的蔡睿

蔡睿是个小顽皮。上课很难坐得住，经常有副科老师跟我投诉他的课堂纪律。可是，我却是非常喜欢这个孩子的机灵和活泼，尤其是上课回答问题的时候，声音响亮得能震人耳膜。

这个大家公认的顽皮孩子，在妈妈眼里却呈现出了另一面。

附：蔡睿妈妈的记录

给宝贝的……

今天是宝贝第一天正式开学。看着你背着书包走进小学的大门，妈妈也像所有的家长一样对未来的你充满期待！

当然，未来妈妈不希望你的成绩顶尖，但是你要用心、努力。希望在你的身上充满阳光、爱心，能与人为善。不要求你做国家的栋梁，但是你也不能成为社会的败类！

可爱的孩子

中午做饭的时候，看宝贝没什么事干，遂叫过来厨房打下手。当然他也很喜欢做。

我在洗香菇，让他帮我把胡萝卜皮削干净。当我把香菇洗了，肉切了，最后只等他手上那根胡萝卜了。我转身一看，他正蹲在垃圾桶旁，一手拿削皮刀一手拿胡萝卜，翻来翻去地看。"好了吗？"我问。"还没开始削。"他回答。我大惊："这么长时间在干什么？"他说："这个胡萝卜长得全身红色，我一直没看出来有皮。全都是肉啊，我实在不知道要怎么削。"

难怪专家们说孩子是父母的开心果。可不是嘛，有时候因为孩子天真的话语，让我们觉得孩子的世界是多么单纯、多么天真。

这孩子活该

吃午饭的时候，睿只盛了两口饭，爸爸夹青菜给他，他又夹进了垃圾桶，最后被我好一顿教育。

可能是故意作吧，接下来他只吃青菜，其他菜一口都不吃。连最爱的花蛤都一个不吃。而且吃得很快，一吃完就跑回房间。我不出声，把花蛤全吃了。过了一会儿，可能是他在房间想通了吧，又出来拿起筷子吃花蛤。这个时候碟子里只剩下壳了。他一个一个在那里翻，半天也没翻出个肉。当然我吃得相当干净的。看他的样子想生气又不好意思。这时我再来句气死他的话：我最喜欢有些人一生气就吃自己不想吃的东西，然后最爱吃的一口都不吃。不过，也好，这样我就可以多吃点了，我也是最喜欢吃花蛤的（其实我不太喜欢），晚上继续这样啊。最后看他拿着筷子在半空中举着，我都快笑爆肚子了。

童言无忌

放假回家玩的时候，儿子看到比他大几岁的堂哥在爬围墙（其实墙很矮的）。

于是大叫："哥哥快下来，你会摔死的。"

我说："宝贝，你叫哥哥下来的做法很对，但是你用词不当，不能用'死'这个字。"

宝贝看了我一眼："哦？"

接着："哥哥快下来，你会摔得粉身碎骨的。"

我……

宝贝长大了

期盼已久的双节终于到了。由于昨晚睡得晚，加上今天是假期，到了七点多我还是起不来。但宝贝还是像往常一样准时七点起床，我不禁表扬宝贝：每天都能准时起床。

一觉睡到八点，听不见客厅里的声音，往常周末他都在客厅里玩点读机的。奇怪，悄悄出去看，没看到人，也没声音。心里开始着急了，"睿睿"我叫道。"你起床啦？"声音从阳台上传来。"在那里干吗呢？"我一边说一边走过去看。只见他正拿个衣架晒自己早上刚换下来的睡衣。"你洗了吗？""洗了。"我过去拿起来看，由于是穿来睡觉的，也看不出有没有洗干净，但是能闻到洗衣液淡淡的香味。等他把衣服挂上去，我问他为什么要自己洗衣服啊，家里有洗衣机啊？他说："你不是说过吗？小孩子从小就要学会处理自己的事情，那我洗换下来的衣服也是我自己的事啊。你快去刷牙洗脸吧，我下去买早餐给你吃。"

等我弄好了，他也把早餐买回来了，其实早餐就是两个包子，但却是我平时喜欢吃的肉包。

看着宝贝今天这么懂事，自然是打心里高兴。虽然他在洗衣服的时候，不知浪费了多少水和洗衣液；去买早餐的时候，不知道老板有没有找钱给他。但是他长大了。

感谢蔡睿妈妈的记录，让我看到了蔡睿的另一面，帮助我全面地了解了可爱的小蔡睿。蔡睿妈妈，继续坚持记录啊，让我了解宝贝更多的东西。

2012 年 11 月 7 日

子仪的建议

早上一来，就收到子仪妈妈的信息，说："朱老师，您好，子仪跟我反映了几次，说一班的罗琪总是推她。昨天子仪建议我跟您反映一下，子仪妈妈原话是这么说的：'一班的罗琪总是推我们家子仪，还跟着进女厕所看女生尿尿。您能不能跟一班的班主任说一下，让他不要欺负其他同学。'"我马上答应："好的。我跟于老师反映。"此事得到了圆满的解决。

过了一天，我看到了子仪妈妈记录的《子仪的建议》，如下：

吃晚饭时，子仪说："妈妈，罗琪总是推我，我上厕所走在路上他推我，还到女孩子尿尿的地方，看人尿尿呢。怎么办？"我还没来得及回答，奶奶先开口了："他这么调皮呀？下次他再推你，你就狠狠地凶他，他就不敢了。"子仪说："我怎么凶他呀？"我说："罗琪在一班，你在三班，下次你见到他，就离他远点。"子仪说："我今天见到他已经靠墙边走了，他还是来推我。"我说："那你明天找朱老师反映一下吧。"

洗澡时，子仪突然说："妈妈，要不我给你建议一下吧。""好啊，什么建议啊？"子仪说："就罗琪推我的事呀，明天你跟朱老师说一下，就说：'一班的罗琪，总是推我们家子仪，请您找一班的班主任说一下，让他不要再欺负其他小朋友了'。"我说："这个事应该你自己去解决呀。要么跟罗琪好好说，告诉他欺负同学是不对的，要是你不改正，我就找老师了。"子仪说："我跟他说过了，他还是那样。"我说："那你就找老师，求助老师吧。"子仪说："那好吧，他再来推我，我就找老师说。"

看完《子仪的建议》，我评价说："子仪的建议很好。能忍也懂得求助，这是现代文明小公民的素质。"罗子仪妈妈回复："谢谢老师的认可！朱老师性格这么好，相信孩子们在您的带领下都会成为文明公民的！"我笑了"多谢夸奖"，忍不住和子仪妈妈开起了玩笑："子仪还是个踢皮球的高手呢。"子仪妈妈当真了："真的吗？真不敢相信啊！"令我忍俊不禁，笑翻了天。

2012 年 11 月 8 日

和家长的沟通

当一年级的班主任，和家长的沟通是一件很重要的事。和家长沟通不难，重要的是要用心交流，以诚相待，因为我们的出发点和目的是一样的，都是为了孩子。本着这个出发点，我想和家长沟通一点也不难。

留录几则和家长的沟通记录，提醒自己：时刻记得孩子是你的，也是我的。

一、和海圣妈妈的沟通

覃海圣妈妈 14：51：16

朱老师，我经常会听到覃海圣说："妈妈，我最不喜欢星期二了！"我问："为什么？"他说星期二有数学课呀！后来我才发现，原来除了星期二第一节是数学外，其余第一节课都是语文课！他说很喜欢语文课，说喜欢朱老师上课！那天跟几个妈妈聊了聊，她们的孩子都反映说数学老师凶。我回来问海圣，你为什么不喜欢数学课，他才说数学老师太凶了！我说那他有没有凶你呀！他说："那倒没有，因为我上课很认真！"我还是从正面告诉他老师凶的原因！并不是数学老师不喜欢他们。

覃海圣妈妈 14：51：42

他有时候星期二的早上还会说，又是难过的一天！

覃海圣妈妈 14：52：30

现在我只能尽量让他从正面理解老师。

杨柳依依 15：09：40

嗯，你做得对。孩子还小，理解不了老师严格的苦心，需要我们家长帮忙解释。

杨柳依依 15：18：19

敖老师还是很认真负责的。不过要求确实很严格，从另外一方面来说，严格点也是好事，可以和我互补一点。

覃海圣妈妈 15：18：55

我明白！

覃海圣妈妈 15：19：07

我从来不在孩子面前说老师的不是！

覃海圣妈妈 15：19：16

我只会说老师的好。

覃海圣妈妈 15：19：38

免得在小孩心里留有阴影，以后就不想学那一科了。

杨柳依依 15：19：43

海圣在学校表现得这么优秀，可见背后一定有个优秀的妈妈。

覃海圣妈妈 15：20：08

谢谢朱老师的夸奖！

覃海圣妈妈 11：32：41

朱老师，您好！

最近看新闻，看到了实在太多虐待儿童的例子了，感到心寒！

我为什么要跟你提这件事呢？那是因为覃海圣在老家刚上幼儿园的时候还不到三岁，由于天生胆小和容易哭，所以在幼儿园只要有一点点小事就很容易哭或者害怕。老师就觉得他不合群，经常吃饭罚他到厕所门口吃，或是让他一个人到距离别的小朋友很远的地方吃。后来我妈知道了，就直接跟老师说了。老师警告孩子以后不能把在幼儿园的事告诉家长（警告说不准告诉家长幼儿园的事，是我亲自问他后，他跟我说的），后来也发生了很多事，幸好我抓紧时间换了另外的幼儿园。

覃海圣可能就是从那个时候起，就变得更加胆小和对有些事情总是唯唯诺诺，不过后来他也改变了很多，现在上小学了，改变得更不错。这与你们的教育有很大的关系。朱老师，谢谢您！

还有，希望朱老师你多找机会，帮助锻炼一下覃海圣敢于表达自己想法的能力，我们也会尽量带他出去认识更多的小朋友。希望这样他能变得更加可爱，使他的童年过得开心快乐，成为一个小小男子汉！

二、和思忧妈妈的沟通

王思忧妈妈 15：15：59

孩子有时候错了我们也不提醒，本着这样的做法其实是想让他知道没人可以依靠，错几次被批评了以后会自己多多检查。对一年级的小朋友来说，行得通吗？

杨柳依依 15：16：16

最好先让他独立完成，然后再检查，提醒他哪里做得不对，让他自己发现，他自己发现不了再告诉他，让他自己改过来。

王思忧妈妈 15：16：39

明白，我和他爸说稍稍变通一下。

杨柳依依 15：17：06

还是不要这样。

王思忧妈妈 15：17：21

嗯，明白，可能我们激进了一点。

王思忧妈妈 15：17：39

是的。外婆经常吃饭的时候批评王思忧不如这个不如那个。

王思忧妈妈 15：17：53

尺有所短寸有所长，不能批评还是要肯定。

杨柳依依 15：18：41

因为刚上一年级的孩子，粗心是很正常的事。如果每次得表扬的同学里面都没有他，那会打击他的，同学也会对他有自己的定位。

王思忧妈妈 15：19：20

我太粗心了，忽略了这点心理变化。

王思忧妈妈 15：19：45
那我和他爸交流一下。

杨柳依依 15：19：51
我见到罗子仪外婆就经常表扬王思忧。

王思忧妈妈 15：19：58
我们的想法有时太片面。

杨柳依依 15：20：11
没事，多沟通。

王思忧妈妈 15：20：15
王思忧在小区和幼儿园表现相当出色，经常被人表扬。

王思忧妈妈 15：20：33
到小学了感觉他好落后，我都觉得好失落。

王思忧妈妈 15：20：55
是不是朱老师班上的学生都太优秀，把王思忧比下去了。

杨柳依依 15：21：19
这个班出色的孩子还确实不少。

王思忧妈妈 15：21：24
王思忧一直是成人化思想多一点。

王思忧妈妈 15：21：56
是的。上次开家长会，听朱老师介绍自己将来会一直带到六年级，我们几个家长心里乐开了花。

王思忧妈妈 15：22：25
我回来都庆幸王思忧能有这么一个有爱心、有责任心的班主任。

杨柳依依 15：22：29
谢谢你们的信任。

王思忧妈妈 15：01：36
外婆说，昨天王思忧不打招呼就跑到学校外面去了。

王思忧妈妈 15：01：42
害得外婆找了很久。

王思忧妈妈 15：02：12

我对安全问题很重视，一旦发生了，一定严肃处理。我说考试没考好，还有下次，要是安全出了问题，就永远没有下次了。

杨柳依依 15：02：39

嗯，昨天下雨，家长带伞到教室来接的。思忧可能没听到，就跑出去了。

杨柳依依 15：05：00

嗯，昨天外婆是找了思忧。有没有问思忧原因呢？

王思忧妈妈 15：07：01

外婆没告诉我。

杨柳依依 15：08：04

你还是问问孩子原因吧，如果真是孩子做得不对，把道理讲给他听，孩子挨打也心服口服。

杨柳依依 15：08：49

我觉得思忧不是故意捣蛋的孩子。

王思忧妈妈 15：09：31

嗯，是的，外婆说他不打招呼就跑出去了。

王思忧妈妈 15：09：35

没有和大人说一声。

王思忧妈妈 15：10：13

昨天我也是这样说的，我说任何外出都要和大人说一声。

杨柳依依 15：10：17

嗯，这是需要惩戒一下。

王思忧妈妈 15：10：21

要不然所有的人都担心。

王思忧妈妈 15：10：58

昨天英语考了 60 多分，我内心十分着急。

杨柳依依 15：11：12

别着急。

王思忧妈妈 15：11：31

不过我也告诉他，要和自己比，这次考了 60 多，下次 80 多，再下次

100 分。

　　杨柳依依 15：11：35

　　孩子一下被分数来衡量，本身也需要一个适应的过程。

　　王思忧妈妈 15：11：38

　　有个过程，学习的过程。

　　王思忧妈妈 15：11：43

　　我没有表现出来。

　　王思忧妈妈 15：11：47

　　我妈着急得不得了。

　　杨柳依依 15：14：20

　　不要着急。有时候分数不高，不是孩子不明白，是孩子还不适应考试的方式，孩子还不明白考试的意义。另外很多孩子粗心，没细致读题，甚至有漏题的现象发生。

　　王思忧妈妈 15：15：10

　　外婆说王思忧在学校表现特别差。

　　王思忧妈妈 15：15：22

　　唉，我心都紧张，感觉以前他很优秀的。

　　杨柳依依 15：28：59

　　哪有这样的事？

　　杨柳依依 15：29：15

　　我从来没说过思忧表现差。

　　王思忧妈妈 15：29：43

　　外婆主要是说英语只有 69 分。

　　杨柳依依 15：30：33

　　他反应很敏捷的，课堂上一般不轻易开口，如果有难度较大的题，有能表现自己的机会，就会举手了。

　　杨柳依依 15：32：37

　　你不要急躁，孩子才第一次小测验，能说明得了什么问题呢？单纯的分数毫无意义，重要的是分析试卷，分析孩子失分的原因是什么？采取对策。

杨柳依依 15：33：28

我刚才去教室跟思忧谈了谈，他也跟我承认了昨天的错误，说以后不会了。

杨柳依依 15：35：59

小学跟幼儿园还是有不同的特点，有一个幼小衔接的问题。孩子还是不能一下放手的，一年级的家长、老师都特别辛苦，原因就在于此。我们得跟一段时间，等孩子自己明白了，走上正轨了。我们才能松松手。

王思忧妈妈 15：40：32

不好意思，刚有事走开了。朱老师，感谢你这么热心。

杨柳依依 15：43：30

别客气，我们常联系，有事多沟通。

王思忧妈妈 15：43：55

好的，谢谢你！

三、和小麦妈妈的沟通

麦政鸿妈妈 10：22：40

朱老师我问一下：政鸿这两天好一点了吗？

杨柳依依 10：22：56

还是上课坐不住。

杨柳依依 10：23：17

今天坚持了半节课。

麦政鸿妈妈 10：25：15

这次单元数学，英语都考到了 70 分以上。虽然不是很好，但也是好的开始。我每天在家都鼓励他，昨晚学了拼音有进步了。

麦政鸿妈妈 10：27：07

我会努力地让他改过来。我不会放松对孩子的教育的。他不懂的，我们一点点教他。

麦政鸿妈妈 10：28：54

朱老师在此还是非常感谢您。千言万语……

杨柳依依 10：30：51

别客气，这都是我应该的。

杨柳依依 10：30：56

我是他的老师！

麦政鸿妈妈 10：32：27

不要这样说，我们从不认识到互相了解，这是一种缘分。

杨柳依依 10：32：56

是，我们都要惜缘。

杨柳依依 10：33：18

你也坦然一点。

麦政鸿妈妈 10：34：25

我不会说太多的话语，但是你和我每次的谈话我都记在心里。

麦政鸿妈妈 10：35：14

你不但是政鸿的老师也是我的老师。

杨柳依依 10：38：11

你谦虚了。

麦政鸿妈妈 10：44：30

我看过你上一届孩子们写给你和你写给孩子们的信，好感动！我看了感悟很深，政鸿能在你的身边成长太幸福了。我们会好好珍惜的。

杨柳依依 10：45：21

我也要谢谢你，这么信任我。还有我们一（3）班的家长都对我这么信任。

杨柳依依 10：59：42

其实，从内心来说，我是真心喜欢这孩子，虎头虎脑的，可爱极了。

麦政鸿妈妈 11：27：16

朱老师，我看到你对政鸿细心关照，我心里十分感谢您。其实你每次和我说的问题，我回到家里也反反复复地教育他。我老是问自己：他今后的路要怎样走才顺畅，他要怎么才能懂得老师的良苦用心，才能给老师少带来一点麻烦？他为什么不能和其他孩子一样一帆风顺呢？

杨柳依依 11：28：57

你别担心，孩子会慢慢成长起来的。自己的孩子和别人的孩子是没有可比性的。不要和人家比，这一点我在家长会上就说过了。

四、和胡俊杰家长的沟通

俊杰妈妈：朱老师您好！千言万语我都不知道说什么好。老师对我们的每一个孩子都很负责任，我们很感激！胡俊杰同学是个比较调皮捣蛋的孩子，拜托您多多费心多多教育胡俊杰。我们在家里也会好好教导他的，希望他能好好学习。谢谢您！辛苦您！

朱老师回信：一起努力。这孩子很聪明，不要浪费了。

俊杰妈妈：谢谢您！我们一定做好。胡俊杰在校不听话，不好好学习，老师您就严厉管教！

2012 年 11 月 9 日

思忧挨打

下午一（3）班的群里很是热闹，思忧妈妈在群里宣布："昨晚回家打了王思忧。"马上就有家长询问："为什么呀？"思忧妈妈解释说："外婆说，昨天王思忧不打招呼就跑到学校外面去了，害得外婆找了很久。我对于安全问题，一定严肃处理。我认为学习没学好，还有下次，要是安全出了问题，永远没有下次了。"

思忧妈妈的做法得到了大家一致的赞同。"思忧妈妈说得对！""这样打是可以的，要不然下次还这样的话，家长都不知道怎么才好！"

我也过问了一下，思忧妈妈也跟我解释了。我还是提醒她："有没有问思忧原因呢？你还是问问孩子什么原因？如果真是孩子做得不对，把道理讲给他听，孩子挨打也挨得心服口服。"思忧妈妈说："昨天我也是这样说的，我说任何时候外出都要和大人说一声，要不然所有的人都操心"。

我也同意，现在都是独生子女，伤不起。思忧确实需要惩戒一下。

第二天放学的时候，罗子仪奶奶来接子仪，想顺便带思忧回去。没想到思忧往我身边靠了靠，坚决不跟她走，任凭子仪奶奶又说又拉，丝毫不动心。

看来思忧妈妈昨天的惩戒有效果了，小家伙牢牢地记住了，真是个有记性的孩子。

2012 年 11 月 12 日

今天看到胡俊杰的手上全是伤痕。一问是挨爸爸的打了。我忍不住在班级群说话了："大家好，我今天在我曾经的一个学生的空间里看到这篇文章《爸爸妈妈，请别打骂我》，很有感触，特意转给大家看看，相信对大家也会有所启发。"

附:《爸爸妈妈，请别打骂我》

爸爸妈妈，请别打骂我

世界和平是从爸妈不打骂小孩开始的，世界和平是从爸妈欣赏孩子开始的。

"妈妈，爸爸：请全然接受我们的一切，无论我做了什么，请不要骂我，更不要打我。因为，我是无限制的，我刚来这个地球，还不知道人类集体意识定义那是错的。我会练习做正确，请给我时间让我多练习几次。"

"亲爱的妈妈爸爸，爱我，你就欣赏我。爱我，你就赞扬我。爱我，你就认可我。爱我，你就相信我。爱我，你就支持我。爱我，你就尊重我。"

"亲爱的妈妈爸爸：请记得，世界和平就在你们的手里，请你们无条件的真心爱我！"

"请让我们无条件的相爱，并且快乐的生活。"

2012 年 11 月 13 日

你是我的宝贝

今天跟孩子们一起阅读了绘本《彩虹的尽头》，故事说的是一只狗獾和一只狐狸去寻找彩虹尽头的宝贝。它们在路上遇到了小松鼠和鸭妈妈。小松鼠告诉它俩自己的宝贝是榛果。鸭妈妈告诉他俩自己的宝贝是小鸭。这时狗獾和狐狸才恍然大悟，原来宝贝不是金子，不是银子，不是宝石，而是自己最重要的东西。因此，它俩互相不约而同地把对方叫作自己的"宝贝"。

孩子们听得津津有味。读完后，我提了两个问题。第一个问题是："为什么狗獾把狐狸叫作自己的宝贝，而狐狸又把狗獾叫作宝贝呢？"

孩子们想了想，李泳纯回答说："因为它们是好朋友。"管彦博补充说："因为它们都是对方最重要的人。"我及时夸奖了他们，继而提出第二个问题:"孩子们,小松鼠、鸭妈妈、狐狸、狗獾,它们都有自己的宝贝,那你们也有自己的宝贝吗?"

"有。"孩子们回应得震天响。

"那你们的宝贝是什么呀?"教室里顿时小手林立,反响之热烈出乎我意料,我连忙点了一个孩子。

"朱老师。"

这下轮到我吃惊了。一个一个地点名下去,全班除了蔡睿说"书"、王思忧说"知识"以外,其他孩子的答案众口一词"朱老师"。

我不禁感动了,含笑而答:"我是同学们的宝贝,你们也是朱老师的宝贝,我们彼此都是对方最重要的人,对吗?"

"对。"课就在孩子们欢天喜地的回应中结束了。

2012 年 11 月 14 日

有魔力的咒语

今天总结了一下开学以来班上的情况,我的收获是我发现了一句有魔力的咒语。这句话百试百灵,对孩子们具有神奇的魔力,特别管用,所有孩子无一例外。

这句话是:

"你是个好孩子,老师喜欢你。"

"你是个好孩子,老师很喜欢你。"

"你是个好孩子,老师非常喜欢你。"

"你是个聪明的孩子,老师特别喜欢你。"

"你是个懂事的孩子,老师最喜欢你了。"

"你在老师心目当中啊,有着特殊的地位。"

"你在老师心目当中的地位啊,可不一般呢。"

……

老师们,我们要不要都来试试看?

2012 年 11 月 22 日

憨厚的子仪

今天听子仪妈妈说："我家子仪比较傻，除了怕阅读外，不管什么课她都喜欢。就算小朋友说了她不爱听的，回来跟我讲，也好像从来不生气。"

子仪妈妈还说了一件事："比如说子仪昨晚跟我说，某个同学笑她胖，起了绰号叫她。我问她：'他这样笑你，你怎么办？'她说：'没什么呀，他又没有魔法，他那样叫我，我也不会变成他说的那样，我说：'那你可以给他起绰号。'子仪说：'不行，朱老师说骂人是不对的，我们不可以骂人的。'"

子仪妈妈虽然夸奖了孩子，可是心里还是不舒服，用她自己的话来说："可是我心里有些难受，自己有点心口不一了。"

听完，我觉得子仪是个多好的孩子啊，子仪能这么做是多么难能可贵。现在的社会，不缺少争强好胜的孩子，不缺少爱占便宜的孩子，就是缺少不怕吃亏的孩子。其实肯吃亏，能谅解，懂宽容，能体贴才是最珍贵的品质，也就是老话说的"吃亏是福"。尽管子仪妈妈还没有意识到，可我心里却明白，孩子的这种心态是最好的，今后她会赢得更多的朋友和友谊，今后她会拥有一个很幸福的人生和未来。

我个人觉得孩子在这件事情上，做了妈妈的老师，也做了很多家长的老师。下午，我在班上表扬了子仪，让全班的孩子向子仪学习。

2012 年 11 月 23 日

第一次测验

孩子们第一次单元测验，各种状况层出不穷。孩子们还不太懂得考试是什么。有的孩子不懂读题，不能按题目要求做；有的孩子考试时去玩了；还有的孩子做完就把试卷放回自己的书包里了，因此第一次单元测成绩不是太理想。我把试卷发下去，要求订正，家长签名。胡林滢是个乖巧的女孩子，但我看不懂的是她的试卷收上来，没有家长签名，只有大大的一行字"师者，所以传道、授业、解惑也？？？"后面，打了三个大大的问号，我从三个大大的问号里读出了家长对老师的不满，但我不明白家长哪里不满意。岂能尽如人意，但求无愧我心吧。孔子说：人不知而不愠，不亦君子乎？假以时日，家长终究会了解我的吧！

2012 年 11 月 24 日

关于名字的故事

最近，班上开始流行起一股起绰号的风气，陈俞聪因为同学们给她起了难听的绰号，都难过得哭了。因此，我们今天的班会课，就来说说名字的故事。

第一步：小组内说说自己名字的来历；第二步：全班交流；第三步：自由讨论；第四步：总结。

实录：

我："同学们，我们每个人都有一个自己的名字。大家喜欢自己的名字吗？"

"喜欢。"大家回答。

"你们知道自己的名字是怎么来的吗？你们的名字有什么故事吗？"

这下气氛热烈了，大家兴致勃勃地讨论起来了。

"那请同学们小组内讨论讨论，说说自己名字的故事和来历吧。"

五分钟过后，我请同学们停下来："现在，谁能告诉我，你的名字有什么故事呢？你们的名字寄托着爸爸妈妈什么美好的愿望和寓意呢？"

"小大人"王思忧："我的名字的含义是思家忧国报天下。"

罗子仪："爸爸希望我保持美好的仪容仪表，做一个淑女，我爸爸姓罗，所以妈妈给我起名叫罗子仪。"

应璐冰："唐诗有'一片冰心在玉壶'，所以，我的名字里有个冰字。"

李泓锐："爸爸妈妈希望我前程远大，所以我叫泓锐。"

唐嘉杰："我爸爸希望我做人中俊杰，所以我叫唐嘉杰。"

陈俞聪："我妈妈希望我聪明。"

韦佳音："我妈妈希望我的歌唱得好，所以叫我佳音。"

……

"表扬回答问题的同学。我们的名字都是爸爸妈妈精心取的，寄托了爸爸妈妈美好的愿望和追求。可是，有的同学随随便便就给别人起绰号，让别人听了很难过。你们觉得这样好不好呢？"

"不好。"

"那同学们觉得应该怎么做呢？大家讨论一下吧。"

同学们讨论的结果是："绰号分两种：一种是善意的，一种是恶意的。如果是表达善意的，同学们接受的，就没问题。如果是恶意的，同学们不喜欢的，就不要叫了。随意给别人起不好的绰号，这是不礼貌的行为，是不对的。因此，我们不能随便给别人起不好的绰号。"

"同学们，你们都是聪明的孩子，道理不用老师说就明白了，我们可以下课了。"下课后，我看到了陈俞聪脸上露出了开心的笑容。

2012 年 12 月 20 日

补课

学的生字越来越多，慢慢地有孩子掉队了。头天学的生字没掌握，第二天又有新字要学。落雨背稻草，越背越重，欠账越来越多。跟敖老师、黄老师了解了一下班上数学、英语的情况。三科学习都困难的同学有：紫尘、泽隆、小麦、林坤。有什么办法呢？五根手指还不一般长，有的孩子就教不会。还能咋办？放学留下来补。敖老师补数学，我听写。教室里灯火通明，一转眼就到五点半。熄灯出教室，天都黑了，师生一起走出校门。期末考试在即，孩子们，我们加油！

2012 年 12 月 29 日

这段时间养成了一个习惯，每天早上登录 QQ 后，都要去蔡睿妈妈空间转一转，看看蔡睿这个小伙子最近又发生了什么糗事。这个宝贝，就是个天生的"段子手"。睿妈令我佩服，很有原则和定力，不会人云亦云，虽然儿子顽皮，但是妈妈心平气和，她牢牢地记住了我开学初跟她说的两条："一是不把儿子跟别人比，只跟过去比；二是多阅读少做题"。这两条一条是解决心态问题，一条是解决语文学习问题。两条都解决了，小学的学习就没有问题了。每次看完睿妈的空间，都会令我有所思考，有所收获，今天也不例外。家长们，教育孩子我们一起来。

附：蔡睿妈妈日志

2012 年 12 月 10 日

今晚很想收拾一下这小伙子

蔡睿在吃晚饭之前都还算听话，作业认真完成，准备吃饭的时候还主动帮我把碗筷和菜从厨房端到桌子上去。当然，如果他一直是这样的表现的话，我是绝对不会收拾他的。

我端起碗刚扒了两口饭，头发突然掉下来，于是便放下碗想把头发扎好。手都还没摸到头发，就听到那小子在叫："先管好你自己再来管别人。"我听着有点莫名其妙，但肯定他是在说我，因为今晚就我俩吃饭。"什么？"我问道。"你自己不是说过要做好一件事，再来做另一件事吗？"我还以为他是要说我没把碗端起来呢。我平时要求他吃饭时要端起碗来吃饭，这是最起码的餐桌礼仪。"这跟吃饭有关系吗？""当然有！你现在不是一边在吃着饭，还一边弄你的头发吗？不要只会天天叫我做好了这件事再做另一件事。"

这下搞得我吃饭不是扎头发也不是，就只有想把他从椅子上拉下来收拾一顿的冲动。

看来，家庭教育中做父母的一定要做到言传身教，不管大事小事都要言出必行，这样才能起到好的示范作用。我这个当妈的要加油才行。

2012 年 12 月 11 日

打是亲、骂是爱？

今晚儿子睡得很早，九点钟就睡得呼呼的。睡前给他讲完故事看时间还早，就让他看了朱老师昨天记录的《顽皮的蔡睿》。本来想看看他看了会有什么感想的，结果他看完了哈哈大笑："我就是很顽皮的。朱老师最好了，我们班上所有人她都叫宝贝，教我的全部老师都很好，她们都不会骂人，只有你才会骂人，天天骂我，骂我这个没做好，那个没做对。"

我承认平时在家对他是有点严格，这个不能这样做，那个不要玩，去看书等。有时候他不听话也忍不住大声吼他。有时候想想这样做不对。但是大道理谁都懂，做起来却那么难。以至于让他觉得妈妈只会骂他，不爱他。之前就隐隐觉得他在我面前和在外面判若两人，在外面跟其他同学朋友玩的时候很开心而且话也多，像有点小聪明的样子，但在我面前就很听话，做事中规中矩的，像很怕一不小心就做错什么一样。难道这是天天追在他屁股后面啰唆的后遗症？家庭教育的盲点？

做妈妈的沉思中……

2012 年 12 月 12 日

今天居然 hold 住了，没有生气，没有发火

今天头特别痛，下午送儿子去上学，回来就在床上躺着，一直到放学才起来去接他，但头还是很痛。到了学校居然还有让我更头痛的事：小伙子今天又调皮了，把班上图书角的书扔来扔去。

在学校他承认自己错了，所以我也就没有多说什么。回到家我也没说什么，做自己的事情了。往常的话，书包一放下叫到一边站着，我坐他面前就开始训了，一训半小时以上，但是训了过后可能一两天有点效果，过几天就又不行了。这次我也试试那些成功的家长的做法，当孩子犯了错误的时候不要一味地教训、责骂，尽量当作什么事都没有。可能这样的我有点反常吧，倒把小伙子搞得愣住了，主动过来说："妈妈，我做错了，下次不会了……"

2012 年 12 月 13 日

顺其自然最好

中午吃完饭和儿子一起看了一会儿报纸，接着他就跑到客厅去玩了，把老公放在家里的家具配件弄得叮当响，要是以往我铁定大声吼："别玩那些东西，别在地上趴着，多脏啊！"今天想试试教育家说的话，让孩子尽情地玩，只要不危险。

于是我就在房间里看书，他自己在客厅玩。出门的时候没留意，直到送他到学校后我又回来，去客厅喝水才看到他用小配件拼了一个既像房子又像飞机的"怪物"，有点小惊讶。因为以前从来没看他动脑动手做过什么。一直以来感觉孩子不喜欢动脑子，思维不好，没什么想法，遇到困难就退缩，动手能力也差等一大堆毛病。

大家都说兴趣是孩子最好的老师，可是我把从他头发到脚趾都挖了个遍，发现他的兴趣除了玩还是玩，除了看电视还是看电视。有时候特别想

干脆放手让他顽皮、让他疯玩，说不定还能在哪一方面有个特长。但是作为"中国式"家长，还是忍不住随波逐流，只想看到好成绩。在学校顽皮我管不了，在家里我说了算，于是每天放学回家让他除了写作业还要做练习，不准看电视，不准玩电脑。但是他对这些都充满了抵抗，每天做的事情都是为了应付我而做。看来以后我要换一种方法了，放开他的手，走在他的前面引导他，一切顺其自然。

2012 年 12 月 17 日

这火发得有点大了……

这个时候喉咙好痛好痛！这是有原因的，而且跟那小伙子有很大关系。

一直以来考虑到孩子身体营养的问题，每天白天让他喝两盒牛奶，晚上还订了一盒羊奶，让他每天睡前喝，让钙最大化吸收。以前都是放学的时候带上楼来的，但今天回来的时候还没送，快吃饭的时候让他下楼去拿，还是没送来。吃完饭，他玩了一会儿后，让他下去拿上来喝，结果他不理我，把冰箱里前两天剩的一盒热来喝了，死活就是不下楼去拿。本来就容易冲动的我为此实在没忍住，冲着他就是一阵"地动山摇"地吼。唉，过后我就喉咙痛啊！但他呢，不理我继续做他的事：刷牙、冲凉、睡觉。然后我就自己下楼去拿奶了，上来一看，平时动作慢吞吞的，刷牙、冲凉、穿衣服至少要半个小时，今天居然十多分钟就做好了，而且早早上床睡觉。看他躺在床上还没睡着，我也冷静了下来，就跟他道歉，不应该冲他发这么大火的，可这小家伙居然装睡不理我，而且没装一会儿，就睡得呼呼响了！唉，目前还是先把嗓子清清，明天再跟他好好沟通这件事。

2012 年 12 月 20 日

此刻，我后悔了

今晚小家伙极度不听话，我忍不住就动手打他了。轻轻地，应该不是很痛，但他哭得很伤心，心里一定难过死了吧。明天早上再好好跟他道歉吧。唉……说实话，我的心也很痛。

2012 年 12 月 26 日

晚上，蔡睿小朋友说："妈妈，我以后上语文课要认真一点了。不让朱老师那么辛苦。"我瞪大眼："嗯？""因为朱老师好像生病了，今天的语文课都是一（1）班的于老师给我们上的，她跟朱老师有一样有学问，因为我们上到《雪孩子》那一课，她就给我们上那一课的。"

2012 年 12 月 30 日

元旦假期

元旦放假了，早起习惯地在班级群里面看一看，顺手给家长们发了《七岁孩子认识世界的 69 项清单》。思忧妈妈："朱老师，除了与农村有关的没有做过，王思忧都体验过了。"我笑了："难怪这孩子是这么老成持重，见多识广的样子。"思忧妈妈："放假了，还得多多让他再体验。朱老师辛苦了，放假还给大家找精神食粮。"

海圣妈妈："朱老师，今天一早起来，我家海圣在学拼音的过程中突然冒出一句：'好想念朱老师啊！'我说：'你昨天还见了，今天才刚放假怎么就那么快想朱老师呢？'你猜他怎么回答？他说：'因为朱老师就像妈妈一样爱我们！'""呜呜，好感动啊"。我做流泪的样子。艺婷妈妈："其实老师在孩子们心里有时比我们家长还亲，我们家肖艺婷放假前拿到朱老师给的小礼物，等我们回家不停地给我们炫耀，听她说小朋友都有，看她的表情别提有多开心了。看到这样，我真的感谢朱老师对孩子的爱，在这里我代表我及我的家人真心地对朱老师说声：'谢谢您的耐心付出！同时也提前祝您及您的家人新年快乐，也祝所有在线的家长们新年快乐！'"

听到这话，我知道我所有的付出都是值得的，做老师是快乐而幸福的。2012 年圆满地过去了，让我们满怀希望地迎接新年的到来，希望我们的孩子在新年有新的进步！

2013 年 1 月 7 日

今天，在看蔡睿和妈妈的精彩对话，哈哈，这小子，想着蔡睿吃瘪的样子，我就忍不住哈哈大笑。

附：蔡睿妈妈日志

精彩对话……

蔡睿在脱衣服准备冲凉，由于气温有点低，给他校服里面穿了两三件毛衣，一般都是穿两三天才洗。

突然他指着保暖衣上的公仔问："妈妈，这只猪也要洗吗？"

"当然要啊，把这只猪洗了，穿那只猪。"

"你才是猪。"居然骂我？

"你个傻瓜，我是猪的话，你就是小猪。"

"我不是捡来的吗，你忘了？"

"快点去冲凉，不然就把你放回捡来的地方去。"

2013 年 1 月 8 日

王思忧学会了跳绳

今天是个值得记录的好日子。经过两个多月的练习，王思忧成了我们班最后一个学会跳绳的孩子，我们终于提前完成了让全班孩子学会单人跳绳的小目标。一轮测试下来，全班一分钟跳绳次数最多的是覃海圣，一分钟跳了 138 个，跳绳次数最少的是王思忧，62 个。全班同学都真诚地把掌声送给他俩。

2013 年 1 月 14 日

今天期末考试了，我要去外班监考，不能看着提醒他们做题，心里除了不放心还是不放心，除了担心还是担心。唉，大人为什么老要为难小孩子呢？但愿我的孩子们不要考砸了！附一篇蔡睿妈妈的日志以代替我的，其实我的心境也是差不多的。

时间过得真快

蔡睿今天期末考试，也就表示这一学期即将结束了。

时间过得真快，开学时睿睿背起书包踏进小学校门的情景仿佛还在昨天。

担心他从幼儿园生活进入小学生活会不适应。第一天，担心他找不到自己的教室、座位，不认识新的老师和同学，上课时间 40 分钟那么长他能不能坚持下来……不过这些担心都是多余了。他很快适应了小学生活并且喜欢上了小学生活，他说上了小学让他认识了很多新同学和新老师，还有很多新鲜的事物。

担心他上课没法集中注意力，听不进老师上课讲的知识。因为他非常调皮爱动，在幼儿园时就没法长时间集中注意力，这一点上了小学也没什么改变，跟老师交谈也是反映的这个问题，上体育课时还因为调皮让老师放学的时候留下过几次。非常庆幸的是，蔡睿碰上了好老师，特别是朱老师，因为朱老师的关心、理解、爱护孩子，让我们这些做家长的减轻了很多很多压力。

担心他平时学习的知识没学扎实。每次老师说明天考试，我就忍不住担心这一单元有没有学好，考试会不会考得很差。不过一年级的知识还是很简单的，睿睿经常都是因为开小差导致一些小错误。

担心男孩总是会调皮，会跟同学打架。以前听同事说有些家长很不讲理，两个小孩子之间打闹免不了会摔倒什么的，就算没有受很严重的伤，有些家长也会无理取闹，要求上医院做B超还有CT之类的检查。为此，每天都告诫蔡睿："不要跟同学打架，就算别人打你也不要还手，注意保护自己就好。"一学期下来打架的事没发生，倒是因为跟同学玩石头大战把自己眼睛碰了一下，还好只是小事。这里还要谢谢老师们和各位家长们的关心。

就这样每天都担心、担心……一眨眼一学期就结束了。

2013 年 1 月 17 日

寒假来临

时间过得真快。一个学期就在忙忙碌碌的期末考试中结束了，我们迎来了同学们小学生活的第一个寒假。我回顾了一下本学期孩子们的收获：一个学期，我们读了二十三本绘本，朗诵了儿歌，孩子们生活上基本学会了自理，完成了班级常规训练。一分耕耘，一分收获。今天就是开散学典礼的日子，是颁奖的日子，子仪跑过来问："下学期二年级，朱老师你还会不会教我们呀？""会呀！""哎呀，太好了！"子仪欢天喜地地跑开了。这孩子，还搞不清一年级有两个学期呢。

全班孩子都得到了奖励，看到孩子们天真的笑脸，真令人开心。在校门口，大家欢天喜地地跟老师再见。同学们寒假的作业除了完成《快乐寒假》外，就是多读绘本，多锻炼，学会干一件家务活，孩子们努力啊！下个学期，我们要比比看假期里谁读的绘本多，谁的故事讲得最动人，谁的小手最能干。

接着我又上班级群和家长们进行了互动：我们快乐的寒假从今天开始了，祝孩子们过一个愉快的假期。有几本好书推荐给大家，大家可以选择作为孩子们寒假快乐阅读的材料。

①《你睡不着吗》，②《14 只老鼠系列》，③《棕色的熊、棕色的熊，你在看什么？》，④《看不见的马》，⑤《世界为谁存在》，⑥《让路给小鸭子》，⑦《青蛙和蟾蜍好朋友》，⑧《野马之歌》，⑨《加古里子儿童科学绘本》（这是一个系列丛书，推荐其中《聪明的大脑》），⑩《小直的长头发》

这个书目得感谢杜梅姐，她就是我的智囊和参谋。子仪妈妈："也祝朱老师过个快乐轻松的寒假，带一年级小朋友辛苦了！"接着老师和家长们互道辛苦，互祝假期愉快。我："谢谢大家。正是因为有了大家的信任和支持，才有了今天孩子们的进步，才有了孩子们优秀的成绩。希望新学期，大家仍然能携手同行，使我们一（3）班变得更好。希望每个孩子都把一（3）班当成一个温暖的大家庭，大家互相关心、互相帮助，一起进步。"我接着感谢了家委会成员为班级的无私付出和奉献。感谢家长们对孩子值日的支持和帮助。特别感谢蔡睿妈妈！假期语文学习方面，除了完成老师布置的作业之外，建议大家多阅读，少做习题。把孩子宝贵的时间多放在阅读上。

一（3）班像打仗一样紧张的第一个学期就这么过去了，寒假来临！

一年级第二学期

2013 年 2 月 19 日

开学杂记

新学期开始了，又回到可爱的校园。开学第一天，上午校园里还是静悄悄的，下午小可爱们一来，校园里就变得热闹而充满了生气。我们班的小不点一个个争相和老师打招呼"新年好！"温暖的问候不禁令人心情大好。顽皮的俊杰在发书的时候小身板坐得笔直，下课的时候，过来跟我表决心："朱老师，这个学期我要认真听课，做个好孩子。"我连声回应"好，好，好！"。可爱的小紫玄还塞给我一个小红包，令人忍俊不禁。

放学的时候，子仪告诉了我一个秘密，同时向我提了一个问题："朱老师，寒假生活评价表里，有的事情我做得不是很好，可妈妈也给我打了五颗星，为什么呀？"我不禁笑了，我理解家长爱孩子的私心，我更惊叹孩子那颗清澈透明的水晶般的童心，我搂着子仪的肩膀告诉子仪："可能妈妈是希望你能做到最好吧。下次，你要更加努力，争取得到真正的五颗星，好吗？"子仪有点羞赧地笑了。

第二天，新学期的值日安排表也排好了，感谢家长们一个学期的协助、指导孩子们值日，希望我们班孩子们的劳动能力得到提高，能尽快地独立完成值日任务。还选举了新的班干部。上学期的班干部进行了轮岗。换下了应璐冰、黄耀慷这两个金童玉女般的路队长，心里好舍不得啊。经过一个学期的锻炼，两个路队长整队、喊口令都很纯熟了，我已经很轻松了，

新的路队长又要重新培养。可听着新路队长李泓锐细微的声音，看着张慧
羞怯的表情，我又更加坚定了轮换班干部的想法，我劳累一点，让更多的
孩子得到锻炼，还是值得的。

上午 11 点 38 分，广东河源发生了 4.8 级地震，深圳也有震感。正值
上午放学时分，我们在教室上课，听到安全办张主任在广播要求各个上课
的班级马上放学。我心想："什么事呢？火警？地震？"一边要求孩子迅速
整理书包，外面排队放学。大部分孩子都毫无觉察，一个个鱼贯而出，只
有"小大人"王思忧，守在我旁边，耐心地问我："朱老师，为什么要放学
啊？"我回答他："到放学的时间了啊。""那为什么要广播通知放学啊？"
这个精明的孩子看来并不相信我的回答，我只好告诉他："那是因为学校想
看看孩子们是不是能快速执行命令啊。"一边回答，一边脚不停步。一两
分钟后，我们班已经在一楼前的操场上了，学校大门口挤满了各个班放学
的路队，虽然拥挤，可也秩序井然。不到五分钟，全校都放学完毕，校园
里见不到一个孩子了，学校的执行力和快速反应的速度令人佩服。孩子们
都走了，这时候，老师们才相互打听今天提前放学的原因，才明白原来是
因为地震。回办公室后，看到手机有几个未接电话，估计是家长咨询此事
的。我连忙又给家长们发了一条短信，告诉家长们，我们已随时做好了准
备，请家长放心。

开学第二天，就这样忙忙碌碌有惊无险地过去了。新的学期开始了，
这个学期我们班的"小不点"又会发生什么精彩的故事呢？我好奇着，同
时期待着。

2013 年 5 月 13 日

我的罪过

今天，又上 QQ 空间去浏览了一遍，看到蔡睿妈妈的日志，吓了我
一跳：

小伙子，还挺老实

昨天晚上很晚了，睿睿就跟打了鸡血似的，精气神十足，怎么催都
不睡觉。最后太生气了，刚好在整理衣服，手上拿着个衣架，就打了过
去，本以为他会逃走，所以就用了点力，以为打不到他的，吓吓他。结果，

这一下子结结实实地打到了他屁股上。过了一会儿，他就老老实实地睡觉了。

今天下午老师发信息说：星期五要举行趣味运动会。我就把每个项目跟睿睿说了一遍。他听完马上就说要参加袋鼠跳接力，让我帮他发个信息给老师。然后又说："我还想参加25米往返跑接力的，但是我的屁股昨晚被你打得痛死了，肯定内伤了，我今天都没办法跑步了。"我一听实在伤不起。拉开裤子一看，果然有一条痕。赶紧拿破痛油帮他擦，边擦边向他道歉："对不起，昨晚，你让我太生气了，我没忍住动手打了你。但是我绝对不是真的想打你，就是想吓吓你，以为你会逃走的。""朱老师说：'犯错了，家长拿小棍子就挨打，拿大棍子就逃走。'你拿的衣架是小棍子所以我不能逃。"

……

我们读的《三字经》里有一个《曾子误耕》的故事：一次，曾子在瓜园里锄草，不小心把瓜蔓的根挖断了，他的父亲十分生气，一棍把他打昏。醒来后，他怕父亲担心，装作没事的样子。孔子知道后，让大家不要理他。曾子问孔子为什么，孔子说："古代的圣贤在父亲生气时知道逃避，如果都像你这样做，万一被父亲失手打死，岂不让父亲陷于不义吗？"曾子恍然大悟，懂得了什么叫真正的孝子。

我就跟孩子们说到了孔子的原话："小杖受，大杖则走"，如果大杖不走，让父亲在盛怒之下将其打死，就会令父亲受不义之恶名，造成终身遗憾。所以，曾参承认说："参罪大矣！"孩子们听到这个故事，就记住了老师所说的话。可是没想到，因为我的缘故，却让蔡睿挨了结结实实的一顿打，我的罪过大了。

蔡睿妈妈，以后管住自己的手好不好？

2013年5月27日

沙小"达人秀"

沙小"达人秀"活动开展得如火如荼，各个班都在认真准备。一（3）班怎么肯自甘落后？我们班学舞蹈的小姑娘不少，应璐冰、孙琪、邹雅琪都跃跃欲试。我建议三个小姑娘一起跳个集体舞。孩子们回家跟家长一说，得到了家长的大力支持。接下来一周选表演曲目，找老师，订服装，每天排练，忙得不亦乐乎。功夫不负有心人，我们的舞蹈《如果你们爱我》已通过学校复赛，顺利进入决赛了。同时杀入决赛的还有"金嗓子"许子璇的独唱《小红帽》。对要和高年级的哥哥姐姐们同台竞技的一年级小朋友来说，还真是不容易，值得祝贺！

今天就是决赛的日子，需要家长们的帮忙，我上班级群发了一条招募义工信息："沙河小学'达人秀'活动中，一（3）班选送的两个节目：①舞蹈《如果你们爱我》表演者：应璐冰、孙琪、邹雅琪。②独唱《小红帽》表演者：许子璇。均已通过学校复赛，顺利进入决赛了，特此祝贺！为了孩子们在决赛中有好的表现，在此招募两名义工：①化妆义工。职责：负责给四个孩子化妆。②照相义工。职责：我班表演节目期间，负责拍照，表演结束后，负责把照片上传群相册。义工可以全程观看学生表演。有意向的家长，请跟我联系。"

招募信息得到了家长们的积极响应，我选了许子璇和孙琪妈妈来帮忙。愿小姑娘们在小学的第一次表演中旗开得胜。

2013 年 5 月 31 日

第一个"六一"

每天忙忙碌碌，转眼间，孩子们在学校的第一个"六一"儿童节就要到了。我们班的家委会又开始忙碌起来。蔡睿妈妈晚上在群里发信息："各位妈妈晚上好！'六一'快到了，为了让孩子们在小学的第一个'六一'过得愉快、难忘，我们需要把教室布置得有节日的气氛，还需要给孩子们准备小礼物及友谊比赛的奖品。我和超妈商量用气球来装饰教室，小玩具和小文具作为小礼物和奖品。请问哪位妈妈明天有时间可以陪我去采购这些物品，给些建议。"第二天，思忧妈妈开着车陪蔡睿妈妈把我们的东西都采购回来了，同时，学校也送来了给孩子们的节日礼物。

孩子们的"六一"过得开心极了。教室挂满了气球、彩带，孩子们在充满节日气氛的教室里表演节目、玩游戏、吃零食，玩得不亦乐乎，尽情地享受着童年的欢乐。为了让孩子们玩得开心，我从孩子们学的语文、数学和生活常识中挑选，给大家足足准备了五十道题。每个孩子上来抽一道题，抽中题的孩子完成纸条上的任务，就可以得一个礼品。

这些题都难不倒孩子们，教室里一片欢声笑语。亲爱的孩子们，你们可知道，在你们快乐的背后，有着家长和老师辛勤的汗水和付出，但和你们的笑脸相比，所有的辛劳都不值一提。

那么多快乐的笑脸在眼前，那么多鲜活的童年在眼前，我忽然感慨万千。人生如流水，过去的一幕一幕犹如放电影一样，从我的眼前闪过：20年前师专校园里的我，单纯阳光还不知忧愁为何物；1993年，刚参加工作的我花样年华，和学生差不多的年纪，走在校园里，经常会被人打听："同学，你是哪个班的？"不胜其烦，因而，平生第一次去烫了头发，以示和学生的区别；1994年，遇到我的真命天子，我们一起同甘共苦，一起生儿育女，人生的道路上我们一起扶持走过；1995年，紫薇花开，从此开始为人母的日子；1998年，远离了故土和亲人，从湖南来到深圳，人生翻开新的一页，峰回路转，生命呈现出了不一样的风景。

此刻，孩子们在沙小校园的第一个"六一"儿童节，是我陪他们度过的，我又将陪伴、见证一段新的童年、新的人生。我确确实实地感受到了幸福。孙琪妈妈说："孩子们有你这么好的一位老师，真幸福！"其实有这么一班可爱的孩子和家长，我才是最幸福的那个人！

2013年6月17日

俊杰妈妈哭了

今天俊杰妈妈来学校了，为孩子的不争气而掉眼泪，小小的孩子在课堂上不听课，每天在课堂上说话、做小动作，无一刻安宁，被三科老师投诉了，难怪俊杰妈妈伤心。俊杰妈妈说："孩子入校的时候是多么不容易，作为一个在深圳暂住孩子的家长准备齐全入学资料，我费了多大的劲啊！可是他却不争气，不好好读书。"说着眼泪又流出来了。唉！孩子，你什么时候能长大，能明白妈妈的苦心呢？可是，俊杰妈妈，"十年树木，百年树人"，孩子又怎么可能一夜之间改掉坏毛病，一夜之间长大呢？让我们耐心地陪伴，慢慢来吧，只要我们付以足够的耐心，我相信孩子总有一天会懂事，会听话的，他会明白妈妈的苦心的。为了安慰伤心的俊杰妈妈，我在班群转发了《慢养孩子，静待花开》一文。

附：

慢养孩子，静待花开

慢养孩子是训练大师黑幼龙先生的家教心得，他说："养孩子就像种花，要耐心等待花开。"

黑老的四个孩子中，次子黑立国和幼子黑立行的成长经历最能体现慢养的价值。

黑立国小时候叛逆心极强，学习成绩一塌糊涂，甚至考过零分。黑老非常担忧，却也无可奈何，他不愿逼迫儿子用功学习，因为他知道，除非孩子自己愿意学，否则所有的努力都是白费力气。黑立国贪玩、好胜、脾气也不好，经常闯祸。最严重的一次，他出于好奇，在超市偷一双手套，被当场抓住。"即使发生了这种事，我和妻子也不认为黑立国是坏孩子。"黑老说，"我们问清事实真相，然后坚定地做孩子的靠山。我们让他知道，父母会支持他，即使他犯错，只要改过，父母对他的爱永远都不会减少。"不过，他对这个孩子已不抱多大希望。上高二那年，黑立国加入了学校的摔跤队，成天和一群学习成绩比他还差的黑人队员在一起，自然得到了教练的赏识。黑立国第一次发现学习好能赢得尊重，于是发奋学习，成绩突飞猛进，不仅顺利考上大学，而且成为学业上的佼佼者。30岁那年，黑立国被提升为华盛顿大学医院的副院长。

本来最不被看好的一个儿子，居然变身业界精英！黑老欣慰之余感慨地说："父母很容易认为孩子学习成绩差就没希望了，其实如果做到慢养，这样的孩子将来可能更优秀。"

黑立行从小聪慧过人，学习成绩在全校数一数二，最受黑老的宠爱。他高中毕业时，参演过一出歌舞剧，居然上了瘾，梦想当电影明星。他大学攻读的是机械工程专业，快毕业时，他再度认真地跟父亲讨论自己的未来。黑老明知道儿子是异想天开，却不忍心给他泼冷水，于是建议他用一年时间去尝试，如果不行，再决定以后做什么。黑立行意气风发地投身演艺事业，练发声、学表演、试镜，格外积极。黑老也尽心尽力帮儿子圆梦。一年后，黑立行醒悟，梦想终归是梦想，不是自己的特长，再下功夫也是白费。他决定放弃明星梦，回到斯坦福大学机械研究所继续学习。

"如果我当时不准他学表演，可能造成他一生最大的遗憾。"回顾儿子走过的这段弯路，黑老不胜感慨，"其实，中国的父母是世界上最好的父母，只要对孩子有用的、有好处的，我们都愿意给。问题是，什么才是对他们最有用的？"孩子的未来，归根结底是由孩子自己决定的。

黑老说："慢养并不是时间上的慢，而是说教育孩子不要太担忧、太着急。不求一时的速度与效率，不以当下的表现评断孩子，尊重每个孩子的差异。慢养，可以让孩子发现最好的自己。"

2013 年 7 月 1 日

来找老师的"叔叔阿姨"

下午放学后我正坐在办公室备课，忽然有值日的孩子来叫我："朱老师，教室里有叔叔阿姨来找你。""叔叔阿姨？"我去教室一看，原来是我上个毕业班的学生：姜天、林素明、温馨。姜天嘴唇上都长了一圈薄薄的绒毛了，女孩子也都越发圆润了，难怪孩子们叫"叔叔阿姨"。我跟姜天开玩笑："姜天，还跟老师打架吗？""哎呀，朱老师，那个时候我不懂事。"姜天不好意思地笑了。陪着孩子们在校园里转了一圈，校园变化很大，孩子们依依不舍地走了。看到姜天现在美好的样子，我不禁想起姜天的往事，那又是说来话长的另一个故事了。

我是五年级接的姜天的这个班。那时候，姜天是这个班里有名的"小霸王"，全无规矩，他想干什么就干什么。听以前的老师说，轮到他值日的时候，他扛着扫把，有一搭没一搭地在地上乱甩，老师说："姜天，地不是这么扫的。""啊？你会扫，那你扫啊！"他就把扫把往老师面前一扔，扬长而去。我觉得这是一个被宠坏了的孩子。

我第一堂课就跟他发生了冲突。我在上面讲课，他在下面把脚搁在桌子上，我走到他的面前，"把脚放下去"，他不理，我告诉他："你不把脚放下去，就不要上我的课"，他还是不理，我指挥四个大男孩把他连人带桌子一起搬到教室外面去了。他发现，这个老师不好惹。从那以后，在我的课堂上他就规矩多了，但时不时地仍然要故态复萌一下，我从来不让步，不惯着他。因此，从我接班那个时候起，他的桌子、椅子、书包时不时被我扔到教室外面去过。我不能碰你，我还不能碰你的桌子、椅子吗？对懂道理的孩子我讲道理，对不懂道理的孩子我讲什么道理？规矩就是规矩。

再后来，他发现这个老师惹不起，同时，班上也没有他什么市场了，慢慢地他就老实多了。再后来，我发现他在班长温馨面前特别听话，我就安排他跟温馨同桌，只要他一犯毛病，我就把温馨调开，这一招可厉害了。只要我把温馨调走，他非跟我来求情，把温馨调回去可以，但是凭什么？要凭你的表现。最后的一年，在温馨的管理下，他再也没有惹过事。到毕业了，反而越来越感谢老师对他严格的管教了。

可见，一把钥匙开一把锁。从来就没有什么最好的教育，只有最合适的教育。教育从来就没有什么最好的方法，因材施教，教无定法才是最好的方法。

2013 年 7 月 5 日

期末考试

期末复习，迎考，转眼间，一个学期就结束了，又到了几家欢乐几家愁的日子，一分努力一分收获，永恒不变的真理。孩子们，记住我们永远不要虚度光阴！成绩一出来，家长们又在群里聊开了。泓锐妈妈说："刚回来看完孩子的成绩单，心里是彻底的凉了，居然 90 分都不到，考完后泓锐还自信满满地说绝对能考多少多少分，现在告诉他不到 90 分，他自己居然都不相信，说不可能！"思忧妈妈："我家的比你家的还有信心，说肯定是 98.5 分，结果有一个题目没做，扣四分；做错题，扣二分；多写一个词，扣一分。如果把那四分没做的算上，多写的一分算上，他估的 98.5 分是没错。"唉！理想很丰满，现实很骨感。可惜没有如果。这就是低年级小朋友考试的时候最容易犯的粗心的小毛病。

2013 年 7 月 16 日

散学典礼

上午开完散学典礼，布置完暑假作业，孩子们领完成绩单，领完奖状，一个个跟老师道完"再见"排队走出校门，热闹的校园一下就寂静下来。我回办公室把暑假作业和暑假交代事项在班级群里又发了一遍，因为总会有小朋友记不住，还有的小朋友会把作业单弄丢。

一（3）班暑假作业是：①完成《快乐暑假》。②生字表（二）的 250

个生字每个生字写一行，在一行的最后两个格子组一个词语（90分以下的孩子完成）。③拼音字母表的拼音字母每个抄写一行（90分以下的孩子完成）。④自由快乐亲子阅读。两本书推荐：《了不起的狐狸爸爸》和《小猪唏哩呼噜》。下学期要准备迎接拼音知识考查和百词竞赛。

亲爱的同学们，这个学期已经结束了，明天暑假正式开始，祝暑假愉快！你们在假期里要多读好书，按时完成作业，帮爸爸妈妈多做家务。同时多运动，把身体锻炼得棒棒的。等下个学期你们再回到校园里来，就将是二年级的小学生了。老师在校园里等待着你平安归来。记住回校的时间是8月31日上午8：00，9月2日我们将正式按课表上课。

家长也和老师互道辛苦，互道假期愉快。

睿妈说："有一位这么优秀、负责的老师，班上的孩子是多么的幸福！而作为家长又是何其幸运，因为您的理解和包容，在教育孩子这一份重担面前轻松许多许多。轻轻地说声：'朱老师，您辛苦了'！"我真心诚意地谢谢睿妈！在过去的这一年里，睿妈为一（3）班无怨无悔地付出了许多许多！

子超妈妈说："朱老师，辛苦了！如您所说，我们和孩子与您有缘相遇，感谢您为孩子们的付出，感谢你给予家长的帮助，谢谢！"我也谢谢超妈，希望下学期我们再一起努力！

小麦妈妈说："在这一年里，我感受到每一位老师对每个孩子的关爱和呵护，朱老师，我们爱你！"我回了麦妈一朵玫瑰花，过去的一年里，小麦妈妈也很不容易，辛苦了。我跟麦妈说："你有个这样天真顽皮的孩子，你就不能把他和别人家的孩子比，你只能把你儿子的今天与昨天比，这样你才能一天天看到他的进步，你才能快乐许多。"

海圣妈妈说："朱老师真辛苦您了！谢谢！从去年8月孩子刚走进沙河小学一（3）班开始，从第一次家长老师见面会开始，我就感觉到，自己的孩子是如此的幸福。因为朱老师的一席话，我能感觉得到，朱老师是个有责任心和很有爱心的老师，一眨眼，一年就过去了，在这里，再次谢谢朱老师！还有敖老师，黄老师以及别的课任老师，辛苦了！"晓文妈妈也说非常幸运我们的孩子能遇到朱老师。

2017 年 7 月 17 日

<h3>一起走过的一（3）班的日子</h3>

暑假开始了，孩子们都走了，整个校园里静悄悄的，我回校清理东西。一个人又走进一（3）班的教室，静静地坐了一会儿，回顾教室，心里百感交集。

一年前的一天，我们走进了同一间教室，一场师生缘因此而结下，一（3）班的日子就此拉开帷幕。

现在门口还挂着一（3）班的班牌，上面印有我的照片，写着我的教育感言："用千百倍的耕耘，换来满园桃李香"。

墙上"我勤奋我快乐，我努力我进步"两条横幅，一直在激励着大家努力学习。过去的一年，孩子们用自己的行动践行了这两句话。

教室后面的墙报上贴着孩子们的照片和孩子们画的画，这些墙报费了我们多少精神，陪伴了我们多少日子啊！

"大拇指"行动栏里每一枚大拇指都凝聚了孩子们的努力和进步，也带给我们很多快乐。"守护红旗"栏里大家都守住自己的红旗了吗？撕下的红旗又补上去了吗？撕下来的红旗应该不只有泪水，也有我们改正错误的勇气和决心。

教室前面并排贴着四张奖状，一（3）班在沙河小学 2013 学年趣味运动会中表现突出，荣获一年级团体总分第一名，跳绳项目第一名，迎面接力第一名，障碍接力第一名，这四张奖状来之不易。它来自我们全班同学的努力和一年来的坚持锻炼，还有我们家长们的全力支持和配合！它是我们一（3）班的集体荣誉！

参加"达人秀"的小姑娘们也不赖！她们一路过关斩将，最后捧回了一个二等奖和一个优秀奖！

教室前面还有一（3）班集体制定的《一（3）班班级公约》，黑板右边的班务栏里，贴着我们的课程表、作息时间表和我们的值日安排表，我们的班务历来都是井井有条。通过《合作技能公约》《合作公约》，我们掌握了合作技能，学会了合作。

不知不觉，孩子们已经度过了一年级，等到九月份的时候，就要成为二年级的小学生了。一（3）班就要成为二（3）班了。一天又一天，一年又一年。等成为六（3）班的时候，孩子们就将离开亲爱的母校，开始一段新的征程了。孩子们，让我们珍惜在校的每一天。孩子们，你们还记得期末的时候，来我们教室门口看老师的"叔叔阿姨"吗？他们其实不过是一帮才离开沙河小学一年的大孩子呢！时间就像飞鸟一样，在你们不知不觉中就会张开翅膀飞得无影无踪！因此，我们要努力学习，要珍惜光阴！"少壮不努力，老大徒伤悲！"

爸爸妈妈们，让我们珍惜孩子在我们身边的每一天！孩子的成长远比我们想象的要快得多！这个世界按照自己的方式运行，每粒种子按照原本的样子成长，每个孩子生来就是具足圆融，如其所是。从此，带着对生命无比的信任和祝福，轻轻地对孩子说：是的、是的、是的！

附一：蔡睿的《我的五彩童年》

（一）上小学了

炎子午牵着妈妈的手，最后一次走出了幼儿园。

妈妈说："子午啊，你要上小学啦！"

"什么！为什么要上小学？我在幼儿园上学不是很好吗？我喜欢幼儿园的老师和小朋友，还有各种玩具。"

"不。你已经长大了，该上一年级了。"妈妈温柔地说。

"那，好吧。小学是怎么样的呢？"炎子午好奇地问妈妈。

"以后，你就知道了。明天就是你上小学的第一天。"说着妈妈拿出了一套从来没有穿过的蓝色校服……

"叮叮叮！"第二天早上，因为有点紧张而一晚没怎么合眼的炎子午下了床，炎子午草草地吃了早餐，穿上了那套蓝色校服，和妈妈一起去新学校了。

走到学校门口，炎子午就看到几个金色的大字散发出希望的光芒，上面写着"深圳市南山区沙河小学"。"哦！原来这就是我的新学校啊！真漂亮！今天起我就是这里的学生了。"炎子午打心眼里喜欢上了新学校。

妈妈把他带到了一位老师面前。老师戴着一副眼镜，看起来知识渊博。她笑眯眯地说："你好！我叫朱老师，是你的班主任。"妈妈和朱老师说了几句话就走了。

"丁零零！"上课铃响了。朱老师把炎子午带到了一间教室，炎子午往门口看了一下，门上有个牌子，写着"一（3）班"。炎子午走进去，安静的教室突然热闹起来："嘿，怎么又来了一位新同学？"

"哇，好帅啊！比我帅多了……"

全班几十位同学的目光像太阳下的放大镜聚集在炎子午的脸上，他的脸热得通红。好在有朱老师的提醒，不然差点忘了介绍自己……

（二）我们都是好朋友

一段时间后，炎子午认识了很多好朋友。有一些是幼儿园的同班同学，有陈子超、许子旋、魏采苗……现在，炎子午又多了很多不是以前幼儿园的好朋友。唐嘉杰是班上唯一的左撇子，用左手写字，用左手吃饭……他左手的食指上有一大块疤，听他说是他在乘坐电梯的时候，手伸进电梯门缝里，手指被夹伤了。

唐嘉杰很喜欢随便用同学的文具。昨天，他写错字了，又忘了带橡皮。便对同桌胡林滢说："橡皮借一下。"也不等她回答，直接拿了她的橡皮就用，把胡林滢的橡皮弄得很黑，活像一块黑炭。胡林滢心里很生气，但也没有对唐嘉杰发火，因为他们是同桌和好朋友。

下课时大家最喜欢的就是玩石头——剪刀——布的游戏。这天下课，陈子超、唐嘉杰等几位同学又在一起玩石头——剪刀——布。子超搬了块大石头把唐嘉杰的剪刀砸扁了。唐嘉杰不愿意接受这样的事实，他一直不承认他出的是剪刀，可是他争辩不过子超，就动手打了子超一下，子超见唐嘉杰一直说他出的不是剪刀，又见他打了自己，更是火上浇油，两人就动手打了起来。子超个子高大，几下就把唐嘉杰打倒在地。这时，他们发现朱老师正向他们走来，然后，他们被一起邀请去了朱老师的办公室"喝茶"。

最后，他们一起手拉手从朱老师办公室走了出来，又一起玩游戏。

（三）女娲补天剩下的"五彩石"

小学可比幼儿园大多了，有很多适合大家玩耍的地方，有宽阔的球场、红色的塑胶跑道、明亮的教室。可大家最喜欢去的就是水池边了。

下课铃一响，几十个人都拥到金鱼池边上，最里边的孩子免不了被挤到水里去……最后，大家干脆挽起裤子和衣袖全跳进了池子里。池子里有很多五颜六色的石子。据说，那是女娲补天的时候剩下的"五彩石"。橙色的最漂亮，但也最稀有；白色的最难看，因为它很多，就拿来做"纪念品"。同学们还像女娲一样，把各种颜色的石子扔到天上。

池子里还有一些金鱼，有一些调皮的同学居然去抓金鱼。和炎子午同班的李鸿锐就去抓过，他跑到远一些的"深海"，因为那里才会有金鱼出没。捞了一会儿，李鸿锐发现了一条金鱼，手一捞就抓了出来，但是，鱼身上很滑，刚抓起来就从手里滑了出去，像蝴蝶在空中画了一道美丽的曲线，落入了水里。他一急，脚就不小心滑了一下……

上课了。大家看到李鸿锐狼狈地站在讲台上，看着他妈妈和朱老师谈话……

后来，朱老师告诉大家："你们以后再也不能去池子里抓金鱼和捞那些石头了，池子里水很深，石头很滑，很危险！"

（四）"砍"树

一天，朱老师给炎子午妈妈打了个电话："喂！是炎子午妈妈吗？请过来学校一下！"

"是有什么事吗？"

"你过来就知道了。"炎子午妈妈挂了电话，心里咕咚一跳，难道是跟同学打架了？还是摔跤了？或是出什么事情了？

炎子午妈妈急匆匆地赶到朱老师办公室，看到只有朱老师和二班的王老师在，王老师抢在朱老师前面说："来了？坐吧！"王老师拍了拍旁边的椅子。炎子午妈妈吓了一跳，心想："难道是炎子午和二班的同学打架了？"也不敢在椅子上坐下。

一会儿，朱老师忙完了。对炎子午妈妈说："走，带你去看看。"炎子午妈妈跟着朱老师一起来到了乒乓球场，炎子午妈妈看了一下，没有打架的痕迹啊。最后，朱老师把炎子午妈妈带到了一棵美人蕉前面，它的两片大大的叶子已经要和根分家了。

原来，下课时大家都在追逐打闹，炎子午追不上麦政鸿，就想出拿个武器帮忙的办法。他的目光停在了美人蕉的叶子上，大家见炎子午在扒美人蕉的叶子，也不跑了，都跑过去一起扒。可是几个一年级的小孩子怎么有那么大的力气扒掉美人蕉的叶子呢？陈子超想到了一个绝妙的好主意，他跑回教室拿了一把尺子，然后你一推我一拉的开始锯那片叶子。一位值日的主任走过来，大家立马一哄而散。但是那位值日的主任早已经拍下了大家做坏事的照片，带着那张照片找到了朱老师，朱老师从一个个背影中认出了大家。

放学了，炎子午高高兴兴地背着书包回家，但他不知道的是：妈妈正拿着衣架站在家门口等着他呢。

（五）美丽的图书角

教室的一个角落里有一个小柜子，它默默无闻地点缀着一（3）班。柜子做工很精致，美中不足的是，柜子上什么东西也没有，空荡荡的。

有一天，朱老师给大家布置了一项作业：每个人都从家里带几本喜欢看的书来。第二天，同学们便从家里带来了许多书。有绘本，有漫画书，有故事书，有历史类的、科普类的书……这些书填满了空荡荡的柜子。朱老师拿来了三张卡片，写着："图书角"，并把卡片贴在了柜子上。

从那以后，柜子上就摆满了五颜六色的书，任何同学想看都可以去借来看。不过，经常有同学下课的时候看到了精彩部分，还没看完就上课了。可书里的内容就像磁铁一样把同学们的心思都吸到了书上，最后没忍住就藏在抽屉里看，如果被老师发现了……一个星期借书的权利就没了！

朱老师还选了一个整理书柜的图书管理员。但是图书管理员经常在整理图书的时候，被书本里面的知识吸引，整理着整理着就不由自主看起书来，不知不觉地就忘记整理了。朱老师炒了满满一盘鱿鱼……已经有好几个同学经不起知识的诱惑，成了一盘盘美味的鱿鱼丝。终于，到炎子午当图书管理员了，炎子午一心想着要把图书整理好，无奈知识的力量还是占了上风，炎子午也成被炒的那条鱿鱼。

后来，阅读成了炎子午生命中的一部分，这跟一（3）班的图书角是分不开的。

（六）好一个调皮鬼

炎子午家里有一个表弟，叫刘昊然。不知舅舅是脑子少根筋还是怎么回事，居然取了一个和明星一样的名字。后来大家就索性直接叫表弟"昊鼓"。

昊鼓最喜欢顶嘴。他妈妈说："吃饭了！"

"不吃饭！"

"这个不可以吃的！"

"这个就可以吃！"

"这个是哥哥的！"

"这个是我的！"

总之，就是跟大家唱反调。

小屁孩除了三餐，什么都喜欢吃。每次从幼儿园回来，一踏进家门就习惯性地说："我……"，然后特别小声地说："饿了。"但是，吃饭的时候，他却只吃菜，不吃米饭。任凭他爸爸妈妈怎么劝说，就是不愿意把一粒米饭送进嘴里。如果不给菜了，他就把脖子伸得长长的，眼睛眯成一条线，嘴张得像"囧"字一样。最后舅舅忍无可忍！不是直接拿根衣架往他屁股上呼呼两下，就是把他的饭倒进自己的碗里，然后端起碗来吃个精光！这种情景差不多每天都上演一遍。

别看他这样子，其实他是个非常没骨气的小家伙。比如他正在玩积木的时候，炎子午从他身边走过，看了他一眼，他就立即敏感地大叫起来："这是我的！我不要和你一起玩！"但是，没过两天，炎子午正津津有味地吃着一杯冰激凌，他看见了马上大叫："我要吃，我和你一起玩积木，给我吃一点你的冰激凌。"真是一根墙头草，风吹两边倒。做人就不能有点骨气吗？

尽管如此，这个调皮鬼还是给炎子午的童年带来了不少乐趣。

（七）生活的调味剂

三伏天就是热。小狗"呼呼呼"地舔着舌头，好像在向上天乞求下雨，知了应该是太久没喝水，嗓子都喊哑了，唱起歌来都是拖长了音："知——了——知——了！"

这个周末，炎子午在家做完了老师布置的家庭作业，准备玩积木。但是火好像烧到喉咙了，任凭他怎样灌水都灭不下去。炎子午干脆下楼买了几根冰棍，舌头刚舔到冰棍的寒气，喉咙口的火就不战而退。这时，表弟昊鼓从房间走出来，看到了冰棍，眼睛一亮，舔了舔嘴巴，朝炎子午走过去，并且眼睛一直盯着炎子午手上的冰棍，生怕一眨眼就被吃完了。他走到炎子午身边，装作什么都不懂的样子问："这是什么？"嘴巴一边问一边靠近了冰棍，还伸长了舌头想舔上去。炎子午警惕地把冰棍藏在了背后，小家伙一看，又装模作样地指着炎子午背后的冰棍问："这是什么？"见炎子午不理他，就像复读机一样一直问："这是什么？这是什么？可以吃的吗？"当他发现炎子午早就识破了他的想法，始终不理他时，二话不说走进房间里就把炎子午妈妈拉了出来，指着炎子午手上的冰棍问："这是什么？"

"这是冰棍。"妈妈一眼就看懂了昊鼓，打开冰箱给小家伙拿了一根。最后，小家伙坐在沙发的一头乐滋滋地吃冰棍，妈妈坐在沙发的另一头气呼呼地批评炎子午，炎子午坐在地上拿着一根冰棍咬牙切齿。

虽然炎子午因为这个小表弟少了许多自己喜欢的东西，但是炎子午还是打心眼里喜欢这个调皮的小表弟。因为小表弟给炎子午平淡的生活增添了不少调味料。

（八）暑假生活

一个学期结束了。炎子午迎来了开心而又炎热的暑假。

每个老师和家长在期末考试前的一段时间都像复读机一样重复着同一句话："好好复习，辛苦一段时间，争取取得好成绩，这个暑假就可以过得轻轻松松！"几乎每个同学都奔着同一个目标，努力而又像傻子似的咬紧牙关。所有努力过的同学，成绩可想而知。可家长和老师说过的话，十有八九都是假话，他们会绞尽脑汁想出一些像模像样的借口。炎子午指着家长的鼻子，大叫欺负人时，他们一个个都仰着脸，自顾自走了。

暑假的开始，自然被比字典还厚的作业给淹没。当炎子午拿着满分的卷子和成堆的作业找家长讲道理时，他深深地鄙视自己，认为自己是受人愚弄的大傻瓜，而捉弄他的人是一个诡计多端的骗子，一条藏在草丛中的狡猾毒蛇。他非常想给对方一记响亮的耳光，可又无奈，只能将耳光打在自己脸上。"唉！"炎子午在换第二十六支秃得不能再削的铅笔时，发出了气愤而又伤心的一声叹息。

望着才做完不到十分之一的作业，炎子午可能还不知道。这才是暑假的开始。

（九）晨跑

回外婆家喽！炎子午今天格外高兴，因为今天炎子午就要跟着妈妈回外婆家了，只要一回到外公外婆家，炎子午就可以捉鸡打狗玩泥巴，在农村可以找到很多乐趣。更值得高兴的是炎子午在外婆家不用写作业，一想到这儿，炎子午高兴得手舞足蹈，妈妈看见了，立刻给炎子午一个白眼。

回到了外婆家，妈妈对外婆说一些"不像话"的话："现在学校要他们运动，要他们每天跑步，所以您这样这样……""好的，可以！"炎子午发现妈妈笑得非常非常恐怖，而且还很令人心惊胆战。

第二天，外婆家养的那只大公鸡开始引吭高歌，连还在打瞌睡的太阳老人家都禁不住坐起来给它鼓掌。不过睡梦中的炎子午丝毫没有受到干扰，翻了个身，又进入了梦乡。这时，外婆高大而又略显苍老的身影出现在炎子午床前，一把把炎子午从床上揪下来："快去晨跑！"并把他拉到客厅，炎子午看见妈妈也被外婆拉在那里，披头散发，打着哈欠，眼睛半眯着。威武的外婆指着门外的大马路说："沿着公路跑一圈！"妈妈一听，睁大了眼睛立刻罢工："那可是他的作业！""你看着他，跟着他一起跑！"外婆头也不回地走了。留下一大一小的两双眼睛互相瞪着。

公路上炎子午气得火冒三丈，差点七窍生烟，又不敢冲妈妈发作，只好咬牙坚持跑下去。忽然，炎子午听见身后的脚步声越来越小，然后停了，回过头一看，原来妈妈跑着跑着偷偷停下来休息……

有了良好的开始，以后的每天清晨，公路上就会出现一小一大的两个身影，一个在前面跑，一个在后面偷懒。

（十）摘龙眼

外婆家院子里有棵龙眼树，那棵树结的龙眼甜得直钻心眼。

小时候，炎子午看着龙眼树开花、结果，同时还要等它成熟，实在等不住，炎子午就拿着棍子往树上打，捡起打下来的龙眼尝，可是十有八九都还没成熟。每吃到一颗甜的，就高兴得又跳又叫，并跑去告诉外婆。

今年，龙眼结得很多，一大串一大串挂满了树枝，预示着丰收。炎子午每天要做的事，就是去摘几颗龙眼尝尝是不是比昨天又甜了一点儿。和以前一样，每吃到一颗甜的，就会高兴得又叫又跳，活像一个从精神病院逃出来的疯子在大街上乱蹿。

暑假一天天过去，树上的龙眼真是越来越甜了，炎子午每天都不停地尝，不停地摘，靠近地面的，最后只剩下光秃秃的树枝了，炎子午摘不到的地方，龙眼越长越大。

龙眼已经成熟了，到了最大最甜的时候。摘下一颗又大又圆的龙眼，用手轻轻一挤，流出了很多清甜的汁水，一大块奶白奶白的龙眼肉从壳里探出头来，一口下去，简直甜到了心里，整颗心好像泡进了蜜罐里，一切烦恼都抛到了九霄云外，整个身体飘飘欲仙，一直飞呀飞，飞呀飞……

那么多的龙眼，为了能尽快摘完，必须全家出动，只有炎子午坐享其成。当第一篮龙眼摘回来时，炎子午狼吞虎咽，风卷残云。还没等摘下来第二篮，第一篮早就被吃光了。这不能怪炎子午，因为他实在太喜欢吃龙眼了。

附二：一年级（上）阅读推荐书目

1.必读书目（每个孩子必读）：

《语文新阅读》

《读儿歌识汉字》

《好妈妈儿歌400首》《新编365夜儿歌》(拼音版)(家长们暂时不要买，等孩子读完《读儿歌识汉字》后视情况而定，具体购买再通知)

2.家委会将采购以下书籍建立班级图书角，家长们就不需要再买了。

绘本系列：

《藏起来的礼物》《你看起来好像很好吃》

《壁橱里的冒险》《逃家小兔》

《妈妈的红沙发》《阿文的红毯子》

《奥莉薇》《今天运气怎么这么好》

《小房子》《活了100万次的猫》

《老鼠牙医——地嗖头》《小机灵鬼皮科的故事》

《好饿的小云朵面包》

《三只山羊嘎啦嘎啦》《我不知道我是谁》

《长大以后做什么》《我爸爸》

《母鸡萝丝去散步》《谁会要一只便宜的犀牛》

《我妈妈》《好奇的乔治系列》（4本）

《贝贝熊系列（15册）》《不一样的卡梅拉》（6本）

《爱心树》《我的爸爸叫焦尼》

《妈妈心·妈妈树》《鼹鼠的故事》（5本）

《月亮的味道》《猜猜我有多爱你》《爷爷一定有办法》

《鳄鱼怕怕牙医怕怕》《可爱的鼠小弟（第1辑）》

童话故事系列：

《小企鹅心灵成长故事》

《了不起的狐狸爸爸》

《小猪唏哩呼噜》

《大个子老鼠小个子猫》

3. 家长在家根据孩子的阅读能力可选择的读物：

《聪明豆系列》《玛蒂娜》（女生看）《因为我爱你三册》

注意：家长有兴趣可以给孩子买来共同看，但一定要一本一本看，一次买太多，一般不会有好效果。

附三：《读儿歌识汉字》具体辅导要求，请家长们关注！

尊敬的家长朋友：

今天我已把《读儿歌识汉字》的小册子发到孩子手上了，从今天起我们就开始快乐的识字阅读了。

有家长和孩子提出为什么要认读儿歌后面的汉字？

心理学研究发现，儿童把汉字当成一个个完整的图形来记忆，这种图形属于形象识记能力的一种。儿童这种能力不但形成得早，而且潜力惊人，三至五岁是人的一生中认汉字最快、记忆力最强的时期。在小学阶段，一年级是大量识字的关键期。有少数孩子认字、认读拼音很困难，那是因为他认得太少了。孩子识字越多，再认识生字时就越容易。学习理论认为：学生掌握汉字的数量较少时，这些字在大脑皮层中是一个个孤立的点，这些点是极容易消失的。如果在短期内认读大量的汉字，这些汉字便在大脑皮层构建起联结，产生了系统，从而融会贯通，牢固掌握。我在多年的教学中也发现，学龄前没有识字基础的孩子在入学后半年如果能认读600个常用字，再认读汉字就容易多了。

"识字的速度太慢是造就差生的源头。"识字量不够，直接导致阅读滞后。而阅读滞后的负面影响是不可估量的，其中很有可能会错过了培养学生阅读兴趣的关键期，有研究表明，儿童阅读能力培养的关键期应在一二年级，中年级之后就会相对困难。也就是说，我们应该使孩子在8岁左右进入自由阅读状态。就阅读而言，必须要认识2500个左右的常用汉字才能为自主、轻松的阅读提供基础。然而，仅仅靠语文书的学习，小学生认完2500个左右的汉字需要五六年时间，这就意味着他们的自由阅读期被延迟到了10岁以后。所以我希望家长们与我一同配合让孩子尽早闯过识字关，真正实现自主快乐的阅读。

这本小册子共分三部分：第一部分是学生最熟悉的儿歌（如《上学校》），儿歌后面附上要认的字词。请家长们带着孩子唱一唱、读一读，背一背，几遍之后就教他们"自学"生字的办法：念儿歌下面的生字时，如果遇到不认识的字，就到儿歌中找。第二部分是汉语拼音情境歌。在课堂上，我们是一边学拼音，一边读儿歌，后面的字请孩子自学，家长指导。第三部分的三字新童谣，学完拼音后练习拼读，做到既巩固拼音，又认识生字，一举两得。

由于孩子们的识字水平不一样，所以对孩子的要求也不一样，目的是不影响孩子的阅读兴趣，也力求使孩子"能飞的飞起来，能跑的跑起来，没有飞跑能力的也要一步一步向前走"。所以根据这本小册子，特制定"星级目标"以鼓励孩子阅读，让他们尽早喜欢上阅读。

一星级：★背诵儿歌。（这个很容易，在背诵上，一年级的孩子个个是天才）

二星级：★★认读儿歌后面的汉字过关。

三星级：★★★理解儿歌的意思。

家长们在指导孩子读的时候根据孩子的实际情况给予星级评价，在小册子的每页下方打上"★"级并签字，以便我奖励。一星级是保底目标，如果能达到三星级最好，实在不行也不着急，不能用成人的眼光去批评责怪孩子对于简单知识的不理解。

附四：本学期班级常规训练安排

结合学校工作实际和学生特点，制定如下班级常规活动安排表，在一定时间段内从纪律、学习、卫生、身心健康方面组织孩子有侧重地进行训练。我们将在每个阶段后针对孩子表现情况进行评优，希望得到家长配合。

时间	纪律方面	学习方面	卫生方面	身心方面
1~4周	课前准备 课间纪律	记录家庭作业并完成	座位周围保洁	结识新同学 正确与人交往
5~8周	各种排队	课堂学习状态	值日	一日三餐
9~12周	上课纪律	课堂作业完成	个人卫生	认识身体
13~16周	完成作业后自习纪律	课外阅读	用眼卫生	学拍篮球
17~19周	眼操、课间操纪律	复习巩固	环境保护	自信心培养

第一阶段相关评选要求：

一、课前准备

1. 听到上课铃响立即保持安静，在领读员带领下读课前准备歌。

2. 课间十分钟准备好相应书籍、学具，不要在上课铃声响后再做准备。

二、学习方面

1. 不拖欠作业，按时上交。

2. 页面工整，字迹端正。

3. 能在当天及时更正错题。

4. 每天给家长签字。

5. 学会工整、完整、快速记录当天作业。

三、地面卫生

1. 不乱丢乱吐，座位下面保持干净。

2. 不带零食到校，以免制造垃圾。

四、与人交往

1. 碰到老师、长辈能礼貌问好。

2. 同伴之间友好相处，不骂人、不追赶打闹。

3. 不讲粗痞话。

说明：目前在以上方面存在的主要问题：

1. 有的孩子听到上课铃响后回到座位仍然讲话打闹，不听小小监督员的指挥，个别孩子下课时跑得太远，铃声停后还没进教室。

2. 有的孩子没有养成下课时先准备下节课学习用品的习惯，往往等到上课铃响了再去翻书包。

3. 有个别孩子不按时上交家庭作业、漏题、漏签字、漏更正等现象。

4. 有个别孩子乱丢垃圾，没有养成将垃圾入篓的习惯，还有个别孩子带零食到学校。

5. 有个别孩子课间爱在操场上追跑、打闹，同学之间会因小事发生矛盾。

请家长针对以上现象配合老师对孩子进行教育。谢谢！

附五:《一（3）班班级公约》

1. 进校门，要敬礼，尊敬师长明事理。

2. 升旗时，要严肃，热爱祖国勤学习。

3. 上课时，守纪律，眼到手到心也到。

4. 休息时，要文明，不追不跑不打闹。

5. 做作业，要及时，不忘不拖不马虎。

6. 考试时，要认真，不抄不吵不乱做。

7. 做值日，要仔细，垃圾灰尘全扫净。

8. 做三操，要用心，早操眼操室内操。

9. 放学时，要整齐，排好路队等家长。

10. 班级公约记在心，争做祖国的小主人。

附六:《一（3）班合作技能公约》

学科话语要养成，表达精练扣中心。

学会倾听不插嘴，注视对方负责任。

支持对方露微笑，点头称赞多鼓励。

帮助他人双进步，话语幽默多激励。

求助同学要真诚，得到指导要谢谢。

帮助同伴有热情，诲人不倦解疑难。

反思自己要全面，诚实认错学榜样。

提出建议多动脑，积极创新献策略。

自控守约听安排，融入团队显特色。

合作沟通求大同，交往合作力发展。

附七:《一（3）班合作公约》

结构自学奠基础，互学互导同进步。

同伴互助齐参与，训练评价争优先。

研究讨论共学习，合作探究出成果，

人人展示机会等，掌握学法求效果。

附八:"六一"游戏题

1. 请说出五种海洋动物的名称。

2. 请说出三种交通工具的名称。

3. 请说出两种沙河小学校园内的植物。

4. 请说出两种沙河小学校园内的动物。

5. 说出一个报警电话号码。

6. 说出爸爸的生日。

7. 跟朱老师说一句祝福或感谢的话。

8. 跟敖老师说一句祝福或感谢的话。

9. 跟我们在场的家长说一句祝福或感谢的话。

10. 请问我们班有多少男生？

11. 请问我们班有多少女生？

12. 身披花棉袄，唱歌呱呱叫，田里捉害虫，丰收立功劳（打一动物）。

13. 给大家扮一个鬼脸。

14. 跟在场的所有人说一句节日的祝福。

15. 给大家唱一首歌。

16. 给大家跳一支舞。

17. 八只脚，抬面鼓，两把剪刀鼓前舞，生来横行又霸道，嘴里常把泡沫吐。（打一动物）

18. 耳朵像蒲扇，身子像小山，鼻子长又长，帮人把活干。（打一动物）

19. 头小颈长四脚短，硬壳壳里把身安，别看胆小又怕事，要论寿命

长无边。（打一动物）

20. 身上雪雪白，肚里墨墨黑，从不偷东西，却说它是贼。（打一动物）

21. 说出两个 AABB 的词语。

22. 说出两个 ABB 的词语。

23. 给大家表演跳绳。

24. 在地上翻一个跟头。

25. 给大家背一首诗。

26. 说出妈妈的生日。

27. 说出沙河小学的校长姓什么。

28. 像熊比熊小，像猫比猫大，竹笋是食粮，密林中安家。（打一动物）

29. "诚实赢得千家赞"的下一句是什么？

30. 小蝌蚪的妈妈是谁？

31. 棉花姑娘的病是谁治好的？

32. 第一代火车叫什么火车？

33. 兰兰过了几座桥？她过的桥叫什么名字？

34. 历史上那个砸缸救人的小朋友叫什么名字？

35. 历史上那个想出称象的好办法的小朋友叫什么名字？他的爸爸是谁？

36. 春雨是什么颜色的？

37. 说出一个你心中的愿望。

38. 借尾巴的小壁虎借到尾巴了吗？

39. 说出你长大后想干什么？

40. 用一个词来形容手捧空花盆的孩子。

41. 用一个词语来形容老师。

42. 用一个词语来形容爸爸。

43. 用一个词语来形容妈妈。

44. 给大家背一首诗或一篇课文。

45. 给大家做一个笑脸。

46. 给大家做一个哭脸。

47. 给大家做一个生气的表情。

二年级的故事

2013 年 8 月 30 日

一开学，就看到了思忧妈妈 7 月 27 日记录的思忧的《暑假收获》：

儿子放暑假第一天，就离开家去参加封闭式英语脱口秀夏令营，在这期间，十三个从一年级到 6 年级的孩子集中在一起学习，不能打电话，不能回家。学习环境是全英文环境，全英文交流。中文交流就要统计次数，延长回家时间。

今天是家长开放日，看着儿子熟练地用英文介绍自己，表演场景对话以及英语互动，不得不说，小孩的语言学习能力太强了！中午可接出来与家长共进午餐，一路上的场景都能用英文表达出来，让我大吃一惊。

儿子聊天时告诉我，刚去时，前两个晚上很难睡着，想着想着就哭了，一起学习的小朋友都哭过，前几天大部分同学都想回家。儿子说刚开始他的英语水平应该是倒数第二名，目前应该是十三人中倒数第六。我问儿子："你曾想过放弃吗？"儿子说："有过。但老师说，家长把你们送过来，不是不爱你们，而是希望你们在这能够学好英语，如果有人要放弃，就想想你父母辛苦挣钱给你们交的 6000 元一个月的学费。"儿子说，他现在感觉学得不错，有点喜欢这里了。

我抱了抱他，感觉体重没减，看来第一次离开父母的儿子完全懂得照顾自己，安排自己的生活。夏令营早餐天天喝粥，他不爱吃的白菜餐餐都有，从不喝粥的他，每餐都全部吃光。没带洗发液，知道用洗澡的沐浴露将就着洗，休息时间已经把小学发的暑假作业全部完成。

听完儿子的情况，我顿悟：不是小孩离不开大人，其实是大人一直心里放不下小孩。我们总担心孩子太小，所有的一切都给孩子安排妥当，这一次儿子的单飞，无论在生活上，思想上都让他有了独立的一面。

我心中五味杂陈，既高兴儿子的成长速度，又失落于难道从小学开始，我就要接受曾经天天依赖我们的儿子这么快就独立了？看来亲子关系中，是我们依赖孩子，是我们假借担忧之名，牵住放飞的绳子。天天抱在怀里叫的宝贝，能等一等，让我们跟上你成长的脚步吗？

2013 年 9 月 1 日

让名片来帮您

新学期，数学敖老师调走了，又来了位新的数学老师吕伶俐老师。很多同学舍不得认真负责的敖老师，但我想孩子们一定会很快爱上我们的新老师——吕老师。为了帮助吕老师很快地认识大家，记住大家的名字，我问孩子们有没有什么好的办法来帮助吕老师呢？最后，我们想出了一个"做名片"的好主意。

第二天上课的时候，大家齐刷刷地亮出了自己的名片。应璐冰的名片做得特别精致，还在名片上写上了自己的性格、兴趣、爱好和特长。孙琪在名片上画上了漂亮的图画。林晓文的名片是一只美丽的蝴蝶。胡林滢的名片是一只碧绿的蜻蜓，每只翅膀上写着自己的介绍……就连胆小害羞的廖泽隆也很勇敢地把自己做得很朴实的名片摆到了桌子上。

我们给了吕老师一个惊喜，吕老师激动地说："3 班的孩子真可爱，我太爱你们了，我太爱 3 班了。"

一周下来，经常有可爱的孩子凑到吕老师面前，问："吕老师，你认识我了吗？"一周以后，大家撤下了名片，一个个挺着胸膛骄傲地站在了吕老师面前，说要考考吕老师，这可难不倒吕老师。"哦，吕老师好棒啊！"全班同学都忍不住欢呼起来。

就这样，吕老师成了我们 3 班的新成员。

2013 年 9 月 10 日

一年一度的教师节

今天是教师节，老师的节日。做老师的我同样收获了满满的幸福和快乐。这群我带了一年的孩子今天给了老师收获的喜悦。

管彦博的贺卡做得好精致，我从来不知道男孩子的手也有这么巧的。

陈俞聪真是个小大人，在他的贺卡上写着："朱老师，有你真好！我们对您来说，是一群麻烦的小鬼；而您对我们来说，是位温柔的天使，老师，您辛苦了！"真惹人爱，不过，孩子，你们可不是一群麻烦的小鬼，你们也是一群可爱的小天使。

"小大人"应璐冰写道："我们应该感恩我们的老师。在学校，老师是我们成长的领路人，是我们的朋友，老师尊重、理解和爱护我们，言传身教，让我们受益终生，老师为我们付出了心血和汗水，我们应该感恩老师，应该理解和尊重老师。"署名还写上了应璐冰呈上，是不是妈妈教的呢？

胡林滢写道："朱老师，谢谢您上学期教了我们很多知识，这学期我们一定会学到更多的新知识。"嗯，孩子，对的，对的。罗子仪的贺卡最有风格，左边画了一整幅画，右边不但有画，还写了一大堆字："我想说，朱老师对我们好，还教了我们一年的课文，我想对您说声谢谢，一年过去了，我上二年级了。现在，我进步了。好了，我现在该说：'老师，你过节日要开开心心！'"哈哈，这孩子，这段话写得像极了她平时絮絮叨叨的口吻。黄紫玄的贺卡上写着："朱老师，我喜欢您，我也喜欢语文课，朱老师节日快乐！"廖泽隆祝老师节日快乐，以后会好好学习，天天向上。王思忧一直在默默地感谢我……哈哈，一堆的贺卡，看得我心情大好。每一张贺卡或精致，或简朴，却都费尽了孩子们的心思，寄托着对老师的那份心意！谢谢你们，我亲爱的孩子们！

2013 年 10 月 24 日

最受欢迎的手工课

本学期新开的手工制作活动课已经开了五次课了，是我最受欢迎的课。每次刚上完，大家就开始打听下次活动的内容了。可惜的是因为太忙，前面几次的作品我都没有拍照留作纪念，留下了一点遗憾，因此，这次不能再错过了。上完今天的手工课《树叶剪贴画》后，我又忙乎了一节课，把孩子们制作的树叶剪贴作品拍了下来。

作品有蝴蝶、蜻蜓、花篮、小松鼠、七星瓢虫……邹雅琪的《猫头鹰》

栩栩如生，张慧的《春日》很漂亮。不过，我最喜欢的还是管彦博的《森林》，大大的太阳，绿色的云朵，飞舞的蝴蝶，茂密的森林，漂亮极了，管彦博真是个有才气的孩子！

2013 年 10 月 25 日

"好书交换"活动广告

明天就是我们"好书交换"活动的日子，今天孩子们已经准备好了卖书的广告。经过前一段时间手工活动课的培训，孩子们做广告已不在话下，现在我来检查一下大家的广告。

这张广告写着："读书是很好的，我爱书，因为书就是我们的生命！"工整的字迹一看就知道是孙琪的；"爱护书本，好书交换。"罗子仪这广告打得倒也言简意赅；"您如果看了我的书就会想买，书里会有许多知识！"并且下面还补充了一句："你一定要来买呀，不然就没有了！"这么会鼓动人心，这一定是林晓文的。接下来的广告琳琅满目，令我目不暇接。"好书不错过"简单直接；"生活中没有书籍，就没有阳光。生活中没有书籍，就好像鸟儿没有翅膀。和书籍生活在一起，永远不会叹气！"富有鼓动力，"学习从这里开始""书中自有黄金屋""爱读书读好书善读书""好书是伟大心灵的富贵血脉"……都不错，只是"我读书我快乐"这一张广告打得实在有点简单，就是白纸上一行铅笔字，如果能涂上色，添上画就会好看多了！应璐冰的广告"学海无崖"，这里恐怕也要用"换一换"的方法，让我们来学一个新字，把"山崖"的"崖"的"山字头"，换成"三点水"，即"涯"。这个字就写对了。

俗话说得好，"兵马未动，粮草先行"。书还未卖，广告要先做起来！大家能认出自己的广告来吗？评评看，谁的广告做得最漂亮？谁的广告设计最新颖？谁的广告最吸引人？谁的广告只是完成任务而已？成功只青睐有准备的人哦！

2013 年 10 月 26 日

"好书交换"活动

惊喜总是来得那么突然，在忙碌中，一年一度的沙河小学"好书交换"

活动的日子悄悄地来临了。不用太多的准备，带上准备要卖的书，席地一坐，交易就开始了。原本宁静的校园霎时间就变成了热闹的书市。操场上，跑道上，乒乓球台边，还有一楼大厅顿时变得熙熙攘攘，"校园熙熙，皆为书来，校园攘攘，皆为书往！"让我们去热闹的书市瞧瞧吧！

肖艺婷、孙琪、李泳纯、郑钰熙这群伶牙俐齿的小姑娘，毫不怯场，竟然把书推销到校长头上去了，且凭着三寸不烂之舌卖了好几本书给校长。刘语彤开的巧语小店生意也很红火，周边围了一圈人！竟然有高年级的哥哥姐姐来我们班推销书，能把书卖给卖书的人，这才叫本事呢！瞧张振鑫这淡定哥，周围的热闹充耳不闻，一心只读漫画书。够淡定的还有黄浩和王思忧这两位呢！这两个好朋友背靠背，盘腿而坐，管他买书卖书，先看书再说！宋心怡的广告打得多好、多吸引人啊，"买五本送一本，自己挑"难怪大家一买一大摞呢！

快乐的时光总是过得很快，"好书交换"活动结束了，孩子们收获满满。卖了很多的书，挣了很多的钱，大家都兴高采烈，喜笑颜开！多年以后，书，会不见了；钱，会花掉了，可是，童年的这份欢乐会永远留在心底。也许，这才是我们最大的收获吧！

2013 年 11 月 1 日

今天的手工制作活动课，我们做了可爱的纸杯娃娃。孩子们的作品还是一如既往地好。

一下课，我赶紧把我们一节课的成果拍了下来。男生做的是威武的火箭，勇猛的武士，帅气的机器人。林坤的手真巧，竟然会做七彩花。女孩子们做的是漂亮的娃娃。

2013 年 11 月 7 日

最近一段时间，为了迎接秋季运动会，准备家长开放日，开展班级文化建设，我都忙晕了，每天下班都很晚，好久没有上 QQ 空间了。今天关电脑之前，发了一条信息："秋季运动会、家长开放日、班级文化建设，忙晕了。"麦妈说："朱老师，辛苦了！你的工作，我能体会到，太忙的时候适当放松一下自己！别累坏了！我们大家需要你……"陈俞聪妈妈说："朱老师，为了孩子们，您辛苦了！"心里暖暖的，好像没有那么累了，我又充满了力量。

2013 年 12 月 6 日

最近，又上了三次手工制作活动课，同学们做了大风车、剪贴画、纸盘画。老师都一一拍照留存下来了，今天的纸盘画是做得最好的一次。我来欣赏欣赏同学们的作品，有李泳纯的"熊猫"；唐嘉杰的"师子"，不过，嘉杰宝贝，此"狮子"不是彼"师子"！鲁昌昊的"师子王"，宝贝，记得加犬字旁。罗子仪的"小兔子"，黄浩的"绿狮子"也挺漂亮的，宋心怡、郭秀瑜、应璐冰做的"小鱼"很漂亮，蔡睿同学的第二份作品还是有点简单呢，不过比爱因斯坦的小板凳还是要漂亮得多。邹雅琪做了"狮子公主"，林坤做了一朵可爱的花，张慧的姐妹花也是那么的可爱。还有很多同学的作品也做得非常漂亮，老师发现同学们的作品一次比一次有进步，真好！

2013 年 12 月 7 日

想转班的泽隆

二年级的孩子基本上已经能独立完成学习任务了，只有廖泽隆妈妈还每天在群里不厌其烦地问各科作业，要不就是找书，找本子，真令我无奈。泽隆也是个令我操心的孩子，学习有点困难，每天坐在教室像做梦一样，班级布置的任何一个任务，我都得每天单独再叮嘱他一遍。孩子，你什么时候能长大呢？能独立完成学习任务呢？为此，跟泽隆妈妈没少沟通。

今天泽隆妈妈来找我了："朱老师，我想给泽隆转个班。"我诧异了："为什么？"转班不是那么容易的，我也是第一次接到这样的请求。"我想把他转到四班去，他堂弟在四班，可以管住他，拜托朱老师了。"有这样的事？家长、老师费尽这么多心血，孩子都没有大的改变，靠他弟弟可以管住他？泽隆妈妈也太天真了吧？我不禁摇头，也很无语。但下午还是把泽隆妈妈的要求转告了四班月月老师，月月老师一口回绝得干脆利落："我教不了。"转班行动就此失败。

2014 年 3 月 7 日

新学期第一次手工课

时间过得飞快，转眼春节过了，同学们又回到了我们美丽的校园。新学期，同学们最爱的手工课又开课啦。今天是我们新学期的第一次手工：自家造的小汽车。同学们的创意令我惊叹，同学们的作品令人爱不释手。男孩子可能对车有着天生的喜爱和敏感，他们的车造得又快又好。不过，平心而论，女孩子们做得也不赖。拿着自家造的心爱的小汽车，我们又来合影了。李泓锐抱着用花花的饼干盒做车厢的小汽车，笑得合不拢嘴。应璐冰用了一个绿色的牙膏盒做车厢，粘上四个矿泉水瓶盖做车轮，不得不说又漂亮又省事。还有李泳纯、叶梓爽、覃海圣也是做的牙膏盒车；陈俞聪用一个香皂盒做了一个方形的小汽车，也算别具匠心；蔡睿是一贯的招牌笑容，举着饮料瓶做的车子笑开了花；陈子超做了个霸气的大卡车；董伯安有点害羞地展示自己的平板车；鲁昌昊做的是个大卡车。新学期的第一次手工课结束了，放学了，大家就举着自家造的小汽车，乐呵呵地一直开回了家。

2014 年 3 月 14 日

第二次手工课

今天，我们手工课的第二次作品"蛋壳娃娃"又新鲜出炉了。晓文的手真巧，一节课竟然做了三个娃娃。胡林滢的喜洋洋太逗人爱了，刘语彤的小兔子好像就要从手里蹦出来一样，更可爱的是胡林滢的机器猫和 Kitty 猫，还有各种各样、五彩缤纷的娃娃又陪我们过了一个快乐的星期五。我由衷地觉得和孩子们在一起真快乐！

2014 年 3 月 21 日

第三次手工课

今天我们做的是纸房子，同学们的作品有的是高楼大厦，有的是小茅屋，或简陋，或华丽，但只要是我们自己做的，我们都喜欢。胡俊杰用曲奇饼盒子建了一幢大大的房子，他说里面有朱老师一间房。谢谢你，我的孩子。

2014 年 3 月 26 日
今天上口语交际：我们的小制作。

我们的课堂沸腾了，大家带来的小制作五花八门、琳琅满目，堆满了我们小小的课桌，每个桌前都引起同学们的一片惊叹声。接下来，我们的口语课开始了：

第一步：孩子们组内展示自己的制作，介绍自己的制作创意、制作材料和制作过程。

第二步：每组推选一名代表进行全班交流。

第三步：大家一起来评评谁的手最巧，谁的嘴巴最会说。

最后，共有十三名同学获得"最佳制作"奖，十三名同学获得"小百灵"奖。韦佳音的橡皮泥作品《大森林》获得制作特等奖，管彦博的纸盘作品《太阳娃娃》、林晓文的纸杯作品《长颈鹿》、林坤的《小别墅》获得并列一等奖，应璐冰的《小火车》、唐嘉杰的《机器人》都得奖了。

相信我们，一定会越来越能干的，我们的手会越来越巧，我们的嘴巴会越来越能说，我们会在学习的路上走得更远。

2014 年 3 月 27 日

当上备课组长

今天素丽找了我，说因为年级主任不能兼任，学校想要我担任我们年级的语文备课组长，我回答她说："好啊。"

中午吃饭的时候，素丽说："谢谢你啊，那么爽快就答应了。"我惊奇了，难道我还可以不答应的吗？难道我还可以推辞吗？学校认为我能为大家干一点事，是信任我，我怎么好意思推辞呢？我也很乐意为同伴们做一点事，我为什么要推辞呢？我不能理解推辞的做法，可能我是真的有点傻。

2017 年 3 月 28 日

今天，我给孩子们布置了一个新的周末作业：每天写一段话，不会写的孩子写一句话，可长可短。但是一定要写。从今天起，我们班的作业除了家庭作业，又加了一项写作作业。同学们，不要偷懒，一定要认真完成。

我记得南山区曾经有一个"八岁能读会写"实验班，我希望我的孩子也能够做到八岁能读会写。写作是一件多么快乐的事情，我希望我的孩子们能早早突破表达的障碍，早早体会到表达和分享的快乐。如果六年下来，我的学生还不能自如地进行口语和书面表达，那就不能说我的语文教学是成功的。

2014 年 4 月 24 日

今天去南山文理听课，听的是《第一次抱母亲》，课讲得实在漂亮，如春风拂面，如涓涓细流，以情动人，以情感人，我很享受这样的好课，也追求这样的好课。我将继续努力，继续加油，多学习，在提高教学水平的道路上矢志不渝地走下去。

2014 年 5 月 2 日

第四次手工：捏橡皮泥。作品还是一如既往的漂亮。动物有兔、狗、鱼、愤怒的小鸟；食物有冰激凌、饺子、蛋糕；物品有圣诞树，各位亲，眼馋了吗？最后，我给所有作品来了一张大合照，也算是敝帚自珍的意思吧。

第五次手工：依葫芦画瓢，有样学样，做了纸拖鞋，时间太紧，成品不多，很多同学做了一只鞋，拍几双凑凑数吧。

第六次手工：面具。面具一完成，一时之间，教室里变得群魔乱舞，妖怪横行，美艳的美艳，卖萌的卖萌。

第七次手工：折千纸鹤。美丽的千纸鹤让孩子们的手变得越来越巧。

第八次手工：相框。今天我们做了相框，同学们真的很有创意，小小的相框竟能做出这么多美丽的造型来。

第九次手工：母亲节贺卡，祝福天下母亲节日快乐！

2014 年 5 月 5 日

春游是孩子们最快乐的日子。开学两个月了，孩子们是多么盼望去户外走走啊。今年我们低年级的小朋友去麦鲁小镇游玩。麦鲁小镇在欢乐海岸，离我们沙河小学不远，我们坐车一会儿就到了，一下车，一进小镇，孩子们就玩嗨了。

大家排着队进行各种各样的职业体验、角色扮演。女孩子们最爱的是当护士、空姐，做 DIY 蛋糕，最受男孩子们追捧的是警察、消防员，看着孩子们开心的笑脸，我真的觉得深圳的孩子是多么地幸福，但是，今天佳仪没来，什么时候佳仪能和大家一起参加这些有趣的活动呢？

2014 年 5 月 13 日

家长开放日

孩子们迎来了入学以来的第一次家长开放日,大家都很兴奋。从早操的时候,就有家长陆陆续续进校了。我们班来了不少家长,聚集在大厅前看孩子们出操。一排的手机对着孩子们的队伍咔嚓咔嚓照个不停,孩子们的手臂摆得特别有劲,腿抬得特别高,队伍排得特别整齐,一个个昂首挺胸的样子像被将军检阅的士兵。

上课了,教室后面坐了满满一排二十多个家长。今天的课堂,孩子们也特别地积极,读书的声音特别响亮,特别是有家长坐在后面的孩子,眼睛都发光,手举得高高的,满脸洋溢着骄傲和自豪。

家长们,有空多来陪陪我们的孩子,孩子们是多么需要,多么在乎你们啊!

2014 年 5 月 27 日

转眼之间,我们迎来了第二届沙小达人秀。五只可爱的小鸿雁,张开梦想的翅膀,展翅翱翔蓝天。

2014 年 5 月 30 日

在这个艺术节里,二(3)班开始崭露头角,书法、美术作品获奖多多,收获颇丰。书法获奖的同学有王思忧、应璐冰、孙琪、黄浩、廖泽隆、黄奕婷等六个同学,美术获奖的同学有陈子超、韦佳音、林坤、李泳纯和舒宇,祝贺同学们,希望再接再厉,再创佳绩!

2014 年 6 月 15 日

父亲节

周五,和班上的孩子们分享了父亲节的来历,分享了几个关于父爱的小故事。父爱如山,但父爱是转角处的爱,不那么容易被孩子们发现。尤其是深圳的父亲,上班辛苦,养家的压力又大,不容易。我希望孩子们不要忽略了父爱,父亲们也不要在孩子成长的过程中缺席。

今天,红的,黄的,绿的,辣的,炒几个家常菜,斟一杯米酒,也为我们家当父亲的过节了！孩他爸，这么多年像老牛一样任劳任怨，不知疲倦；像木头一样不会说话，像石头一样不会挑剔，只会不知辛苦、不知疲倦地忙碌，干活。你辛苦啦，多吃一点菜！

2014 年 6 月 23 日

宁静的中午，孩子们都走了，绕校园一周，浓荫遍地，清风徐徐，真是令人心旷神怡！我来沙小已有十一个年头了，校园的一草一木，我看着都那么熟悉，那么亲切。我看沙小多妩媚，沙小看我亦如是。

2014 年 6 月 24 日

雏鹰从这里起飞，二（3）班的学霸王思忧开始竞选沙河"美德少年"，王思忧的事迹和照片张贴在教学楼前，所有路过的老师和孩子都能看到，大家都开始知道王思忧的名字。

2014 年 6 月 25 日

杨冠宇发表作文

一段时间以来，每周二的《蛇口消息报》一到，我都要看一看，翻一翻，看有没有我们班孩子发表的作文。今天，终于看到杨冠宇的《家乡的当泥树》发表了，我太高兴了，比我自己的文字发表还要高兴十倍，我们一段时间以来的坚持和努力终于有了回报。杨冠宇，这个挺内秀的孩子，成了我们班第一个在报纸上发表作文的同学，真棒！我在班上大力地表扬了冠宇，大家都用羡慕的目光看着冠宇，害羞的冠宇把头埋在了桌子上。

我请冠宇上讲台把作文读给大家听，冠宇还是不好意思。"这样吧？由你来选一个同学帮你读。"大家都把手举得高高的，希望选中自己。最后，许子璇成了那个幸运的孩子，许子璇大声地把作文读完了，同学们发出了"啧啧"的惊叹声，说写得真好。看着大家兴奋的、亮亮的眼神，我知道大家都在憋足了劲，想成为第二个发表作文的孩子。我期待着班上能有更多的孩子发表作文，我相信，只要我们坚持，一定会有更多的孩子发表作文，尝到表达的快乐。

附：杨冠宇的《家乡的当泥树》

家乡的当泥树

深圳市南山区沙河小学 二（3）班杨冠宇

我的家乡在美丽的梅州。那里有许多漂亮的景色，但我最喜欢的是那漫山遍野的当泥树。

每年夏天，家乡的山上开满了当泥花。有红的，粉红的，白色的，深红的，绚丽多彩，山上变成了花的海洋。

到了秋天，当泥树上结满了当泥果。有绿的，红的，粉红的，紫的，果实累累，山上成了果的世界。

我爱我的家乡，更爱我家乡的当泥树，希望我的家乡越来越美丽。

2014年7月3日

考完一身轻呐！这几天陷入了错字的海洋，多一笔，少一笔；多一横，少一横；多一点，少一点；出头，不出头……纠不完的错字，改不完的错题，终于放下了。不知道孩子们考得怎么样，总归是考完了，孩子们辛苦了，我也辛苦了，暑假在望，好好休息休息吧。

附：蔡睿的《我的五彩童年》

（十一）开学第一天

开心的暑假，像一阵风似的飘走了。紧随其后的，无疑是新的一学期和二年级的到来。

炎子午上了二年级，同学们的个子都长高了不少，教室也从原来的二楼搬到了三楼。三楼的视野真棒！可以从窗子上望到外面的操场、跑道、篮球场、荔枝树上的小鸟……

朱老师像从前一样和蔼可亲地走了进来，给大家带来了两个不太好的消息。一个是班上有三个同学转学了，炎子午虽然不知道他们的名字，但还是知道他们的存在，从心里感觉挺遗憾。另一个是敫老师调走了，不再教大家数学了。经常被敫老师批评的小麦听到这个消息，高兴得像长毛大猩猩一样差点要站在椅子上"哦哦哦"地大叫，但敫老师在更多勤奋好学的学生（包括炎子午）眼中是一位很受尊敬的好老师，所以许多同学都很不舍。

接着，朱老师派了几个同学出去，等他们回来的时候，每个人都抱着沉甸甸的书。不一会儿，每个人的桌面上都放着一本又一本的新课本。炎子午闻着新课本的清香，好奇地翻开新的语文课本。

最后，朱老师让大家去门外走廊排队。大家都不知道朱老师的葫芦里到底卖的什么药，当朱老师让排在队伍前面的两个同学进去教室的时候，炎子午知道了，原来朱老师是要重新排座位啊。"谁会跟我同桌呢？"炎子午特别期待，他想要一位上课可以跟他一起讲悄悄话的同桌……

（十二）我的同桌

炎子午没有如愿，他的新同桌是一个不折不扣的"暴力"女汉子，虽然两人才同桌几天，但她的一言一行已经深深地激怒了炎子午。

新同桌让炎子午愤怒的行为层出不穷。写字时经常像电影里的汉奸走狗一样笑着："我的橡皮又忘带了，嘻嘻，哈哈……"炎子午的橡皮在她的作业本上"哧啦哧啦"地响。就这样还不够，她还要把橡皮举过头顶，学着游戏"穿越火线"里扔炸弹的声音："伐尔梯轰。"打中了炎子午的铅笔，铅笔弹了出去。更糟的是，炎子午书写工整的作业本上划出了长长的一笔。炎子午气得火冒三丈，但是她却像什么也没发生过一样继续写字。

最令炎子午生气的，还是那一次。中午来到教室，发现同桌的笔盒掉在了地上，笔撒了一地，可能是被哪位同学不小心碰掉的。炎子午正准备蹲下帮她把笔盒捡起来，刚好，同桌就来了，她看见自己的笔盒躺在地上，居然没有发火，平静地捡了起来。炎子午心里奇怪不已：怎么没有生气？没有发火？只听"咚"的一声，炎子午的笔盒被她扔到了地上。当炎子午把笔和笔盒捡起来时，她怕炎子午也过来扔自己的笔盒，早已经把桌面上的学习用品装进书包里了，还死死地抱住书包。炎子午在心里愤愤不平地又给她记上一笔，心里不停地自我安慰：下一次她就死定了！

类似的事情，几乎隔三岔五就会发生。直到后来，新学期两人没有再坐同桌，炎子午见到她还会心里打战，对她望而生畏。

（十三）阳光体育活动

学校为了提高学生的身体素质，把炎子午班上每个星期二的最后一节课定为阳光体育课。

朱老师告诉大家：在阳光体育课可以自由活动，从下星期二开始上课。欢呼声响彻云霄，每位同学都怀着无比激动的心情迎接下星期二的第一节阳光体育。炎子午也不例外，他最喜欢上可以自由活动的课了，想跑就跑，想跳就跳，想干什么就干什么。

在同学们的期待下，"难忘"的第一节课终于姗姗而来了。同学们在朱老师的带领下来到了操场上，大家正准备撒欢玩的时候，体育老师突然出来了，并大声说："跑操开始！"一起上阳光体育的高年级学生开始有序地围着足球场跑步。炎子午吓了一跳，班上其他同学也大惊失色，说好的自由活动怎么就变成了跑操活动呢？全班同学跟在高年级学生的后面跑得上气不接下气，汗水直流，没跑够三圈不允许停下来休息！期待了一个星期的美梦成了噩梦。

当同学们都还沉浸在噩梦中没醒来时，下一次的阳光体育课如期而至。炎子午和同学们可不想再像上次一样傻傻地围着足球场跑步了，于是有的同学躲在教室里假装赶作业，有的同学从楼上下来的时候趁朱老师不注意，偷偷地跑进了学校一角的小树林，还有的同学大着胆子偷偷回了家……炎子午找了个借口上厕所，躲在厕所里再也不想出来了，哪怕厕所里的味道闻起来不是那么舒服。

朱老师站在一旁给同学们拍照的时候不禁纳闷：为什么全班四十多名学生，跑着跑着只剩一半了呢？心生疑惑。经过一些同学的提醒，朱老师往校园一角的小树林、教室、厕所等地方走了一趟……

放学了，阳光体育课也下课了，学生们都回家了，校园里一片寂静。一群孩子在夕阳下排成一排，个个低着头。连路过的乌鸦都忍不住"嘎嘎嘎"地嘲笑他们。

（十四）"好书交换"活动

"好书交换"活动是炎子午学校的传统活动，是学校为了提高学生们的阅读兴趣而举办的活动。在"好书交换"活动时，同学们可以把自己家里看过的书籍带过来，低价卖给同学，或从同学手里低价买自己喜欢的书籍。

今天是一个特别的日子，因为一年一度的"好书交换"活动就在今天举行。同学们把自己看过的书从家里带过来，花花绿绿的图书摆满了整个操场，看起来像一个大集市。炎子午也把自己带来的书摆在显眼的位置上，然后开始不断地向旁边的舒宇推销："买一本吧！你看，这么好的书，里面的内容可好了，你肯定没看过……"舒宇被炎子午吵得很无奈，只好花钱从炎子午手里买了一本最便宜的书。

成功卖出一本书的炎子午很高兴，他看到一位一年级的家长正在看大家面前的书，想到一个好主意，连忙跑到阿姨面前："阿姨，我的书很好的，买一本吧！如果我不把这些书卖完，妈妈是不会让我回家的。"不知这位阿姨是看上了炎子午手上的书，还是炎子午表演得太到位了，好心的阿姨一下子买走了两本。

路过的小哥哥看上了一本厚厚的名著《水浒传》，炎子午说："三十元。""十元。""三十元！""不买了。""那好吧，十元成交。"最后只剩下一本炎子午从医院里拿回来的宣传手册《如何预防近视》。炎子午跑到一年级的小朋友那里连哄带骗地让小朋友用十块钱买走了宣传手册。

哇！带来的书全部卖完了，炎子午拍拍半鼓的口袋，里面装着好多卖书的钱。他大摇大摆地从那些面前摆着书的同学前面走过去，买什么书好呢？王思忧的地理书？还是麦政鸿的历史故事书？炎子午最终看中了林坤的漫画书，但是林坤皮笑肉不笑地说："十五！"不知如何讲价的炎子午摸了一下口袋，又看了一眼书，真的很喜欢。炎子午吞了一口口水，铁下心，掏出钱，发现只有二十五块钱，就试着讲价用这二十五块钱买了林坤的两本漫画书。

晚上，炎子午拿出了那两本漫画书来看，翻页的时候无意中瞄到了封面后面的标价，两本书加起来竟然不超过十块钱……

（十五）"难忘"的相声节目

下课了，朱老师把炎子午和王思忧叫到办公室，并给了他们两张印满了台词的纸："这是相声节目的台词，再过两个星期就是'六一'会演了，到那时会有很多优秀的节目上台演出，我们整个年级也只能有两个人上台去表演这个相声，我跟其他班的班主任说，交给我们班吧！"炎子午和王思忧都很惊喜："真的吗？""是的，因为我相信你们！但是，这个节目最终要通过学校领导的审核，你们才能真正上台表演。你们这几天要把台词背熟。"朱老师指指那两张台词，"我看好你们哦！"

走出办公室，炎子午别提多兴奋，这么多年来他最羡慕那些能在大型活动中上台演出的同学了。这次终于等来这个机会，炎子午已经开始想象在台上迎接众人掌声时的情景了！

　　为了这掌声，这些天，炎子午放下了爱看的课外书、最喜欢的玩具。用课余、看书、睡午觉……的时间来背台词，晚上还要拉着妈妈跟自己对台词。为了让他们上台表演的时候不紧张，朱老师也费尽心血，提前带着他们到其他班上去表演，彩排顺利极了。

　　终于到审核节目那一天了，炎子午的心情无比激动。相声表演的前一段两个人都表演得非常流畅，突然，王思忧停了下来，低声在炎子午耳边问："我那句怎么说来着？"并用期待的目光看着炎子午，炎子午一下子蒙了，难道这么多天的努力，就要在这一刻毁于一旦吗？曾经那么想要得到并且快要得到的鲜花和掌声，就要泡汤了吗？当炎子午用一种难以言喻的表情瞪着王思忧时，台下审核的老师们都一头雾水，最后，一位主任挥挥手："下来吧！"

　　不用说，这个相声节目没能通过审核。在这一刻，炎子午终于明白：鲜花和掌声并不是这么容易就能够得到的，不仅要有团队精神，学会坚持和努力，还要舍弃许多珍贵、喜爱的东西。正如雨后美丽的彩虹，如果它不先舍弃温暖的太阳，它的衣裳能有这么漂亮吗？

三年级的故事

2014 年 9 月 1 日

新的学期又开始了，孩子们成了三年级的学生。这学期我们学习的重点是作文。学习作文没有什么捷径，也没有什么秘诀。就是两个字，一个"读"，一个"写"，只有脚踏实地多读多写，我们的作文才有可能进步，我们的文章才有可能越写越好。孩子们，不要相信什么作文秘诀，也不要相信什么速成技巧，任何轻易得来的东西，都将轻易地失去。如果一定说写好作文有什么秘诀的话，那只能是勤学苦练。孩子们学习作文的热情高涨，班级群成了孩子们发表优秀作文的平台，家长们的话题也变成了讨论作文。泓锐妈妈说："儿子今天写作文，我看不懂，都不空格。他说：'我写的不是作文，是诗，真是的，你有没有文化？'"

伯安妈妈说："我儿子每次写作文写的字数不多，不过都是自己写的，不让我教他，都要自己写。"妈妈们，孩子们勇于尝试，独立学习，这都是好事，要鼓励。我希望孩子们能一直保持对学习与写作的热情。

2014 年 9 月 2 日

今天在班级群发表了两篇优秀作文，一篇是唐嘉杰的《我的课余生活》，一篇是梁力麒的《第一次骑自行车》。晚上，我把两篇作文发给了《蛇口消息报》，过了一周，梁力麒的作文刊登在了报纸上。梁力麒在班上大声地朗读了自己的作文，读完，我把报纸送给了梁力麒，孩子们都用羡慕的眼光看着他。我在等着看，我们班第三个发表作文的同学是谁？

附：唐嘉杰的《我的课余生活》，梁力麟的《第一次骑自行车》

我的课余生活

三（3）班　唐嘉杰

我的课余生活真是丰富多彩！有画画、游泳、打乒乓球，我最情有独钟的是做小实验。

一次我和妈妈在外边玩，太阳很大，我看见树荫底下有一些小小的光洞，我就觉得奇怪，树叶组合的形状不是圆形的，为什么那光线是圆的呢？

妈妈说："这是小孔成像。"我说："小孔成像是什么意思？"妈妈说："就是一个三角的小盒子发出的光和物体形状一模一样。"我说："我不信。"

晚上，妈妈在小房间给我做小孔成像的实验，把蜡烛点上火，再把纸撕成星星形状，光影竟然是圆的，妈妈说："这下信了吧？"我说："信了。"我终于明白了小孔成像是什么意思了，我高兴得手舞足蹈！

这就是我的课余生活。

老师评价：叙事清楚，重点突出，真棒！最后一句画蛇添足，删掉。

第一次骑自行车

三（3）班　梁力麒

暑假的一天傍晚，凉风习习，表哥表妹在我家楼下附近的空地骑自行车。他们骑得好快，像一阵风一样，刮过来，刮过去。我好羡慕啊！三姨就叫表哥把车让给我骑。我又兴奋又紧张，很想骑车，又怕摔倒。妈妈说："你不用害怕，坐上去双脚都能踩到地上。我扶着后座，你就放心骑吧！"

骑车真是太难了！看起来容易，学起来怎么这样费劲呢？我费了九牛二虎之力，使劲蹬车，车还是跑不快，总是往右倒。我一次次哇哇大叫地跳下车来，又一次次坚持坐上去学骑车。我累得满头大汗，全身湿透，还是不能像表哥表妹他们那样骑得又快又稳。

妈妈说："你要双手伸直，握紧车头，腰也要伸直，用力蹬车，这样才能保持平衡。"我按照妈妈的方法练习骑车，果然能够骑好长一段距离。后来，我就不需要妈妈帮忙了。

骑车真好玩呀！我也骑得像风一样快啦！表妹在我前面，我在后面追呀，笑呀，开心极了！我们上坡，下坡，绕了一圈又一圈。可是，下坡的时候，我一不留神，车头向左一歪，连人带车冲进了绿化带。摔惨啦！

有位好心的叔叔把我和车解救了，妈妈走过来向他道谢。妈妈问我："疼吗？还骑不骑？"我说："不疼，还要骑！"

第一次骑自行车，真是令人十分难忘。

老师评价：内容充实，过程清楚，感受深刻，描写生动细致，词汇丰富，棒棒哒！

2014 年 9 月 3 日

作文的最完美形式

我们学习作文有一段时间了，可是，作文最基本的形式同学们还是没有掌握。有一段成文的，也有两段的。因此，今天，我就跟同学们来讲讲"作文的最完美形式"：

同学们，一个桃子分几部分呢？对，分皮、肉、核三部分。还有，我们的人体主要分几部分呢？对，主要分头、身、脚，也是三部分。

由此可见，世上万物几乎都是由三部分组成的。那么，我们写的作文，也不例外，也应由头、中、尾三部分组成。

同学们知道了万物都由头、中、尾三部分组成，那其中哪一部分比较长、比较重、比较大呢？对了，中间部分。

由此，我们得出作文头、中、尾三部分的形象比喻：

开头——像凤头，小巧精美。只需要一句话、两句话、三句话就行了，不要太长。

中间——像猪肚，内容充实。中间可以根据不同的内容，分几段来写。这就像人体的身子，又可分为手臂、上身几部分一样。

结尾——像豹尾，简洁有力。也是只需要一句话、两句话、三句话就行了，不要太长。

综上所述，作文应分头、中、尾三部分。开头像凤头，小巧精美；中间像猪肚，内容充实；结尾像豹尾，简洁有力——这就是作文的最完美形式。

那些开头或结尾很长，而中间反而很短的作文，或者只有两段，一段是开头，一段是结尾的作文，大致可以认定它是一篇畸形的、残疾的作文。

为了巩固所学，我们总结一下今天的收获：

学习本课后，我的收获如下：

1.知道了万物几乎都是由（　　）部分组成。作文也不例外，也应由（　　）、（　　）、（　　）部分组成，其中（　　）部分比较长。

2.记住了作文头、中、尾三部分的形象比喻：

开头：（　　）；

中间：（　　）；

结尾：（　　）。

3.知道了作文的最完美形式是：（　　　　　　　　　　　　）

2014年9月4日

词语变变变

经过一段时间的学习，很多同学的作文还是存在一个问题：写得不具体。怎样才能让作文写得生动具体呢？今天，我们来玩一个有趣的游戏：词语变变变。看一个词语是怎样神奇地变成一句话，再变成一段文字的。

首先，请一个同学上来在黑板上写下一个形容心情的词语，小麦上来写下了"高兴"这个词。

然后，我请三个同学上来，给高兴找个主人，并且补充一下高兴的程度，于是这个词变成了以下三个句子：

（1）"妈妈很高兴。"

（2）"我高兴极了。"

（3）"老师非常高兴。"

第三步：这三个主人的身份是不一样的，他们的性格特点各不相同，因此，他们表达高兴的方式也是不一样的。他们在什么场景下这么高兴？高兴的时候脸上是什么表情？做了什么动作？说了什么？心里想了什么？请大家根据平时的生活经验来猜一猜，小组内讨论讨论。

第四步：请各小组长把大家讨论的结果写下来，并上台来展示。展示的结果是，黑板上的三句话经由同学们的润色变成了三段话，其中郑灏小组的给我留下深刻影响。现附录如下：

今天，我数学考试考了一百分，回家告诉妈妈，妈妈一听很高兴。她的眼睛都快要放光了，高兴地亲了我一口，说："儿子，你真棒，我中午给你做点好吃的，好好犒劳犒劳你。"她心里肯定在想："我儿子咋这么厉害呢？"

"真的？"一听爸爸要给我买那个我梦寐以求的变形金刚的时候，我高兴极了。我高兴得都快要跳起来了，忍不住一下就蹦到了爸爸的怀里，捧着爸爸的脸啃了一口说："爸爸，你真好。"爸爸嫌弃地说："儿子，你喷了我一脸口水。"我不管了，又一下从爸爸身上蹦下来，跳到门口，大声地对我的小狗笨笨说："我爸爸要给我买变形金刚。"

我们运动会比赛得了第一名，朱老师非常高兴，她露出了开心的笑容，用清脆动人的声音表扬了全班同学："同学们，你们真棒，你们凭着自己的努力拼搏，齐心协力，在运动会取得了好成绩，这足以证明我们三（3）班是一个优秀的班集体。"

2014 年 9 月 10 日

今天是我的第二十三个教师节，学校给老师们准备了鲜花，而我一大早还收到了一堆孩子们自制的卡片，最漂亮的是管彦博做的：一个太阳暖暖地照着，一个水壶在浇灌一丛祖国的花朵，一堆爱心围绕着一段文字，上面写的是"敬爱的朱老师，感谢您这几年教给我这么多道理，从今天起，我要好好学习，天天向上。祝您健康长寿，老师，您辛苦了。"我喜欢管彦博，我爱这个纯朴重情的孩子。我真的感到很幸福，我好想向全世界大声地宣布：今天我就是一个幸福的老师，虽然我的工作是那么平凡，那么普通。最后，这种情感无处安放，忍不住又在朋友圈里高调秀了一下。

下午，看到了桌面上放着以前的学生江莹送我的教师节礼物《天使望故乡》。江莹没能找到我，留下了一张纸条："您永远是我们的班主任，节日快乐，这本书希望您能喜欢！"亲爱的孩子，你送的书，老师怎么能不喜欢呢？谢谢你，你让我无悔当年的选择。

2014 年 9 月 11 日

有趣的作文游戏

今天又到了同学们最喜欢的作文游戏时间了。

今天，我们来玩一个简单的游戏："抓住时间抓住风"。

"同学们，时间是看不见摸不着的，但当时间走过，它会留下痕迹。因此，我们能从这些痕迹中感受到时间的流逝。比如，窗外的树叶落了，我们就知道秋天的来临，这叫一叶知秋。冰雪融化，我们就知道春回大地，苏轼也有诗云：'春江水暖鸭先知'。那同学们还能从哪些地方感受到时间的流逝呢？我们能不能用自己的语言文字留住这美妙的时光呢？"

"太阳早晨从东边升起，傍晚从西边落下，一天过去了。"

"上课铃响了，同学们在教室认真地学习；下课铃响了，同学们又出来快乐地游戏。一节课过去了。"

"教室后面挂钟的时针转了差不多一圈，我们就下课了，一节课过去了，等时针转完八圈，我们就放学了，一天过去了。"

"早晨，同学们背着书包走进学校；下午放学了，同学们背着书包快乐地走出校门，一天就过去了。"

"去年，妈妈给我买了件新衣服；今年，衣服的袖子短了，我又长大了一岁。"

"去年，我还只够到妈妈的胸前；今年，我就到了妈妈的肩膀处，我又长大一岁了。"

"去年，跟妈妈出去玩，我只能提个小袋子；今年，我能帮妈妈提个大包，妈妈夸我长大了。"

"学校足球场的小草绿了又黄，黄了又绿，一年就过去了。"

"窗外大树的叶子落了又生，生了又落，一年过去了。"

"开学初，我领了新书，等我的新书变成旧书，一个学期就过去了。"

"开学的时候，朱老师发给我一个新本子，等我的本子上写满作业，这个学期就会过去了。"

……

同学们是聪慧的，也是善于思考的，我们到处都发现了时间的踪影。这节课，就这样写写写，同学们写了一节课，写下了许多美妙的句子。大家都盼望着下一节课去寻求风的踪迹。

2014 年 9 月 23 日

今年的大队委竞赛，应璐冰初生牛犊不怕虎，要竞选副大队长。应璐冰，加油，同学们都为你鼓劲呢！

2014 年 9 月 24 日

学做手抄报

国庆节快到了，今天，我给大家布置了一个新作业：做一张主题为"祖国在我心中"的手抄报。班上炸开了锅，"老师，手抄报是什么呀？""怎么做手抄报呀。"大家议论纷纷。

"同学们，别着急，老师告诉你们什么叫作手抄报。手抄报就是同学们自己手编的一份报纸。围绕一个集中的主题，通过手写的文字和手绘的图画组合起来的一种小报。从今天开始呀，朱老师就要教同学们做手抄报了。以后，我们会经常做手抄报。"

"这份报纸的主题是：'祖国在我心中'，那所有的文字和图画都要围绕爱国来选择。我们可以去网上找些素材，内容要丰富，文字要工整，图画要漂亮。并且文字和图画还要完美地结合在一起，来体现'祖国在我心中'这个主题。"

"哦，原来是这样。"大家恍然大悟。

"那同学们能完成任务吗？"

"能。"大家回答。

从此以后，我们在读书，写作业以外，时不时地又加一个手抄报作业。

2014 年 9 月 25 日

黑色星期四

今天周四，是同学们最快乐的开展阳光体育的日子，没想到是个黑色的星期四，先是韦佳音在跟同学玩"老鹰抓小鸡"的时候摔倒了，佳音眼睛看不见了，赶紧送校医室，校医处理，喝了一杯糖水后，家长来接去医院进一步检查。我的心一直是悬着的，孩子还这么小，要是眼睛看不见了，可怎么办呢？

放学后，心还是一直慌慌的，没想到 6 点又接到黄浩妈妈的电话，问："学校放学了没有？怎么孩子还没到家？黄浩这孩子一直听话，不会乱跑的，这么晚了，能去哪儿呢？"该不是放学路上遇上坏人了吧？真是一波未平一波又起，我的心又悬起来了。赶紧上群里询问有没有孩子放学后见过黄浩，心里想：要不要报警呢？

一家有事，百家不安。一时间，家长们也纷纷在群里询问两个孩子的情况怎么样了。好在好消息接踵而至，6：30 黄浩妈妈发信息："黄浩已经回家了，他去了同学家玩，让老师们担心了，抱歉！"6：57 佳音爸爸给我发来了短信："医生说佳音没事了，请朱老师、廖老师和大家放心！谢谢大家！佳音眼睛没事了，拍了 CT，脑袋也看不出什么问题，就是一直恶心，现在睡了，谢谢大家的关心！"一颗心放下，孩子们，你们一定要平平安安的，你们的老师胆子小，不经吓。赶紧把佳音爸爸的短信转发班级群，让大家也放心。同时 @韦佳音妈妈："没事就好！佳音本来体质比较弱，加上这几天感冒了，坚持上课，没休息好。明天让佳音好好在家里休息，不要来上课了，等身体恢复了再来上学。"同时，@黄浩妈妈："请家长们要及时来接孩子，不能来的话要及时通知老师，这样让老师很担心！安全问题重中之重，这是底线，回家要好好教育，到同学家也可以用同学家的电话给家长打个电话报平安的。"希望大家都要牢记在心。

2014 年 9 月 26 日

读书的快乐

感谢蔡睿妈妈的辛苦付出，我在这个学期给同学们推荐的两本书《日有所诵》和《小学生必背古诗词》，今天已经送到学校且发给了大家。

"同学们，从今天开始，我们除了完成老师布置的家庭作业之外，还要每天熟读一篇《日有所诵》和背诵一首古诗。这是我们每天必须要完成的读书作业。"

孙琪问："我们为什么要做读书作业呢？"

我跟孩子们讲了我小时候读书的故事：

我小时候不是个好学生。逃课，不做作业，上课从无半点安静。开小差、看连环画（我们那时候叫作"花书"）、和前后左右的同学讲小话、把脚塞在抽屉里、在同桌写得惨不忍睹的作业上再加上两把大叉、盯着窗外发呆、打瞌睡……，所有小学生在课堂上犯过的稀奇古怪的错误我全犯过，用老师的话来说就是："不可救药"，在所有人的眼里，我都是一个无法改变的孩子。

在老师又一次来我家告状之后，父亲把我喊到他的书桌前坐下来，手伸进书桌抽屉里，我以为他会像以往那样掏出来一把铁尺，怯怯地不敢靠近。父亲的手出来了，奇怪的是在他手上的不是铁尺，而是一本《安徒生童话》。父亲没有打我，而是和颜悦色地对我说："去吧，去把它读完。"

带着几分惭愧，我第一次认认真真地坐下来读我面前的这本书，多么奇妙好看的书啊！尽管里面还有很多字我不认识，可我第一次被书吸引住了，它在我的世界里打开了一扇新的窗户，它告诉了我许许多多我以前不知道的事情。

从那以后，我开始迷上了书，迷上了这个叫做书的世界，我开始体会到读书的快乐，我变成了一个爱书的孩子。书成了我的良师益友，我从书里明白了许多人生的道理，学到许多知识，我慢慢地从一个顽劣的孩子变成一个文静的淑女。

如果说我今天还能站在讲台上，还能教导你们，还能为这个社会作出一些力所能及的贡献的话，那全是因为书的功劳。所以，从现在开始，你们每天都要去阅读，因为读书的快乐超过所有尘世的快乐，包括吃好东西、穿新衣服的快乐。读书的快乐，是那种能把握世界，改变自己命运的充实的快乐。

2014 年 10 月 8 日

第一次单元测试成绩出来了，鲁昌昊成绩退步了，原因在哪呢？我找出他的单元试卷看了看，顺手写下了对他的分析，发给家长，希望孩子能有所进步：

一、孩子现状分析：

1. 素质方面：昌昊接受能力好，理解力好，思维敏捷，是棵好苗子。不足之处是注意力不够集中，容易分心，要多进行静的训练。

2. 语文方面：从这次的语文单元测试卷来看，语文基础不够扎实，字词不能过关，失分率 30%；相反阅读理解能力不错，失分率为 0；

3. 作文方面：优点是整体构思能力不错，语句通顺，稍加点拨就能举一反三。缺点是：还未掌握写作方法，另外思维不够连贯，一篇作文不能一气呵成。反映出平时的问题：一是阅读量不够，二是写作态度不够认真，只求完成任务，不求完美。

二、对策：

1. 多进行亲子阅读，要有耐心多陪伴孩子。

2. 平时课本里学过的要求掌握的字词和要求背诵的课文段落，语文园地里的读读背背一定要多检查、听写或默写。

3. 作文训练还要加强。训练量要跟上来。小孩子初学作文，除了老师在课堂上进行作文方法的指导，家长还可以订阅一些作文方面的刊物，先从模仿开始，再从模仿变成创造。

2014 年 10 月 11 日

今天张振鑫和刘灏两个孩子打架了，我打电话约双方家长到场，事情也得到了圆满的解决。走的时候，家长说："朱老师，今天给你添麻烦了。"令我不禁想起今天看到的很有哲理的一段话：当孩子不麻烦你的时候，可能已长大成人远离你了；当父母不麻烦你的时候，可能已不在人世了；当爱人不麻烦你的时候，可能已去麻烦别人了；当朋友不麻烦你的时候，可能已经有隔阂了！

我想：人其实就是生活在相互麻烦之中，孩子在麻烦之中长大，在麻烦之中解决事情，在事情之中化解麻烦，在麻烦与被麻烦之中加深感情，体现价值，这就是生活。当孩子不再麻烦大人，那他就已经长大成人了，不再需要我们了，因此要珍惜身边麻烦你的人！也感谢我曾经麻烦过的你们，深表谢意！

2014 年 10 月 16 日

小蜗牛搬家

今天，我们在课堂上表演了《小蜗牛搬家》的故事。

小蜗牛要搬家，他请小蜜蜂帮忙，小蜜蜂说："我个子这么小，帮不了你"。他请小蜻蜓帮忙，小蜻蜓说："我没空，还要和蝴蝶去玩呢。"他请小青蛙帮忙，小青蛙说："你搬家，和我有什么关系呢？"小蚂蚁听到了，叫了好多小伙伴过来帮小蜗牛搬家。小蚂蚁把家搬到了一个有鲜花野果和河水清清的地方，小蜗牛高兴地说："谢谢你们，如果不是你们帮助我，我还不知道该怎么办呢！"

同学们演得可认真啦，一共有四个组上台表演。小观众们在下面看得津津有味，还选出了最佳小演员。

小蜗牛搬家，让我们明白了谁是最受欢迎的小伙伴。有时候，一个好的故事，胜过老师许多的口水。

2014年10月21日

今天改练笔作业，我又发现了一篇好作文，管彦博写的《夏天悄悄地去》，我把这篇作文读了又读，我读出了林海音的味道，我想我又发现了一棵好苗子，管彦博是个酷爱读书的孩子，他有一颗敏感细腻的心，有一双善于观察善于发现的眼睛，因此，他才能写出这样的文字。我真心地喜欢这篇作文，孩子啊，"草不谢荣于春风，木不怨落于秋天，谁挥鞭策驱四运，万物兴衰皆自然。"长大后，你还会不会追问"夏天去了哪里呢？"你还会不会想念夏天呢？

于是，我在班上表扬了管彦博，请管彦博把这篇作文在课堂上朗读给同学们听。下午，这篇作文在班级群里发表了，家长们都说管彦博真有才气。

附：管彦博的《夏天悄悄地离去》

夏天悄悄地离去
三（3）班　管彦博

秋天来了，夏天走了。天高云淡，天气变凉爽了。妈妈让我把短袖换成了长袖，水池里的水变得更凉了，小朋友们也不下水游泳了。给我们带来快乐的夏天，就像一阵风似的，悄悄地离去了。有谁知道，他去了哪里呢？

夏天的花十分美丽，在阳光下五颜六色，万紫千红。但它们现在也慢慢地萎谢了，小草也不再像夏天那样的郁郁葱葱，而是有的发黄，有的枯萎。我想："小花小草们应该很爱夏天吧"。可是夏天，你去哪里了呢？

秋高气爽，风也变大了，树叶被风吹得在空中飞舞着，好像仙女散花。小朋友们在一起玩耍游戏，因为天气变凉爽了，快乐的笑声在我们耳边响起。可是，可爱的夏天，你到底去了哪里呢？

夏天走了，秋天来了。"夏天要去哪儿呢？"这一直是我心里的一个谜。没有人知道夏天会去哪里，但我们会想念夏天。

夏天，明年也会回来看我们的。

2014 年 11 月 3 日

秋天的记忆

最近，天气渐渐地变凉了，校园里小树林，古榕苑的叶子时不时地掉一片下来，秋叶飘飘美如画。这些秋天的叶子，有的绿，有的黄，有的是圆形，有的是椭圆形，还有的像扇子，上面叶脉分明，真的是太美了，同学们每次下课都跑去捡叶子。

今天，我说："同学们，这些秋天的叶子就是秋天的标本，我们把它做成画，让我们把美丽的秋天留住，好不好？"同学们都说："好"。

于是，我们今天就动手了。大家先去校园里捡了许多漂亮的叶子回来。然后，在纸上剪啊，贴啊，粘啊，一幅幅漂亮的秋叶画就出现了。

我们来看看大家的作品吧：肖艺婷的《孔雀》灵动欲飞，孙琪的《小兔妹妹》活泼可爱，应璐冰的《凤凰》在翩翩起舞，管彦博的《秋树》挺拔傲立，董伯安的《秋日》颇有意境，胡林滢的《冬阳》令人温暖，林晓文的《一家人》温馨有爱……大家的作品都富有童趣，构思新颖，每一幅作品都让我爱不释手。

我们就这样把美丽的秋天留在了我们美好的记忆里。

2014 年 11 月 4 日

今天罗子仪来喊我："朱老师，快来看。这个窗台上长了一棵树。"真的？这么神奇？我赶紧去看新鲜，发现一棵小榕树长在窗台上，根深深地扎进水泥里，枝叶舒展在半空中。如此贫瘠的环境，小树却长得郁郁葱葱，令人不禁心生感叹，生命太神奇了，生命的力量太强大了。这节课，我让班上的孩子轮流去走廊里看看这棵长在窗棂上的小树，它告诉我们：生命才是最顽强的！成长的力量才是最强大的。我希望孩子们今后在遇到困难的时候，能够想一想今天看到的这棵窗棂上的小树。

2014 年 11 月 19 日

梅林绿道远足

11 月份, 深圳正是秋高气爽, 蓝天白云的季节, 也正是秋游的好时候, 同学们也很想去户外运动, 我们班家委会响应了同学们的呼声和要求, 组织了一次走梅林绿道的远足活动。经过在群里征集报名, 我们正式决定 11 月 22 日是我们远足的日子。家委会为此付出了大量的努力, 准备活动是充分而有效的。在活动前, 蔡睿妈妈还特意提前在群里发了一条关于亲子远足活动的特别提醒:

一. 活动时间: 2014 年 11 月 22 日 (即本周周六)。

集合签到地点和时间: 梅林一村水库大坝, 9: 00 — 9: 30。

二. 注意事项:

1. 本次参加活动的同学必须有家长陪同;

2. 着休闲装, 穿运动鞋, 不穿高跟鞋、硬底鞋、薄底鞋和新鞋;

3. 准备背包, 装饮用水、野餐干粮及防蚊药品、雨伞等。

三. 出行方式: 自驾或绿色出行。

绿色出行可选择以下两种:

1. 换乘: 乘坐地铁蛇口线, 在香梅北站下车 (B3 口出), 步行到福田外语学校西站, 乘坐 m312 路公交车, 在梅林一村站下车。

2. 在世界之窗 2 站台乘坐 324 路公交车, 到梅林一村。(途经 12 站)

四. 有问题可以电话联系我们的义工妈妈, 以下是六位义工妈妈的号码:

陈子超妈妈: 136xxxxxxxx

蔡睿妈妈: 137xxxxxxxx

罗子仪妈妈: 135xxxxxxxx

唐嘉杰妈妈: 156xxxxxxxx

梁力麒妈妈: 139xxxxxxxx

邹雅琪妈妈: 135xxxxxxxx

负责摄影: 郑钰熙妈妈 150xxxxxxxx

请大家收到此留言在线回复一下, 方便我统计。谢谢!

2014 年 11 月 22 日

我们的远足开心极了。秋高气爽，树绿花红，秋色更比春花艳。昔日二线关，今日休闲道。物换星移转，青山依旧在。集合后，浩浩荡荡的队伍 9 点从梅林水库出发，一路往西，六位义工妈妈分布在队伍的头、中、尾三段，孩子们的欢笑热闹了整条梅林道。一路上，你追我赶，中午 12 点半到达长源村，大家吃完农家菜就各自解散回家了。这次活动给孩子们、家长们留下了非常美好的回忆，大家都收获满满，开始期待下次活动的到来。

2014 年 11 月 24 日

运动会夺冠

运动会要开始了，又到了我们三（3）班大显身手的时候了。两周前，我们就开始练习比赛项目，同学们信心满满。我的工作是进行义工招募，我们班家长还是一如既往地积极，招募义工的信息发出去，马上就得到了回应，很快，我们的家长义工就招募齐了。比赛这天，孩子们和家长义工早早到了现场，我们简单地分了一下工：小麦妈负责带运动员去检录，嘉杰妈负责维持观众的秩序，钰熙妈专门负责拍照，我负责巡视联络和带领我们班热情的啦啦队给运动员加油。

三（3）班捷报频传，家长们又兴奋地议论开来。小麦妈说："观看孩子们比赛，感觉又回到了童年时在学校参加运动会的情景。""是啊！我看你激动的样子，仿佛是自己在参加比赛。"睿妈说。

中午，我在群里公布了战果："我们班障碍接力赛获得年级第二名，积 10 分，目前总分 18 分。至此，集体项目已经全部结束了，接下来就看孩子们个人田径项目的表现了。继续加油！"

运动会结束了，我们班又得到了年级团体总分第一名的奖状，孩子们的欢呼声惊飞了树上的小鸟，我们获得了学校二十根跳绳、两副羽毛球拍和一个篮球的奖品，把我们的体育器材箱都装满了。

2014 年 11 月 25 日

为了让孩子们把作文写具体，本学期我开始布置让孩子们写观察日记，从观察我们生活中的植物和小动物开始，写清时间地点，明确观察对象，做到观察细致有序。一段时间坚持下来，效果不错，选登几篇孩子们的观察日记：

种番薯观察日记
三（3）班　孙琪

11月8日

今天，我在商场买了一些番薯，打算种番薯。我先找了一个空瓶子，在里面灌满水，然后轻轻地把番薯放进去，在番薯的表面喷上水，等待它发芽。那喷水的小瓶子，我可是好不容易才买到的呢！

11月9日

小番薯发芽了。发了一根小小的、绿绿的、短短的芽。和昨天一样，我又在番薯表面上喷了一些水。

11月10日

每天给番薯喷水已经成为我的习惯，我早上第一件事就是给番薯喷水。喷完水后，我觉得番薯底下的水脏了，就把番薯拿起来。一拿起来，我就看见好多白色的、一条条的东西在番薯下面，我赶紧跑去问妈妈那是什么。妈妈说那是根。原来是这样，小小的番薯居然能长出这么多根！

11月11日

告诉你们一个好消息：我的小番薯发了好多紫色的芽，都快长满整个番薯了！那芽一条一条的，有高有矮，像一个个士兵，紫中带点绿。这就是我四天努力的成果！

绿豆芽观察日记
三（3）班　张振鑫

11月5日

晚上，我精挑细选了一小包绿豆，只见绿豆穿着绿色的外衣，中间有一条裂缝，那是绿豆的小嘴巴，它的形状是椭圆形的，很饱满，没有蛀虫，我把它们浸泡在水里。

11月6日

我早上第一件事就是去观察绿豆。经过一夜的浸泡，绿豆已经膨胀了，我高兴得跳起来。我把绿豆的水倒掉，又铺上一层湿毛巾。

11月7日

今天早上，我看见绿豆的外套破裂，露出白白的嫩芽，我兴奋极了。

11月8日

中午，那些绿豆长出了长长的嫩芽，我给它们浇水时，发现它们的嫩芽已经长到三厘米高，绿豆的外套已经全部脱掉了。

11月9日

下午，我去看绿豆的长势，发现绿豆生长的速度更快了，大概有五六厘米高，比较粗壮了，我高兴极了。希望我的豆芽快快长高。

观察绿豆发芽

三（3）班 蔡睿

11月3日

我先找了一个空瓶子给绿豆宝宝们当家，在瓶子里倒进温水，就把绿豆宝宝们送回家了。绿豆宝宝们有的调皮地跑到水面上去玩，有的在水面下你推推我，我碰碰你，挤成一团，最后，绿豆宝宝们玩累了，安安静静地进入了梦乡。希望绿豆宝宝们睡个好觉，明天我再来看你们。

11月4日

一起床，我就来看绿豆宝宝们了。绿豆宝宝们一个个都喝足了水，长得胖胖的，有的喝得太饱，肚皮都撑破了，把小白芽露了出来。我把水倒掉，给绿豆宝宝们铺上一层暖和的被子，绿豆宝宝们快点儿发芽吧！

11月5日

晚上，我又来看绿豆宝宝们，它们一个个都已经撑破肚皮，把尖尖的小白芽露了出来，仔细看很像英语字母Q。因为天气很冷，我把绿豆宝宝们的家搬到了卧室里，不让它们在晚上冻着。希望绿豆宝宝们越长越大。

11月6日

又过了一个晚上，绿豆宝宝们看起来比昨天大了很多，白白的小芽儿变得又尖又长，好像小蝌蚪的尾巴。

11月7日

下午，绿豆宝宝们的芽长得更长了，有的两厘米，有的甚至长到三厘米。有些白芽长得直直的，像挺拔的小树苗；有些长得卷卷的，像寻找食物的小老鼠；有的把绿油油的衣服脱掉了，暴露着光溜溜的身子。绿豆宝宝们，快点长大吧！我什么时候才能吃到我自己的劳动果实呢？

绿豆芽的成长

三（3）班　肖艺婷

11月3日

吃过晚饭，我突然想起老师布置的特别作业，就马上跑到冰箱跟前，拿出一把绿豆放到盆子里，倒进去了一丁点热水，再加一点凉水，把它端进卧室，发现它没有一丁点变化，心里就想："我真是笨，第一天种下去绿豆怎么可能发芽呢？"于是我就把它放在书桌上面了。

11月4日

早上，我一骨碌爬起来，就向书桌跑去，我满怀希望地打开盖子，发现所有豆子的中间裂开了一条小小的缝，如果你不仔细看的话，就会以为是一条黄色的小虫，但我还是有点失望，因为还是没有发芽。忽然我想起奶奶跟我说的话："如果水是冰的就得去换水。"我就马上去换水了。我把凉水倒掉，又换上温水，盖上盖子，再把它放回原来的位置，等待它发芽的时刻。

晚上，我迫不及待地跑到桌边，打开盖子，看看我的豆芽长得怎么样了。我发现它们长出了一条条小芽，绿皮退缩到了豆子的两端，它们的上面长出了白色的小尖芽，像一条短短的小刺，就像小孩子刚长出的小乳牙，可爱极了！但我还是有点失望，因为，它还是没有长到我期望的样子，于是我期待着第三天发生奇迹！

11月5日

　　早上，我一睁开眼睛就马上爬起来，满怀期待地打开盖子。果然，奇迹出现了，它们的芽长了一厘米了。"爸爸，你快来看看，我的豆芽长了一厘米了。"我向爸爸喊道。爸爸闻声而来，我就给他看了看我的豆芽，爸爸说："我们把它放到阳台上吧。"我们就把豆芽放到了阳台上，我心想，晚上它们一定会长得很高的！

　　晚上，我像一阵风似的跑进阳台，打开盖子，但豆芽根本没长高，我失望极了，我甚至难过得想哭，爸爸走过来对我说："只要再等一天，一定会长得很高的！"我心想："我爸爸说的对，只要再等一天一定会长高的！"

　　我期待着它们快点长高！

观察蚂蚁

三（3）班　张振鑫

　　星期六，秋高气爽、万里无云。吃完早餐，我带着小铲子，和弟弟一起去观察蚂蚁。

　　我们来到我家对面的大树下，顺着树根寻找蚂蚁。突然，我发现一群黑色的蚂蚁，它们都在向前冲，好像知道方向似的。我仔细观察，才发现蚂蚁们在寻找食物。

　　我低下头仔细观察，发现蚂蚁的头上长着一对小触角。我看见它用自己的触角碰一碰，来确定是不是自己想要的食物，如果是，它就搬起食物往家里走，如果它自己背不动，就急急忙忙跑回家，找几个兄弟跑回原地，齐心协力一起搬回家。

　　蚂蚁搬食物的过程，让我知道了人多力量大的道理。

2014年12月9日

　　学习写作文快一个学期了，还是有孩子不会写作文。今天，又要写作文了，孙琪愁眉苦脸地对我说："朱老师，今天的作文写什么呢？"雅琪说："作文要怎么写啊？"我说："好的，那孩子们，我们今天就专门来上一节作文欣赏课，来解决大家提的这两个问题：一是我们的作文要写什么。二是我们的作文要怎么写。以后，我们每周都上一节作文欣赏课，专门教同学们写作文。大家说好不好？"同学们都说好。

于是，在同学们期盼的眼神中，我们的作文课开始了。首先，我表扬了最近发表作文的唐嘉杰、叶梓爽、蔡睿、梁力麒、李泓锐、杨冠宇六位同学。

然后，我请梁力麒上讲台朗读《楼顶看云》：

楼顶看云
三（3）班　梁力麒

暑假，有一天早上，天气晴朗，我和妈妈搬了几床棉被，上楼顶天台去晒。妈妈在忙着晒棉被，我却抬起头来，兴致勃勃地观看蓝天白云。

天上的白云真多呀！看！这边的白云像一个个棉花糖；那边的白云像一只只小绵羊；头顶上的白云像一条龙和一只老虎在搏斗……千变万化的云啊，我看得着了迷。

中午，我又跑上楼顶看云。这个时候，一片巨大的乌云遮住了太阳。我担心会下雨，不过，来了一阵风，它帮助太阳把乌云赶跑了。我一边帮助妈妈翻棉被，一边观察天上的云。东边的云像一顶顶白帽子，南边的云像一座座雪山，西边的云像一堆堆棉花，北边的云像千军万马在奔腾。云，真是太奇妙了！

傍晚，我一冲上楼顶，就看见东边的月亮慢慢地升起来了，西边的太阳却渐渐地落下去了。天上已经没有一朵白云了，远远的天边，只漂浮着一些小黑云。瞧，夕阳西沉，霞光把黑云变成了红云。大自然的景色真是美丽极了！

读完后，我把这篇作文投影在屏幕上，问了大家一个问题："梁力麒的这篇文章能发表，肯定好，那么好在哪里呢？请大家仔细找找看。"大家看过后，有同学举手了，肖艺婷回答："他观察得很仔细"。韦佳音也举手了："他用了比喻、拟人的修辞手法，描写得很细致很生动。"

"你俩真是认真思考的好孩子！"我表扬了这两位同学，继续说："同学们，你们看，梁力麒看到了美丽的景色，然后通过仔细观察，用生动的语言把自己看到的描写下来，就是一篇好作文。那么，我们的作文写什么呢？"

同学们说："写自己看到的。"

我说："对啊，还有唐嘉杰的《股票》，梁力麒的《骑单车》，李泓锐的《炒菜》，蔡睿的《突然我长大了》，他们写的都是什么呢？"

同学们说，他们写的都是自己身边的人和事，换句话来说也就是自己身边的生活。我进行了小结："作文可以写自己观察到的事物和自己的生活。"

紧接着我们欣赏了叶梓爽的《五官罢工》，我跟同学们说："以前上课的时候，老师还批评了有的同学不太讲卫生，爱抠鼻子，让鼻子流血。叶梓爽听了老师的话，加上自己的思考，把自己的想法用童话的方式表达出来。他发挥了自己的想象，但不是瞎想，而是合理想象。那他写的事情有没有真实地发生过呢？"同学们说："没有。"

"因此，我们的作文也不一定全要写真实发生过的事情。那我们的作文除了写我们看到过的，真实发生过的事情，还可以写什么呢？"

"写自己想象的事情。"

对的。最后，我跟同学们总结："我们的作文可以写生活中真实发生的事情，也可以写自己想象的事情。但不管是真实的事情，还是想象的事情，作文来源于生活，生活才是我们作文的源泉，我们要做生活的有心人，有一颗善于思考的心，有一双善于观察的眼睛，再加上一支勤于写作的笔，同学们何愁写不出好作文呢？"

下课了，同学们收获满满，我也盼望着班上有更多同学写出更好的作文来。

附：最近发表的作文

五官罢工

沙河小学三（3）班 叶梓爽

从前有一个小男孩，他非常不爱护自己的五官，动不动就抠鼻子、揉眼睛、掏耳朵。

一天，五官趁男孩熟睡时，开始议论纷纷。两只水灵灵的眼睛说："主人老是把灰尘呀、沙呀，揉到我身体里，疼死我啦！"鼻子同情地说："是啊，主人还动不动就抠鼻子，害我血流不止，真是太讨厌了。"嘴巴也附和地说："主人老用我来呼吸，把尘、灰、沙都吸到我身体里。怪不得肺大哥和胃大姐老责怪我。"那对耳朵也跟着说："唉！主人老掏我耳朵，痛得要命！里边被掏得红红的。"

鼻子、耳朵、眼睛、嘴巴，经过一番商讨后，决定一起罢工，让主人改掉这些恶习，并意识到五官是有多么重要。

第二天，男孩醒后，竟然发现自己什么都看不见。想叫妈妈却叫不出来，想闻花香却闻不到味道，想听歌声却听不到声音。这时，小男孩回忆起自己过去对五官的所作所为，终于想到要爱护五官了，大脑把小男孩对五官过去的愧疚与要好好保护五官的想法传达给了五官，五官们这才停止罢工。一扇大门渐渐出现在小男孩的眼帘，从模糊到清晰；窗外的鸟鸣也在小男孩的耳边回荡；早餐的香味也从餐厅飘进了小男孩的鼻子里，可香啦！"哈——欠——"小男孩打了个哈欠，伸了伸懒腰。美好的一天又开始了。

同学们，五官对我们可重要了，所以大家是不是也得好好保护五官呀？不然五官可就罢工了哦。

股票

沙河小学三（3）班　唐嘉杰

股票对我来说不是很陌生。我常常看见妈妈在家里研究股票，像楼梯一样的叫什么 K 线图，花里胡哨像鸡肠一样的叫分时图，还有很多关于股票的技术指标……这些对我来说都太高深了。我好奇地问妈妈："这炒股票有什么用呢？"妈妈说："炒股票能赚钱，也能赔钱，炒股票要靠你的智慧。"我说："真的吗？"妈妈说："真的。"

我还是不懂股票里有什么智慧。我只知道，如果今天妈妈面带微笑，就表示股票赚钱了，我就会过得很快乐；如果妈妈是愁眉苦脸，就表示股票肯定赔钱了，那么，今天我做事一定要加倍小心。每天，我只要看妈妈的脸，就能知道股票涨跌。我有好几次想趁妈妈不在时删去她的股票软件。

股票真是让我欢喜让我忧！

炒菜

沙河小学三（3）班李泓锐

今天是我第一次炒菜。

首先摘好菜，之后洗菜，把菜切成一节一节的，就可以炒菜了。

先把锅洗好，然后再洗铲子，把火打开，锅烧干水后放油，等油冒烟的时候把菜倒进锅里炒。一分钟后把半勺盐倒进锅里再翻炒一分钟，菜就炒好了，把菜盛在准备好的干净盘子里。吃着自己炒的菜，心里甜蜜蜜的。

2014 年 12 月 13 日

广播体操比赛

今天是广播体操比赛的日子。孩子们比我还要紧张，每张小脸都绷得紧紧的。班干部在进行上场前最后一次的叮嘱，孩子们也在互相提醒。该我们班上场了，从喊口令、列队到出操，大家的一招一式都是那么认真，那么规范，做操时每一个动作都尽力做到最好。望着那一张张严肃的小脸，不禁令我感慨孩子们的成长真快，孩子们的表现令我感动，这是一个有凝聚力有荣誉感的集体！在全班同学的努力下，最终，我们班获得了年级第二的好成绩。孩子们，我为你们骄傲！你们是最棒的！今天，你们做了最好的自己！

2014 年 12 月 23 日

我把自己丢了

期末素质展演，孩子们在台上载歌载舞迎新年。正值京剧进校园，我们班的孩子也积极参与了这项活动。肖艺婷扮的武将英气逼人，邹雅琪的花旦扮相俊美，就连梁力麒、陈金爵扮的家丁也都是一板一眼，有模有样。台上一分钟，台下十年功，几年刻苦的训练，才换来舞台上一朝的绚烂，孩子们不容易。

我坐在台下，恍然之间，忽然不知今夕何夕，我是谁？我不知道从什么时候开始，我把自己给丢了。在家里，我是某人的妻子，又是某人的妈妈；在学校里，我变成了某某班的班主任、语文老师。在学校里，我的时间是学生的；在家里，我的时间是孩子的。我是老公的好妻子，是孩子的好妈妈，是学生的好老师，是老师们眼里的好同事。可是，亲爱的，我自己呢？我自己去哪儿了？

我有点忧伤，又有点迷茫。当年那个底气十足、高谈阔论、意气风发的女孩子哪儿去了？当年那个中文系嗜书如命、挥笔成文的才女哪儿去啦？那个爱清早起来看日出的女孩子呢？那个年少时的梦呢？

恍然回首间，已人到中年。回首过去的日子，我在忙碌，我每天在学校忙忙碌碌。在忙碌中，我已把自己丢失得太久太久了。可只要我的孩子们每天平平安安、健健康康茁壮成长，我丢了就丢了吧，我丢了又有什么关系呢？

我释然了。忙起身去和下台的孩子们合影。

2015 年 1 月 19 日

近期学校和班级的活动接二连三，在将近一个月中，我们迎来了家长开放日，"沙小好声音"的初赛、决赛，学校秋季田径运动会，《南方都市报》的小报童公益卖报，期末素质展演等各项活动。在忙碌中送走了我们三年级的第一个学期，学校各项常规工作顺利完成，祝愿孩子们寒假愉快！

2015 年 2 月 28 日

黄浩转学

新学期开学了，黄浩没来，他爸爸来了："朱老师，我来给黄浩办转学。"

"啊？为什么？要转到哪里去？"我很吃惊。

"转回云南老家去。最近经济状况有点紧张，把孩子送回去。"他爸爸有点无奈。

我也无语了，我知道，深圳居大不易。可是，黄浩——我的学生，那么听话懂事，那么敏感聪慧的孩子，也要被送回老家，做一名可怜的留守儿童吗？我舍不得，我想起了我曾经转学的学生黄依婷，那个在春天悄然离开的黄依婷，我陷入了沉思：

那是一个周一，是一个异常忙碌的日子。班级放学后，我一个人在静静的办公室里改作业。忽然，一个人气喘吁吁地跑到我面前，喊："朱老师"。我抬头一看，很奇怪："咦？黄依婷？你不是已经放学了吗？怎么又回来了？找老师有事吗？"这时候，黄依婷抬起了头，脸上满是泪水，说："老师，我是特意来找你告别的。我爸爸来接我了，要带我回河源。""啊？

这么快？"我大吃一惊。虽然早有思想准备，但还是没想到事情来得这么突然。"你家长已经决定了吗？你家乡的学校联系好了吗？这边转学手续怎么办呢？怎么这么突然呢？……"所有这些话还没来得及出口，我的眼泪就不听使唤地滴落下来了。黄依婷也哭成了一个泪人。我好不容易控制住自己的情绪，递了一张纸巾给她，同时安慰她说："别难过。"可话一开口，我的眼泪又滴落下来了，就这样，很没出息的，我用眼泪送走了黄依婷。

那天晚上，我没有睡好，只要闭上眼睛，眼前就是黄依婷的眼泪，耳边就是黄依婷的哭声，关于黄依婷的一幕一幕都在眼前闪过。对这个可怜的孩子，我心里是有愧疚的。

黄依婷是我们班不声不响的女孩子。瘦瘦的，小小的，成绩中等偏下，可是乖乖的，从来不惹事，跟同学玩得也很好。她犯的最大的错误就是上课说小话，偶尔不做家庭作业。因为她的作业马虎，因为她上课和同桌吕瑞珉说小话，我狠狠地批评过她。每次批评她，她都低着头不说话。上个星期，黄依婷因为要转学的事，躲在教室里偷偷地哭，被田伊琪带到我的面前。经询问，黄依婷才抽泣着告诉我，因为家里出了事，所以爸爸妈妈有可能要带她离开深圳，但她舍不得走。那一刻，我深深地感到自己的无奈和力量的渺小。我无能为力，我有什么办法呢？我只能把手放在她的肩头，安慰她说："别害怕，既然已经决定了，那就勇敢地去面对。"

可是如果我早知道她家里的状况。我可以更早地和她家长沟通，我可以对她更加温和，而不是面目可憎地一味批评她，她最需要的不是批评，而是踏踏实实的帮助。我应该帮她补习功课，也可以发动班上学习好的孩子帮她补习功课。如果我平时多关心关注她一些，多跟她聊聊天，我就会更早地发现她的家庭状况。她那弱小的身影每天都在我眼下，可我却忽略了她。我还什么都没做，我还什么都没来得及做，这个孩子就要走了，不再给我弥补自己错误的机会，只留下了我内心的后悔和自责。甚至在最初听到她有可能要转学时，我的内心还有那么一丝丝"少教一个学生就少操一份心"的窃喜。而我想不到，就是这样一个孩子，却把老师当作救星一样地依恋，对我是如此不舍。我有何面目做她的老师呀？我觉得我愧对孩子的泪水。

第二天去教室，黄依婷的桌椅是空的。她爸爸连夜带她离开了深圳，走得那么地仓促，没来得及和同学告别，也没来得及参加班上为她准备的欢送会，所有的未写完的作业本还都留在我的办公桌上。这个我教了两年的孩子——黄依婷，就这样悄然离开了沙河小学，离开了她深爱的六（4）班，也给我留下了无法弥补的遗憾。就像陈晓丹做的送别幻灯片里说的："蓦然发现自己不曾注意到的她竟是那么的可爱。要说再见了，方才真正体会到什么叫'聚散两依依'，什么叫'相见时难别亦难'。千头万绪，又岂是只言片语能表达的。但无论如何，心中依然是清晰的，将终生难忘的，是六年来两千多个日子的点点滴滴"。可惜，这些她都没来得及看到。

她走了，她的桌椅空了，我把她的桌椅留在教室里，提醒我做一个老师的职责所在，提醒我珍惜、关爱我现在的每一个学生，不要再留下同样的遗憾。因为孩子们总有一天会离开我们，这一天的来临远比我们想象的要快。

想到这里，我想：我一定要为我的学生做点什么，我不能让黄浩成为第二个黄依婷。于是，我对黄浩爸爸说："这样啊？但是，你想过没有，孩子转走很容易，可是再转回来就很难了。你也知道，深圳的每个公立学校的学位都是很紧张的。"

黄浩爸爸说："我也知道，可是，有什么办法呢？"

"这样吧，我们不转学，先休学。你去教导处给孩子办个休学手续，什么时候经济状况好转了，什么时候你再把孩子接回来读书。好不好？"

"好的，老师，就听你的吧。"黄爸说。

孩子，有的事情老师做不到，但是老师一定要给你留一条回来的路。

黄浩爸爸走了，我回到班上把这个坏消息告诉了同学们，王思忧一听就哭了。今天真是难过的一天。

2015 年 3 月 1 日

蚕妈妈呢

大千世界太奇妙，孩子们的心里又充满着无穷无尽的疑问。因此，作为老师，在课堂上，我经常能遇到孩子们千奇百怪的问题。

有一次上课，肖艺婷和我们分享巴金的《春蚕》，作者通过回忆母亲养蚕供"我们姐弟"上学而怀念自己的母亲。当读到"每天深夜，母亲总要起来添桑叶。我一觉醒来，常常看见母亲拿着烛台去喂蚕。闪闪的烛光照着她那带着有皱纹的慈祥的脸。……"我和孩子们都深深地沉浸在对母亲的回忆和思念当中。忽然一个稚嫩的声音打破了课堂的宁静。"老师，蚕妈妈呢？"蔡睿大声问道。"蚕妈妈？他不知道蚕宝宝是没有妈妈的吗？"我忍俊不禁，差一点笑出声来。我正想把有关蚕的知识向大家做个介绍，没想到蔡睿这一问好像一石击起千层浪，引起了同学们的共鸣，大家都好像恍然大悟。在我还没来得及回答的时候，同学们就七嘴八舌地提了一大堆问题：

"是啊，老师，蚕妈妈呢？"

"老师，蚕妈妈去哪里啦？"

"蚕妈妈为什么不喂自己的孩子呢？"

听着孩子们天真稚嫩的话语，望着一双双渴求知识的眼睛，我顿感我们的孩子太可怜了。在我小的时候，同龄的孩子谁没有养过蚕啊？可今天我的学生们，生长在深圳这样的繁华大都市，踩的是水泥路，住的是高楼大厦，什么东西都是从超市里买来，物质生活确实是非常丰富，可他们失去的也太多了，他们没有养过蚕，没有在田里捡过谷穗，没有亲手从鸡窝里捡过温热的鸡蛋，很少尝过劳动的快乐。

我顿时改变了主意。不行，我不能就这么轻飘飘地把答案告诉他们，我要他们自己找到答案后再来告诉我。因此，我笑眯眯地对大家说："这个问题嘛，朱老师要保密。今天，老师就把蔡睿同学提出的这个问题作为作业，布置给大家。请大家通过互联网、书城、图书室或者请教爸爸妈妈，自己去把答案找出来，自己去了解有关蚕的知识。明天，我们再在课堂上进行交流，好吗？"

2015 年 3 月 2 日

养蚕

今天，有的同学带来网上下载的有关蚕的不同生长期的图片，有的带来了知识小卡片——关于蚕的摘抄，有的讲了爸爸妈妈养蚕的小故事，有的带来了《十万个为什么》里对蚕的介绍……课堂上，大家都迫不及待地要把自己知道的关于蚕的一切分享出来。

那我们动手养养蚕好不好？孩子们说好，于是我们去找了科学刘老师。刘老师把蚕宝宝分给了孩子们，班里成立了五个养蚕小组。蚕成了我们班的宝贝，养蚕成了我们班一件天大的事。

2015 年 3 月 30 日

同学们在对蚕细心的照料中学会了合作，学会了关爱，学会了"蚕怎样吐丝怎样结茧"……一天一天，同学们认真细致地记录着"养蚕观察记录"，伴随着蚕宝宝的长大，我们的孩子也变得越来越懂事。

在蚕蛾产卵后，我把这个问题还给了全班同学："同学们，蚕妈妈呢？"这回，被大家推选出来回答问题的梁力麒俨然像个小博士。"老师，蚕的一生分为四个阶段……蚕蛾在产完卵后就死了。"我欣慰地笑了。

孩子们，老师为你们做了我能做的一切。我相信，从此以后，我们班的孩子再也不会问"蚕妈妈哪里去了"这样的问题。只是，我希望，不管科学进步到了什么程度，不管物质丰富到什么程度，我们的孩子，我们的教育都不要离开孕育生命的母亲——大自然。不要让我们的下一代有问出"蚕妈妈哪里去了"这样的问题的机会。

附：梁力麒的《我家的蚕宝宝》

我家的蚕宝宝

三（3）班　梁力麒

2015 年 3 月 2 日

今天，刘老师分给了我一条蚕宝宝。这条蚕宝宝很小很可爱，它是我的小宠物，我要好好地照顾它。

蚕宝宝的家是一个透明的塑料杯，我把一片嫩绿的桑叶放进杯里，它慢悠悠地爬上去，开始吃起来。它灰白的身体还不够一寸长，小小的，一缩一伸，真是太逗了。它的小嘴巴一拱一拱的，一会儿爬到叶子的下面吃，一会儿又爬到中间开洞吃，一会儿又爬到上面吃。

每天放学回来，我第一时间就看看我的蚕宝宝，然后把杯里的粪便清理得干干净净，让它住得舒舒服服。我还跟它说说话，玩一玩，我感到很快乐。

2015 年 3 月 4 日

蚕宝宝一动不动，也不吃东西。糟糕！它是不是死了？爸爸说："它肯定死了。"就把一包桑叶扔进垃圾桶。我不相信，就带着蚕宝宝去问刘老师。刘老师说："它好好的，在睡觉呢，要睡好几天。"哦，原来是这样，真是虚惊一场。

过了几天，蚕宝宝睡醒了，又开始吃了起来。第二天，它把那土黄色的衣服脱了下来，脱胎换骨，变成了白白胖胖的蚕姑娘。

2015 年 3 月 19 日

蚕姑娘开始吐丝了，它的丝又细又长、柔软闪亮。第二天，咦？它去哪了呢？原来它用丝把自己包起来了。妈妈说："它要过一段时间才会变成蚕蛾破茧而出。"

现在，我看着椭圆形、洁白光亮的蚕茧，我盼望美丽的蚕蛾快点飞出来。

2015 年 6 月 23 日

什么有用

前段时间，睿妈来找了我，转达了家长们的意见，说家长们担心我们班的孩子成绩跟不上，说："我们班的作业布置得太少了，孩子们放学后很多时间在玩。想给孩子们补充一些试卷。"我一听就很生气。孩子的天性不就是玩吗？孩子们有时间玩，不是很好吗？所谓题海，题是做不完的。语文重在阅读和写作，我自己班的孩子我很清楚，我们班的阅读量一直保持在一个比较高的水准，我们班的作文一个学期维持在二十篇左右，孩子们的语文学习是没有问题的，家长们担心什么呢？我耐心地跟睿妈解释。睿妈释然了，放心地走了。

没想到今天，伯安妈妈趁来接孩子的时候，又找了我："朱老师，我想请你单独给董伯安等几个孩子，布置一些试卷给他们做，好不好？"

"啊？"我没听明白。

"是这样的，朱老师，只要你布置就好了，不要你改。"

"那你为什么不自己布置呢？"我奇怪了。

"朱老师，是这样的。我布置的他不做，要老师布置的他才做。朱老师，你放心，你只管布置，绝对不要你改，不给你加重负担。"

我笑了，这不是加不加重负担的问题，这是有没有用的问题。如果有用，对孩子们好，再重的负担我也不怕。如果没有用，我布置这个作业又有什么意义呢？就为了让家长放心而把孩子的时间塞满吗？我是不会干这样的事情的。再说了，一部分孩子做这个试卷，一部分孩子不做这个试卷，我这是要在班上搞小集团吗？因此，我断然拒绝了伯安妈妈的要求。

家长的心情我可以理解，但这种做法我不敢苟同，我有我自己的原则。

有的家长就见不得孩子玩，见不得孩子空闲下来，他们不习惯给孩子留空白。殊不知，游戏、玩耍对孩子来说，是多么重要和不可或缺。不是孩子做的每件事情都需要有用的，我们的孩子太需要做一些无用的事情了。就在这些无用的事情当中，藏着创新和艺术的种子。

看清风拂过树林，看海浪拍打岩石，看太阳从东边升起又从西边落下……这些事情有用吗？好像没有用，可它们让我们觉得生命是多么的美好！没有这些，我们的生活还有什么意义？蚂蚁为了生计忙忙碌碌，日夜奔波操劳，做的是多么有用的事，可为什么我觉得它们是那么可怜？

我们的孩子不是蚂蚁，他们也不能做蚂蚁，我一定要尽自己的一份微薄之力，守护他们的童年，让他们的童年里不仅仅只有枯燥的试卷和习题，还要有日出，有星空，有绿草，有花香，有游戏，有书香，更有童年的快乐！

希望我的家长们早日明白这个道理。

2015 年 7 月 7 日

又是一年期末季。今年期末考试的作文主题是"爱"，我细细地复查着孩子们的每一份试卷。由衷感叹："爱在身边，爱在心中，能感受到爱的孩子是多么幸福的孩子。"

我希望我的孩子们在爱中长大，只有在爱中长大的孩子才能感受爱，才能传递爱，才能有一个幸福的人生。

附：几篇关于爱的作文

爸爸妈妈对我的爱

三（3）班　覃海圣

记得我七岁的时候，有一天晚上发烧了，妈妈看见我一直在喊热，拿了一架风扇给我吹，过了一会儿，妈妈觉得不对劲，风扇这么凉快，应该不热了。妈妈摸了摸我的额头，不禁大叫一声："怎么这么烫！"妈妈拿体温计量了量，"不会吧？竟然38度！"妈妈惊讶地说。她赶紧推醒了爸爸，说："快起床！"爸爸迷迷糊糊地说："嗯，怎么了？"妈妈说："儿子发烧了！"爸爸起床的速度宛如光速，一下子就到了我的身边。

妈妈拿发烧贴给爸爸，爸爸赶紧给我贴上，然后静悄悄地离开房间。这时，我想睁开眼睛看一眼爸爸妈妈，不知道为什么，我的眼睛好像被黏住了似的，只听见了关门声，我进入了梦乡。

甜美的梦乡被一次开门声打破了，我醒了过来，但还是睁不开眼睛。之后，妈妈和爸爸接二连三地来看我，生怕吵醒我，他们的动作都轻轻的，但是他们并不知道我已经醒了。

到了早上，我没有把这件事告诉其他人，因为我知道，爸爸妈妈爱我，他们对我的爱是无私的。

父母的爱

三（3）班　管彦博

父母的爱有多高，多厚，谁也说不清。

小时候，我得了手足口病，发起了高烧，手、口、脚都起了密密麻麻的小泡。爸妈知道后，扔下了工作，一路小跑地回来看我，连忙把我抱到医院去打针、吃药……一直到了深夜，才把我抱回家。

第二天早上，我起了床，发现爸爸妈妈拿着一条毛巾在我床边睡着了，脚边是一盆还微微散着热气的水。我才得知他们昨晚一夜未眠，一直在给我擦洗着身体。也许是他们的做法感动了上天，我的病竟渐渐地好了，我又生龙活虎了。那时我在心里默默地对着爸爸妈妈说："爸爸妈妈，我爱你们！"

还有一次，我和爸爸妈妈去珠海玩，到达时，已是深夜。因为当时是五一劳动节，人比较多，我们找了好久都找不到还有空房的酒店。后来，我实在走不动了，爸爸就让妈妈留下来陪我，自己去找住的地方，找到了再回来接我们。我和妈妈等啊，等啊，也不见爸爸的身影。后来，我实在困得不行了，妈妈就让我趴在她的腿上，我不知不觉睡着了。

后来，迷迷糊糊中，我仿佛看到了爸爸的身影。妈妈和爸爸似乎说了些什么，就把我小心翼翼地放到了爸爸的背上。在那疲惫却又坚定的背上，我又睡着了。

父爱如山，母爱似海。父母的爱一直伴在我们的身边。

母爱
三（3）班 罗子仪

夜深人静，大家都睡了，只有我一直没有入睡，那天晚上我因为发烧，几乎要晕过去。

妈妈着急了，赶紧拿体温计一测，"天哪！40度。"妈妈大叫！我吓坏了，40度！我从来都没有发过这么高的烧。妈妈的叫声惊动了爸爸，他们都很着急，决定马上带我去医院。

一路上，妈妈不停地安慰我，我手撑着下巴，手捂着嘴，无声地流泪，生怕病严重了。到医院了，医生说我需要住院。"啊？这么严重啊！"妈妈轻声地说。

在医院，妈妈每天无微不至地照顾我，我出院了，妈妈很高兴。我也切切实实感受到了母爱的伟大！

爱
三（3）班 韦佳音

有一次，我感冒刚好，发生了一件这样的事，让我感受到了身边的爱。

一天，上阳光体育课时，我们在玩老鹰抓小鸡的游戏，我在最后，前面的人一跑，我就摔倒了，好疼！我眼前突然一片漆黑，什么也看不见了。我向同学们说明了我的情况，她们扶着我去找老师。

到了老师的办公室，朱老师泡了一杯糖水给我喝，说怕我血糖低，然后给我爸爸妈妈打电话。爸爸妈妈急急忙忙赶到学校，把我带到医院。医生很快就把我治好，我们一家人高高兴兴地回家了。

还有一次，我上学忘带笔了，罗子仪很大方地把笔借给我。到中午上学时我带上自己的笔，就把笔还给了她。

有好多次我上学时忘了带书或水，爸爸总是毫无怨言地把它们送到教室里给我，累得满头大汗。

父爱如山，母爱似海，同学们的爱也无处不在，让我感到这个世界充满了爱。它温暖和滋润着我这颗幼小的心灵，给我带来快乐和幸福，我永远铭记在心。

妈妈的爱

三（3）班　肖艺婷

生活中，有很多爱，但妈妈的爱令我难以忘怀。记忆的大门缓缓打开，我脑海里的记忆如沙子一样流出。

记得在一个风雨交加的晚上，我发烧了，妈妈一边在我床边给我喂饭，一边给我讲故事。晚上，因为身体不便，不能洗澡。妈妈就一直给我用湿毛巾擦脸、擦背。

她还给我喂药，妈妈一刻也不离开我，一直给我讲故事，讲到深夜，之后还一边给我喂药，一边问正在给我用温度计量体温的爸爸，"怎么样？孩子退烧了吗？"

爸爸说："还没有退烧。"

之后，我便听着爸爸妈妈的谈话声，睡着了。

第二天早上，我一睁眼就看到妈妈在我身旁站着，眼睛周围出现了淡淡的黑圈，看来她一夜未睡。她见我醒了，便对我说："你今天就待在家里吧！"说完，就去上班了。看着她那疲劳的背影，我想到了上幼儿园的时候她教我扣纽扣，一年级的时候教我系鞋带……

我现在才发现母爱是多么伟大。

2015 年 7 月 10 日

孩子们开完散学典礼，暑假在望了，我也迫不及待地想要出游。杜甫说："读万卷书行万里路"，不错的，身体和灵魂总得有一个在路上。我是天边的一片云，只属于诗意和远方，我愿去赴走不完的旅程，去看看不尽的风景。孩子们，我们下学期再见啦！

四年级的故事

2015 年 8 月 30 日

我和晓丹的故事

今天的任务就是搬家。我竟然翻出了我曾教过的学生晓丹临毕业前写给我的一封信：

亲爱的小 Z：

都说百年修得同船渡，那么，我和你之间的感情，需要修多少个一百年呢？

船上的时光是短暂的，而我们这艘船，却航行了那么久。

在船上，你教会了我很多。不但是知识，更多的是爱。

两年前，当我还是个小屁孩的时候，你就接手我们这个班，我在你写过的黑板字中一点点变大，不但是身体，连心也在你的谆谆教导中变得成熟。

现在回忆起第一次见面，依然会像孩童般地笑。

那是一个少女情怀总是诗的早晨。当你踏进我们班时，我笑了笑，那时我们离得那么近，我看见你的身上闪烁着光芒，一种伟大，慈祥的光芒。我当时就呆了，像一只鸵鸟似的把头埋进了书里。

我和你之间发生了很多故事，因我的性格，经历所致，让我成了你最头疼的对象。

那时候，我怀着拯救世界的想法一次次地和你顶嘴，一次次地让你头疼。可是，你一遍遍地向我解释。我不理解，拜托，你是老师，有必要跟我这个小屁孩说这么多吗？你完全可以忽略我的感受。

我问母亲，母亲愣了一下，然后拍拍我的头说："那是因为她对你倾注的爱太多了，不想你误会她。"

从此，我洗心革面，轰轰烈烈地结束我"拯救世界"的生活。

小Z呀，别那么拼命，每当看到你在讲台上带着嘶哑的声音讲课的时候，我那颗心，就会泛起无限的涟漪，每次，泪水都忍不住流出来。如果是我的原因让你如此脆弱，我一辈子都不会安心的。

小Z，很多年过去了，我已经不把你当成老师了。很多的时候，我都差点把你喊成妈妈。

小Z，我真的好爱你，只是不善于表达而已。用形象一点的话来说：你走过的地方，到处都有粉笔的沁香。

人说，所谓幸福，便是五百年的回眸只为换回与你的相遇。那么，我何其幸运，在茫茫人海中遇见你。我已经非常幸福了，从遇见你的那一刻起。

可以说，是你改变了我，在遇见你之前，我一直在流浪。人说，心若是没有栖息的地方，到哪都是在流浪。我的心，从遇见你时，就停止了流浪。你说，你对我的改变深不深？

可是，我应该在离别的时候对你笑，不能让你看到我的悲伤。那些离别的伤痛，已经痛得发不出声音了。所以，即使要装，我也必须要装得很快乐，不再悲伤。

我以前从不珍惜我们在一起的日子。现在我终于明白，日子像倒在掌心里的水，无论你摊开还是握紧，终究会从你的指缝里一点一滴的流淌干净。现在，我多么想回到从前那无忧无虑的青春岁月，那时，我一定乖乖的，不再惹您生气了。

该来的始终会来的，躲不了；该去的始终会去的，留不住。

小Z，再见了。在某一个时间，某一个地点的你，不经意地想起我，请别忘记了，我一直深深地爱着你。

永远永远深爱着你的沫沫

2010年写于春暖花开时

"小 Z"是我的昵称。我曾专为此请教过她，为什么要叫我"小 Z"？结果，晓丹做出了如下解释："Z"是我姓氏的第一个字母，"小"是因为想要我永远年轻，不想把我喊老了。听完晓丹的解释，我哭笑不得，我有个这么有性格的学生，还能怎么样呢？接受呗。

看着这封信，我的眼睛湿润了。晓丹的形象又那么清晰地浮现在我的面前，那是一个多么富有个性的孩子呀。倔强，桀骜不驯，身上长满了棱角，她曾经为了抗议我作业多而把手整整举了一节课；曾经因为值日想要一个人提前离开未获允许而把垃圾撒得满教室都是；上课对她没弄懂的问题会不停地问；辩论会的时候她敢与全班为敌。她上交的作业本上不写名字，还附一段留言："朱老师：请不要在我的本子上写名字。我的东西一向不喜欢写上自己的名字。请不要给我'奖'字贴纸。我不喜欢在我本子的封面上有贴纸。如果以上两点，您做不到的话，那就请便。但是——你写了我会擦掉，您贴了我会撕掉。如果您觉得这样对我不公平的话，那就在文章下方贴上贴纸也可以。希望您能理解我，感谢。——本子的主人。"

刚接班之初，她可没少让我吃苦头。我们之间曾爆发过火星撞地球的大战，一边是气得满脸通红的我，一边是满脸泪水却毫不退让的她。可当我用一颗真心赢得了她的心以后，她不再是我的对头而成了我的朋友之后，她又是一个多么细腻敏感、多么才华横溢、多么聪慧、多么能干、多么负责任的孩子呀！联欢会的时候，你只要把意图告诉她，从整个联欢会的流程、节目安排、串词、幻灯的准备，你就一点都不用操心了，她就是一个优秀的节目主持人。

其实，我并没有做什么，我只是懂她而已，我只是看到了她桀骜不驯的外表下藏着的一颗上进的心，孤傲的表面背后其实是对爱和友谊的渴求，揭开她的面纱，这其实是一个多么纯朴的孩子啊。怀着一颗慈悲的心，我包容了她。她要求我不要把她的"奖"字贴到封面上，我就贴到内页；上课只要她的手不放下，我就耐心地回答她的问题。我真诚地希望她在今后的路途上能遇到懂她，爱惜她，欣赏她的人。

我做的其实不多，可是我却欣喜地看到，春风拂过的地方，地上是青青一片。

通过我和晓丹的故事，我想说的是：相信孩子，孩子有着无限的潜力，你对她的期望有多高，她就能表现得有多优秀。我想诉说的是：做老师真是幸福啊。你的工作就是创造，在你的手下是那么多颗稚嫩的心。一个声音提醒我：老师，慎重啊！

这个曾经的学生让我不知不觉陷入了沉思，离开校园时已是万家灯火！

2015 年 8 月 31 日

新学期新校园新面貌

美好的一天从跑步开始！嘴角往上扬一扬，闻闻栀子花香，用照相时露出的微笑迎接新一天的太阳！新学期开始啦，我的孩子们又大一岁，升了一层楼！一个暑假不见，孩子们长高了，我们的校园又变样了。槟榔园变成了感恩园，多出了很多的雕像和故事，我们一起参观了我们的新校园。

回到教室后，我们一起分享了大家暑假的收获和见闻。很多同学回老家过暑假了，还有很多同学出去旅游了，大家用 PPT 展示了暑假的收获，同学们都看得津津有味。艺婷去了沙漠滑沙，彦博跟妈妈去了"上有天堂下有苏杭"的杭州旅游，还给我带了一块杭州的丝巾回来。我真心地谢谢了彦博和彦博妈妈。

同学们问："朱老师，你去了哪里啊？"我说："我去看了青海湖，还回了湖南老家，陪我的妈妈。我也很有收获，我欣赏了美丽的田园生活，还写了几首诗。"

覃海圣说："朱老师，你还会写诗？"蔡睿追着我叫诗人，我嗔怪说："你才知道啊？你不知道朱老师一直被人叫才女的吗？"蔡睿吐着舌头坐下了。

于是，接下来，我跟孩子们分享了我暑假做的几首小诗：

故乡的大山

大山是本百读不厌的书。
每棵树有每棵树的风度，
每朵花有每朵花的姿态，
每根草有每根草的坚持，

每片叶子有每片叶子的风采。
每只小鸟有每只小鸟的性格，
每只蝴蝶有每只蝴蝶的颜色，
每条毛毛虫有每条毛毛虫的花纹。

我来了，
只听听山风，
只看看朝霞，
不惊扰每一片叶子；

我走了，
不带走一缕阳光，
不带走一丝清风，
除了你们的倩影。

八月的乡村

八月的乡村
稻谷在抽穗，
花在开，
树木在结果，
鸭子在觅食。
风吹过，
牛儿走过，
蝴蝶飞过，
孩子跑过，
母亲在村口倚门盼望。

梦中的故乡，
还是儿时模样。

村庄

黄昏夕阳远山，
清泉蛙声虫鸣。
母亲孩子笑脸，
故土淳朴依然。

姨妈的家

姨妈家的柚子黄了，

橘子绿了，

石榴红了，

枣子熟了，

柿子青了，

孩子大了，

时光老了，

雏鸟飞走了，

姨妈老了，

只有门口长满了紫苏的水泥坪，

日日夜夜守着她。

2015 年 9 月 1 日

九月的第一天，草在结它的种子，风在摇它的叶子，我们站着，不说话，就十分美好。我摘抄了《从此刻起，我要》，把它推荐给了我的家长，教育这件事，什么时候开始都不算晚。我希望我的家长们好好地读一读：

从此刻起：
我要多鼓励、赞美孩子，
而不是批评、指责、埋怨孩子。
因为我知道只有鼓励和赞美才能带给孩子自信和力量，
批评、指责、埋怨只是在发泄，
我的情绪，伤害孩子的心灵；

从此刻起：

我要用行动去影响孩子，

而不是用言语去说教孩子。

因为我知道孩子的行为不是被教导而成，

而是被影响和模仿而成；

从此刻起：

我要多聆听孩子的心声，

而不是急于评断孩子。

因为我知道聆听才是最好的沟通。

从此刻起：

我要无条件地去爱孩子本来的样子，

而不是去爱我要求的样子。

因为我知道那是我的自私和自我；

从此刻起：

我要学会蹲下来与孩子平等沟通，

而不是居高临下的指使孩子。

因为我知道强制打压只会带来孩子更强烈的叛逆和反抗；

从此刻起：

我要用心去陪伴孩子，

而不是心不在焉的敷衍孩子。

因为我知道只有真正的陪伴才能让孩子感受到爱的温暖；

从此刻起：

我要控制自己的情绪，

和孩子一起安静和平地处理好每一个当下。

因为我知道脾气和暴力只代表我的无能和对孩子的伤害；

从此刻起：

我要积极主动地处理好与爱人的关系，

创造一个和谐的家庭环境，

绝不让夫妻矛盾影响和伤害到孩子。
因为我知道只有夫妻关系和睦才是对孩子最大的爱；

从此刻起：
我要让孩子长成他要长成的样子，
而不是我期待的样子。
因为我知道孩子并不属于我，
他只是经由我来到这个世界，
去完成他自己的梦想和使命；

从此刻起：
我要多为孩子种善因，行善事。
因为我知道种善因，方能结善果，
积善之家必有余庆，
积恶之家必有余秧；

从此刻起：
我要通过孩子的问题，
找出我自己的问题，修正我自己，
因为我知道孩子所有的问题
都是我的问题，我是一切的根源；
从此刻起：
我要成为孩子生命中最好的朋友，
最亲密的伙伴，最慈爱的爸爸（妈妈）！

2015 年 9 月 10 日
教师节后回校上课，发现讲台上有一张自制的小卡片，卡片上有一幅画，一首小诗《老师，或许我不懂》——致小 Z

老师，或许我不懂，
我不懂满是粉笔的手是为了谁？
我不懂新增的白发是为了谁？
我不懂上课的咳嗽是为了谁？

老师，或许你不懂，

你不懂每次看到你打的 A 时的雀跃。

你不懂话到了嘴边却说不出的无奈。

你不懂我是多么地爱你，想念你的容貌。

或许我懂了，你所做的一切，

只是为了我们。

或许你懂了，我的欢乐，

来源于你。

我一看就明白：是晓丹。她特有的笔迹，特有的风格，小 Z 的称呼都告诉我，这张卡片是晓丹留下来的，是我曾经教过的学生回来了，她回到了母校，她找到了我的新教室。我的内心涌起一阵狂喜。

晓丹，一个多么特别、有个性的孩子，外表的孤傲裹着内里的孤独，要透过桀骜不驯的外表，才能发现她的内心有多么上进，多么要强，多么能干，又有多么忧伤和孤独。

只是因为老师的懂得，因为老师真心的喜欢和赏识，因为老师的包容，晓丹像春天的花一样，让我们越来越多地看到了她的阳光、善良和所有美好的东西。曾经的百炼钢化为绕指柔，她敏感的心会在每个节日记起老师，会为老师每一声课堂的咳嗽而揪心，会使自己变得更好而不让老师失望。

谁说当老师只是付出。当看到自己教过的孩子越来越懂事，变得越来越好，越来越优秀时，当老师的实实在在地感到了幸福。此刻，我就是这样一位幸福的老师。我应该珍惜我所教育过的每一个孩子。记得童年时我的奶奶曾经说过："不要小看孩子，孩子是未变的蛟龙。"因为孩子还在成长，我们谁也无法预料，孩子未来发展的空间有多大？孩子今后能走的路有多长？今天课堂上的顽童，也许就是他年的栋梁之材。各位老师，请珍爱我们手上的每一个孩子。不为别的，只为我们也曾经年少过，只为我们也曾经为人父母。

一年一度教师节。希望年年有今日，岁岁有今朝。

2015 年 9 月 18 日

子超妈妈哭了

开学了，可同学们的心好像并没有收回来。每天不带书，不带作业的同学一大堆，令我烦不胜烦。我决定下狠招了。

昨天，我跟同学们说："同学们，大家不带作业的理由有千百种，可是，交作业不需要任何理由，我们只需要有认真的态度，就一定不会忘交作业。不交作业的同学尽管有各种各样的理由，其实，说到底，就是一个原因，不认真，没有引起重视。老师要的不是理由，我只要结果。"

"朱老师宣布：从明天起，我不接受任何理由，不接受任何解释，我只要把作业收齐，全班 46 个本子，一本都不能少。大家做得到吗？"

"做得到。"

"真的做得到？还是假的做得到？"

"真的做得到。"

"如果有做不到的同学，怎么办呢？"

"让他回家去拿。""打电话让家长送。"同学们回答。

"一言为定。这是同学们自己说的。明天，如果有同学没带作业，我们就打电话让他家长送，朱老师不再通融，也不再原谅。大家同意吗？"

"同意。"

今天组长来汇报了："朱老师，全班就陈子超没带作业。"

"你去叫陈子超过来。"

陈子超过来了。

"陈子超，全班就你没带作业，怎么办呢？"

"我打电话让妈妈送。"陈子超低着头沮丧着脸回答。

"那打吧。这是昨天大家商量好的办法，朱老师也爱莫能助。"

电话打通了："妈妈，我作业没交，老师让你送过来。"

说完了，我让陈子超回了教室。

一会儿，我接到了子超妈妈的电话："朱老师，我在学校门口了。"电话里是一边哭一边说。

"啊？"我大吃一惊，怎么家长也哭起来了，什么事？用得着哭吗？

"这孩子太不争气了……"子超妈妈情绪越发地激动，泣不成声。

我吓一跳，赶紧在电话里一边安抚她一边下楼，一边在心里自责："我是真的做得太过分了吧？"

在校门口接上了哭得梨花带雨的子超妈妈，只得一边解释事情原委，一边劝慰她。原来家长工作忙、紧张，工作压力大，心情已近崩溃，孩子的一个电话成了压倒她的最后一根稻草。

劝了半天，子超妈妈总算平复下来了，我才放心地回到办公室。心想：深圳的家长都不容易，以后，我能自己解决的事还是尽量自己解决，不要麻烦家长了。

2015 年 9 月 19 日

今天，鲁昌昊上课讲小话，不听课，我严厉地批评了他。没想到班上一群男生开始起哄，开始笑话鲁昌昊。"同学们，你们这是幸灾乐祸吗？他被老师批评，心里已经很难过了，你们不但不安慰他，帮助他改正错误，还笑话他，他心里会怎么想？"

我继续说："犯错误并不可怕，改了就是好孩子。人恒过，然后能改。老师批评同学们的目的并不在于批评，批评的目的在于，希望各位同学以后不要再犯同样的错误。"

"你们笑话他，可是，你们之中谁是圣人呢？谁敢保证自己在以后的学习中从来不犯错呢？如果以后你犯了错，同学们也这样笑话你，你的心里滋味又如何呢？同学们，己所不欲，勿施于人，我们要做一个善良的人。我给大家讲一个《善良是金》的故事吧，那是一个关于朱老师妈妈的故事。"

善良是金

母亲是一个善良的人。以前，我总埋怨母亲软弱可欺。在我的记忆里曾有过这么一件小事。

小时候，母亲年年都种南瓜。春天把种子种下去，秋天担回来的南瓜金灿灿的，像磨盘那么大，把我们家的床底、柜子底下全都塞得满满的。这一屋子的南瓜就是我们秋冬的主菜。

虽说种瓜得瓜，但是要把南瓜种好可不容易，人勤地才能不懒。经过一个夏天的辛勤劳动，我们的南瓜终于可以收获了。

一天清早，天刚蒙蒙亮，母亲就带着我到地里去摘南瓜。乡村的清晨，弥漫着一层薄雾，雾里的景物美得就像一幅画。路旁的草丛差不多有一个小孩高，小草叶子上都挂着亮晶晶的露珠。收获是愉快的，我非常喜欢这种收获的劳动，一路蹦蹦跳跳。快走到地里了，我忽然看见有人抱着一个大南瓜，慌慌张张从我们家地里走出来。小孩眼尖，我再仔细一看，那不是村里的福庆奶奶吗？

"福——"我张口就叫，我刚一张口，母亲慌忙伸手捂住我的嘴，一把拉着我蹲着躲到了旁边的草丛里，轻声说："别让她看见"。我兴奋极了，以为母亲要打一个伏击战，把她抓住。我乖乖地和母亲屏声静气地待在草丛里，可一直等到福庆奶奶走远了，母亲才长吁一口气站起来。这时我的肺都气炸了，我不满地责怪母亲："又不是我们做贼，怎么倒搞得像我们做贼似的？"我一下就冲母亲发起火来。母亲也不生气，只是歉意地一笑，说："我怕她看到我们，不好意思。"

我小时候总不能明白母亲的心意，可当我们姊妹长大后都远离母亲，而母亲却从不孤独，我家厨房里也经常有乡人送的新鲜的蔬菜，母亲的脸上总是洋溢着幸福平和的笑容时，我才明白，善良是金。

从此以后，在我批评同学们的时候，再也听不到其他孩子起哄、笑话的声音。

2015 年 9 月 20 日

嘘，他会听见

当老师多年，校园和学生变成了我生命中很重要的一部分。其实我这个人笨，又其貌不扬，不会交际，也不是很活泼。在老师里面，既不是青春飞扬型，也不是严师慈母型，却很受学生的崇拜和喜爱，学生在作文里面总喜欢用很多的词来形容我，令我的很多同事感到不解。今天月月老师又说要我介绍经验。我说："我哪有什么经验，还不是和大家一样，也许有的方面还不如大家。如果一定说我有什么经验的话，那就是——珍爱每一颗心灵。"

用"心"去教育孩子，而不是用"知识""手段""技巧"或现在很时新的观念。在我的眼里，我的学生就是我的孩子，我的弟弟妹妹。孩子们和我朝夕相处，我们彼此待在一起的时间比他们和父母待在一起的时间还要长。如果我们不能建立亲情，别说去教育他们，单是做个维持会长就会把我累死。同样，在学生们的眼里，我也是他们最亲的人。

很喜欢一个这样的小故事。一个老农民在河的对岸种豌豆，一个年轻人好奇，就大声地问："你在干什么？"老汉大声回答："你游过河来，我就告诉你。"年轻人不想游过去，又想知道老汉在干什么。可老汉坚持要年轻人游过河来才肯说。年轻人实在太想知道这个老汉在干什么了。终于下定决心脱掉衣服游过去，说："现在你可以告诉我了吧？"老汉说："你的耳朵伸过来。"老汉在年轻人的耳朵边轻轻地说："我在种豌豆。"年轻人急了："就这点事，你为什么不能大声说呢？"老汉又轻轻地说："我怕树上的花喜鹊听到。"读完后，令人忍俊不禁。虽然是幽默，我可从来不敢当幽默来读。多么可爱的老农民，多么值得尊敬的老农民啊，在他的眼里，生灵万物都是有生命有感情的。

又曾为这样一个故事所感动。古代韩国，一个官员到乡下微服私访，见一老汉赶着两头牛在田里耕地。就问："这两头牛哪个更能干？"老汉当时不说话，到了地头才走到官员耳边说："边上那头更好一些。"官员不解："你为什么这么小声说话。"老汉说："这两头牛同样付出了辛苦的努力，如果我大声说这头好，那头不好，那头不好的牛就会从我的眼神、手势和声音中分辨出我对它的评价，它会难过的。"

一头牛尚且有感情、有自尊，何况一个天真活泼的孩子呢？一头牛尚且需要尊重，何况一个感情丰富、敏感自尊，渴望得到关爱、得到肯定的孩子呢？如果一个孩子能得到这样的尊重，如果每一颗幼小的心都能得到如此细心的呵护，什么样的孩子教不好呢？如果说我有什么经验的话，那这就是我的经验，我只不过做了故事中的那个老农罢了。

2015 年 11 月 19 日

今天，我们班在西五楼上了一节《写人习作指导》公开课，孩子们表现棒棒哒，家长们也棒棒哒，全班来了二十多个家长，上完课后，我们和二十多个美妈合影留念了。

2015 年 11 月 29 日

周末和老公在校园里散步，和老公两地分居已有两年，他在广州辛苦创业，我在深圳勤劳工作。此刻，和老公肩并肩走在暖暖的冬阳里，我感到无比的幸福，一首诗又默默地浮上心头：

　　你扎根在大地屹立在蓝天下，

　　从春到冬默默无语，

　　每一根枝条都散发着伟岸和挺拔，

　　每一片树叶都诉说着责任和担当。

　　我满身灿烂绽放在冬阳里，

　　憋足了劲开足每一个花朵，

　　只为让你遇见最美的自己，

　　与你并肩在南国的天空里。

2015 年 12 月 19 日

　　在全班同学的期盼下，家委会组织和安排了班级的第二次户外活动：马峦山溯溪。这次活动也得到了全班同学和家长的积极响应。沐浴着温暖的冬阳，孩子们又度过了快乐的一天。这一天，我们欣赏了马峦山美丽的风光，观赏了壮美的大瀑布，看到了向阳花开第一枝的梅花，还品尝了美味的农家菜，黄昏时，才带着满满的收获，踏着暮色归来。

2016 年 1 月 12 日

　　今天，看到了孙琪的信，真的很心疼，我想把这封信转给孙琪的爸爸妈妈，也转给所有的爸爸妈妈看一看，你们看到女儿的这封信了吗？在你们沉迷手机的时候，你们体会过孩子的感受吗？你们白天忙工作，晚上回来陪手机，什么时候能用心陪陪自己的孩子呢？孩子需要我们陪伴，我们能有效陪伴孩子的时间也就十年左右。我们为什么不能放下手中的手机，多陪陪孩子呢？在孩子需要陪伴的时候，我们不能陪孩子，等我们想陪伴的时候，孩子已经不需要我们的陪伴了。

　　下午，我把这封信转给了孙琪的爸爸妈妈。

给爸爸妈妈的一封信

亲爱的爸爸妈妈：

你们好！

你们经常说你们只有我一个小宝贝，可是……你们还有一个"小宝贝"！你们肯定会说：哪里还有一个小宝贝啊？那个"小宝贝"就是——手机！

你们走到哪都会带着的手机。

就像上次一样，我们出去玩，我们到了酒店吃饭的时候，小峰峰吃了一些饭就叫你们陪他一起玩小游戏，你们站了起来，手上抱着一个平板电脑走了过来。小峰峰以为你们要陪他玩，开心得拍手，而你们把平板电脑放在他手上就走了。小峰峰噘起小嘴玩起了平板电脑，而你们吃完饭就玩起了"小宝贝"。

还有一次，我有一道题不会，我叫妈妈来教我，我原本以为你会细心地教我，可是你拿起手机，把手机给我。

你们在没事的时候总玩手机，根本没有理我。你们知道吗？我多希望你们陪我一下，哪怕只有一下啊！

我希望你们能改掉这个坏习惯！

我真想变成手机……

你们的女儿

2016 年 1 月 9 日

2016 年 1 月 14 日

最后一次单元测验考完了，把一叠试卷抱回办公室，我先找到王思忧的试卷，想看看他的作文写得怎么样？

作文要求很简单："通过一件事，讲述自己在某个方面的一次可喜进步，题目自己定。"王思忧写的是《学习英语》。

学习英语

在学习英语的过程中，我的第一次英语成绩令我不安，我不会相信，也绝不认可，这 69 分会是我人生第一次的英语成绩。

但在一年级时，我却欣然接受了这份"耻辱"，不哭，不笑，脸上没有一丝看起来"耻辱"的痕迹。晚上，老妈又来与我谈话了。

"儿子，无论你考多少分，都是老妈的掌上明珠，这不过是一点儿小瑕疵罢了，我会尽力去帮助你恢复珠子美丽的原貌，并且把这一颗珠子修饰出一副完美的新面貌，但无论你考多少分，我都一样喜欢你。"

我在经过和老妈的谈话后，开始奋力追赶那些成绩比我好的同学，于是在成绩单上，又添了一个82分，紧接着又取得了89分的好成绩，到了第四次，我竟然考了94分。转眼，四年级到了，两个100分又证明了自己的实力，努力让我成了考场上的常胜将军……

我不过想成为那一颗完美的珠子。

完美地扣住了主题，写了自己在英语学习方面的可喜进步，用一颗珠子串起全文，用递增的分数来体现自己的努力和进步，很好地吻合了朱老师说的"文似看山不喜平"的要求，还暗地里褒扬了一把母爱，体现了母慈子孝这一其乐融融的场景，对一个四年级的孩子来说，用笔不可谓不老练。

可是，慢点，有这样的事发生吗？王思忧的英语有得过69分吗？我忍不住笑了。我把试卷拿过去，向隔壁办公室的英语廖老师求证，问"王思忧的英语成绩有下过80分吗？"廖老师说："怎么可能？他的英语成绩从来就没有下过95分。"哈哈，我俩都忍不住哈哈大笑了。

唉，明明是学霸，为了写作文，不惜自黑，不惜自降身段，甘当学渣，我是该夸你呢还是该夸你呢？

2016年1月18日

又到期末考试了，同在考场，你们愿意坐在上面，我愿意坐在下面，岁月如流水，一去不复返。少壮不努力，老大徒伤悲；一寸光阴一寸金，寸金难买寸光阴；黑发不知勤学早，白首方悔读书迟。无数的名言警句涌上心头，孩子们，努力，加油，珍惜光阴啊！

2016年3月2日

新学期开学了，我给大家带来了一个好消息，就是黄浩回来了。大家用热烈的掌声欢迎黄浩回到我们这个温暖的大家庭。我知道最高兴的莫过于王思忧了。对我来说，再也没有比这两个好朋友重逢更值得高兴的事了。我为黄浩高兴，为王思忧高兴，也为黄浩的父母高兴。

2016年3月3日

新学期听的第一节课《两小儿辩日》，听完后，感触颇多。几千年前，我们就有聪明活泼，会思考有主见，敢于嘲笑权威的孩子；我们也有老老实实，不以权威自居，知之为知之，不知为不知的先生。这么多年，我们真的敢说我们的教育进步了吗？我今天一直在思考这个问题。路漫漫其修远兮，吾将上下而求索！

2016 年 3 月 4 日

高高举起的手

这是一个异常忙碌的周五。上了 3 节课，接待了两位来访的家长，处理了一些琐碎的班级事务。下午上课的时候，我布置了今天的语文家庭作业，让孩子们写一篇小练笔《我最喜爱的一本书》。

"同学们，还有什么问题吗？"布置完作业后，我习惯性地问了一句。一只手高高地举了起来。

"请说。"

"老师，语文作业布置得太多了，完不成。"伴随着的是高高撅起的嘴唇。我一看，是我们班最爱提问的郑钰熙。浓眉大眼，很有个性，也很要强。

"作业多吗？同学们，今天是周五，同学们有两天的假期。完成这么一篇小作文，有什么难度吗？"其他同学都说不多，说没有难度。可是郑钰熙的手仍然高高地举着，不肯放下来。"郑钰熙，你还有什么事吗？""老师，我不知道怎么写。""这个很容易呀！你从小到大看过那么多的书，选择一本你最喜爱的书。首先，把你喜欢的这本书的名字告诉大家，然后，把故事内容说一说，再讲一讲你喜欢它的理由，最后，结尾就行了。如果你爱写，就写得长一点，不爱写就写得短一点。好，现在把手放下来。"

可是这只手仍然不依不饶地举着。"你还有什么事吗？"我不禁有点恼火了。"老师，我还是觉得语文作业有点多。"我忍不住有点生气了："郑钰熙，把手放下来。不要耽误大家的时间。有什么意见的话，等一下到我办公室说。"郑钰熙的手放下来了，可却是一脸的不情愿。在接下来的时间里，当孩子们认真地读书时，她拿出了数学本子，开始做数学作业。"郑钰熙，你在干什么？现在是上什么课？把你的语文书拿出来，把你的数学作业收起来。"我更加严厉地命令道。她极不情愿地拿出了语文书，看得出一脸的不服，一脸的桀骜不驯，一肚子的反感，在接下来的课堂里，她采取的就是不合作态度。

我心里"咯噔"一下，我知道她心里已经打下了一个结。如果我坐视不理，她会认为我软弱无能，以后我再也别想得到她的尊重；如果我采取高压政策，那么我等于是给自己培养了一个对头。师生反复对抗升级，一个差生也许就这么炼成了，以后我也再别想安生地上课了。

我冷静下来，告诉自己："她只不过是一个小孩子，难道你要和她一般见识吗？我一定要冷静地处理好这件事，打开她心里的那个结。"她的语文成绩不是很突出，平时尤其害怕写作文。我又反思了一下我这段时间以来布置的作业。为了提高同学们的写作水平，我开始有意识地给孩子们每天留小练笔的作业。开学一段时间以来，我的作业确实不多，除了正常的课前预习，阅读摘抄，小练笔，基本没有其他作业。到底问题出在哪里呢？我一定要好好地处理好这个问题。

下课后，我装作毫不在意的样子找到郑钰熙，说："郑钰熙，我想和你聊聊，你到老师办公室来，好吗？"我扳过郑钰熙的肩头，一边走一边说："你是个很有个性的孩子，也很热爱班级。老师很喜欢你。你很委屈，是吗？现在和老师说说你心里的想法好吗？"这几句温柔的话一出口，郑钰熙的眼圈慢慢地红了。

"你为什么哭呢？"她不说话，也不抬头。

"哦，我知道了，你是为了不会写作文哭，是吗？"还是没有回音。

"哎哟，这么个漂亮的小姑娘，因为不会写作文哭鼻子，有点羞羞脸哦！"我跟她开起了玩笑。

"从你们进学校的第一天起，老师就注意到你了。在老师心里，你一直是个好孩子。"郑钰熙的眼泪哗一下就出来了，泪水就像放坝水一样，哗哗哗哗止不住了，只是不说话，我不停地递纸巾给她。

"哦，我知道了。办公室里人太多，你不想让别人听到，不好意思说。那老师跟你去教室谈。"我们又把阵地换到了教室里。

"你为什么说老师留的作业多呢？"我继续挖根究底。"你每天都让我们写作文。"我想了一下。开学一周了，我留小练笔确实不少。《我的自画像》《夸夸我的好同桌》《新学期新打算》《我最喜爱的一本书》，基本上每天都有一个小练笔。作文是一个弹性的需要动脑筋的作业。她作文不好，喜欢做抄写的作业，害怕写作文，所以矛盾就产生了。可我的用意是想让孩子们通过写自己身边最熟悉的东西，通过加大训练量逐渐加以写作指导，写后同桌互批互评，优秀作文展示的方法来达到提高整个班级作文水平的效果。作文好的孩子可以写得很长，作文差的孩子只要能写一句两句话都可以，只要慢慢地有进步就行。于是，我把自己的这些想法都跟她说了。她开始平静下来了。

"你知道老师为什么要布置这样的作业吗？"

"不会写，可以问问老师啊，可以请教班上作文写得好的同学啊。这么大个孩子了，因为怕写作文哭鼻子，说出去多不好意思啊。"

"你理解老师的心吗？我们低年级学习的要求和高年级学习的要求是不一样的，你知道吗？"

"你觉得你今天的做法对吗？你是个好孩子，可是如果连你都说作业多，不肯做作业，班上成绩差的孩子就可以明目张胆地不用做作业了。那你想想，以后，朱老师的课还怎么上呢？同学们还能有进步吗？"

"我们已经长大了，我们生活在这个社会里，要学会去适应社会，包括适应不同的老师，去适应我们的班集体……"

……

不知不觉，整整一节课过去了。看到笑容又回到她的脸上，看到她驯服的眼神，我心里的一块石头落地了。

"以后，你如果有想法的话，可以跟朱老师说悄悄话，可以悄悄地把你的想法告诉老师，不能再采用这种方式了，好吗？"

"我知道你是个很有班级荣誉感，很爱班级的孩子。你觉得你可以为班级做些什么呢？或者说你愿意为班集体做些什么事呢？"

"我可以出板报。"

"好的。朱老师正想出一期板报呢。你看，三八节马上就快到了，朱老师正想把我们教室后面的板报换成庆祝三八节的内容！那你来负责，老师再给你找几个帮手。明天就布置同学们做手抄报。然后，你们一起负责办好这一期的板报，好吗？"

"好的。"这时候，她已经有点掩饰不住心中的喜悦了。

在第二天交上来的练笔本上，我看到了她写得很工整的作业和一段短短的文字："朱老师，我想对您说："对不起，请原谅我那天的鲁莽……"。于是，我又及时表扬她的进步，指定她做班级的文明监督员。后来，她的作文越写越好,有很多次她的作文成了班上的范文。她也变成了一个乖孩子,越变越好。

通过这次风波,我再一次体会到:我们要教育孩子,一定要先了解孩子。做班主任的首要工作是了解孩子,了解每个孩子的性格特点,而不是武断地一味地批评了事。教孩子最重要的是得到他的心。只有得到孩子的心,我这个班主任才有威信,我说的话才有说服力,才谈得上"教育"二字。

2016 年 3 月 7 日

老师相信你

新的一周第一次收作业,课代表把作业本送到了办公室,我一看除了三个孩子写错了本子,全齐了。我心里不由一阵暗喜:真不错,好的开端。

我一本本翻开仔细地批改起来。当我翻开陈子超的本子,我不禁愣了:上面一片空白,一个字也没写。陈子超是班上的大个子,站起来比我还高了。该怎么处置呢?不交作业、不写作业可是老师碰到的老大难问题了。置之不理?以后可就会变本加厉了。大发雷霆?我不自信我有把握压得服他,效果恐怕也不见得好。新学期,和学生处理关系可得慎重。我一边批改作业心里一边在思索。

作业批改完后,我发现两个同学交了空白本子:陈子超和鲁昌昊,他们用这一招骗过了收作业的组长。这时候,我心里也打定了主意。

下课后,我把他们两人叫到了办公室。不说话,看着他俩。看得他俩心里有点发毛的时候,我才不动声色地问:"知道老师为什么叫你俩过来吗?""知道。"两人都有点不好意思地点了点头。"知道那就好。老师给你们看看其他同学的作业,看看别的同学是怎么学习,怎么完成作业的。"我假装随意地把最上面一叠作业递给他俩,其实,那是我特意挑出来的做得最好的作业。俩人肩并肩,头并头地看了起来,不时发出一声惊叹声。等他们看完后,我轻轻地问:"你们俩现在知道该怎么做了吗?""知道。"两人都有点惭愧。"该怎么做?"我逼问一句。"老师,我中午补。""老师,我下午补,补好交给您。"两人都有点羞愧地小声说。

"好。老师就相信你们这一回,也相信你们一定能很好地完成任务的。

知道吗？当老师看到你们俩交的是空本子，我是多失望啊。当你们不做作业，朱老师有很多种处理方式的。我可以当着全班同学的面批评你们，可这样你们还有面子吗？我可以打电话给你们家长，让家长去督促你们做，可这样你们的爸爸妈妈将会多伤心啊。我还可以把你们俩找来，臭骂一顿……你们希望老师这么做吗？""不希望。"两人的声音越来越低了。"对。老师也不希望。"我的声音越来越柔和，"我之所以不这么做的原因，是因为我相信你们，我相信你们是好孩子，只是偶尔才犯的这个懒惰的毛病。你们也一定有决心要改正这个毛病。能做到吗？"

"能。"两个孩子都小声地回答。"看着老师的眼睛，大声说，能不能？""能。"两个声音都变得响亮而坚定起来。

下午，我去教室，两个孩子都悄悄地把本子交到了我手上，我翻开一看，两本作业都写得工整而认真。我会心地笑了。

我知道在以后的日子里，我还会遇到许许多多的问题。可是孩子们，我会小心翼翼地，我会努力地和你们一起来解决我们碰到的所有问题。尽量不伤害你们那稚嫩的心灵，尽量地保护你们的自尊，把你们的人生带到一个光明的境地。因为，我是那样的爱你们。从我跨进教室门的第一天起，我就爱上了你们。

2016 年 3 月 10 日

让孩子的心灵开出花来

开学三天了，我时不时地被班上的孩子所感动。

每当我看到孩子们上课时认真专注的神情，看到当我不在的时候班干部认真负责带领班上孩子早读，看到孩子们一笔一画写出来令人赏心悦目的作业，看到值日生把教室打扫得干干净净一尘不染，我都很感动。和班上的孩子的良好互动，令我觉得和孩子相处是一种享受。尽管我知道还有一部分孩子做得不够好，他们身上还存在着小小的毛病，他们也在犯一些小小的错误，可是他们在努力，他们在改、在进步，这就可以了。因为他们还是孩子，他们有犯错误的权利。总有一天，孩子会长大，会离开学校，会离开老师，我希望他们带走的是他们童年温馨的回忆，是爱的记忆。

今天，我为孙琪而感动。孙琪是一个乖巧可爱、秀秀气气的女孩子。

她的同桌是廖泽隆。在今天的思品课上，我们开展了一个《夸夸我的好同桌》小活动。在孙琪的本子上，我看到了这么一段话："我的同桌是廖泽隆。他的优点是乐于助人，而他最让我敬佩的就是他的坚强。为什么这么说呢？因为他反应比别的同学慢，所以我们有的同学就觉得他是脑子有问题，就嘲笑他。可他没有在这些冷嘲热讽下受到半点伤害，反而更加坚强，还能乐于助人，这是常人无法做到的，我希望他能更加坚强，把阻力变成动力。"这一段话让我觉得孙琪有一颗金子般的心。

接下来的语文课，我又看到了她的阅读记录卡。在她的阅读记录卡上，她是这么介绍《木偶奇遇记》的："他是一个木头雕出来的孩子，这个调皮的男孩，自私、懒惰、厌恶学习，让爱他的人伤透了心。然而，亲人的期盼和爱最终让他成长为真正的男子汉。"在她的阅读心得里，她这么写道："请相信，每一个孩子都有一颗善良的心。只要细心呵护，再贫瘠的心灵土壤上都能开出美丽的人性之花。"

孙琪的话让我感动，又让我陷入沉思。是啊，我们教师做的就是让孩子的心灵开出花来的工作。我每天都会问问自己：今天，你在孩子的心上种花了吗？今天，你在孩子的心上种的是花还是刺呢？

2016 年 3 月 21 日

爱不留痕

六年级丹丹老师班上，有一个叫王垠的女孩得了白血病，要进行骨髓移植，需要巨额的医疗费用。这是一个学舞蹈的女孩，令人疼惜关爱，没有人动员，没有人组织，沙河小学的全体师生都开始自发地传播信息，自发给孩子捐款。一天之内，就筹集 3 万多元钱，网络聚集爱心的力量真是强大。

我们班很多家长、孩子也都自发地给王垠捐款了。今天，我竟然看到李泓锐周末写的文章，不禁深受感动，

小泓锐平时看似是一个大大咧咧，很不懂事的孩子，但他仍然牵挂着王垠。

王垠姐姐　我想对你说

你好，王垠姐姐。我想你应该不认识我吧，我是李泓锐。

我在妈妈手机上看见了你的信息，知道你得了白血病，你还好吗？

你要坚强，不管面对多大的困难，我们都要活在希望里！

关于看病的钱，你的妈妈发出了一条求助的信息，各班的老师发到了班级群里，希望有更多的人凑钱。当我妈妈看到这条信息后立即捐了钱，并把这个信息发到了朋友圈。我相信，一人传一人，一人传一群，肯定不出几天就能凑齐你看病的钱。

你要坚强，白血病已经有很多的治疗方法。就算这个方法不行，还有其他的方法，一一去试，你的病一定会治好的。你一定要相信医生一定会把你治好的。王垠姐姐，你一定要拿出勇气，克服心里的困难。心里想得很恐怖，但事实没那么可怕。你一定要振作起来。

让我们一起战胜病魔，等待恢复健康吧！

2016 年 3 月 23 日

上课、听课、磨课，再加科普。请问创客，你能再 3D 打印一个老师出来吗？

2016 年 3 月 28 日

管彦博这孩子，越来越令我惊喜了。孩子，我愿与你共勉！

附：管彦博的《大自然无名小卒的启示》

大自然无名小卒的启示
管彦博

在一次偶然的机会，我认识了一个植物朋友。它没有名字，却有着令人难以相信的顽强生命力。

它是攀爬植物。在我刚见到它时，它本是十分矮小的，只有一指长。可渐渐地，它长出了密密麻麻的叶子。那叶子看起来绿油油的，好像里面装了会发光的水一样。它在篱笆上蜿蜒盘旋，微风吹来，它便跳起了婀娜多姿的舞，显得生机勃勃；在雨水的滋润下，又显得楚楚动人。后来，它长得快比我高了。

在一次寒假，我回了老家。那时候天气很干燥，都没下过一场雨。再加上寒冷，没过几天，大片大片的植物都被冻死了，放眼望去，草地上一片枯黄。那几天，我常常会想起那位植物朋友，每次都会为它祷告，希望它能逃过大自然的这次考验。

寒假过后，我安排好了时间，立刻飞奔过去看它。但是，它的身体早已看不见往日的嫩绿，有的只是枯黄。我不禁伤心无比，心中默默地为它唱起了"送别"。尔后，便离去，途中，没回过头……

春天来了，日子一天天地逝去。这几天一直在下大雨。一天放学，我忽然想起了那位植物朋友，路过那熟悉又显陌生的小径，我轻轻地走了进去。"自然之道，冷酷无情。只有那些站在金字塔顶端的强者才能赢得一番生存的天地。朋友，不知你在那天堂，过得还好吗？"

但是，当我走到它身边时，才发现它又长出了新嫩芽，一个崭新的生命在阳光之下绽放着。我激动极了！它竟能在这强者生存的世界中活下来！真是"野火烧不尽，春风吹又生"啊！我不禁赞叹道。

我从这无名小卒身上得到一个启示：面对生活，要坚强不屈。只有不屈不挠，拿出自己最大的勇气来与命运争斗，才能掌控自己的命运！

2016 年 4 月 4 日

班规风波

新学期开学以来，我就着力开始打造爱的班级。开家长会以后，我突发奇想，我们班也要有班规。因此，我交代了班委会成员拟订新的班规。

在周一的班会上，班长王思忧念了新的班规。同学们像炸了锅一样，议论纷纷。郑钰熙说："给人的感觉除了制度还是制度，感觉没有温情。""如果大家都不想上学了，要这些班规又有什么用呢？"可谓一语惊醒梦中人。可就此放弃，我的面子往哪搁呢？我将颜面何存呢？但面子重要还是班级管理重要呢？显然我的面子其实并不重要，我有点想废除班规了，而另一半同学却坚决同意执行班规。这下，我可左右为难了。经试行三天以后，我发现新班规并没有什么作用，同学们的行为并没有什么变化，就坚决在班上废除了班规。我宣布："同学们说得对，哪些行为该做，哪些行为不该做，我们心里都非常明白，让我们把班规放在心里。我们班的班规废除，不要班规！"

"哦，老师万岁！"我的宣布得到了同学们热烈的欢迎。一场班规风波就此平息，我的变法就此失败。可只要孩子们能健康快乐地成长，这又算得了什么呢？

2016 年 4 月 6 日

忘记值日的孩子

忙了一整天，终于放学了。孩子们在教室值日，我回到办公室。一会儿，郑灏跑来告状，说他们组值日完成了，张振鑫没有值日。"逃脱值日，这么没有责任心，那还了得？"我心里有点上火了，吩咐郑灏去找他来。一会儿张振鑫气喘吁吁地跑来了，一副羞愧的样子。我问他："为什么不参加值日。"他讷讷地说："我忘记了，我不知道今天是我们组值日，就跑下去打篮球了。"看着这个在我面前手足无措的孩子，我心里的火气忽然没了。我慢条斯理地说："我知道你不是故意的，可是现在事实上你造成了逃脱值日的事实，你自己说怎么办？"他低着头说："罚扫一周，撕一面红旗。"看来他已经熟知了老师的规矩。看着他一副懊恼的样子。我心里一动，我可不要让孩子以为老师的惩罚只是为了惩罚。惩罚并不是目的，惩罚的目的只是为了提醒孩子们改正错误，下次不要再犯同样的错误。

于是，我沉思了，我不要急于处理这件事。我跟他说："这样吧，既然你已经认识到了自己的错误，这很好。老师也并不想处罚你，老师天天最希望做的，其实是表扬大家。我希望大家能天天表现好，天天得到老师的表扬。今天，老师先不决定对你的处理，你明天和你们小组的成员一起到老师办公室来，我们一起商量怎么办，好吗？"我看他松了一口气，如遇大赦地离开了我的办公室。

第二天下课的时候，张振鑫和他们组的成员郑灏、陈俞聪、罗子仪一起来了，我先问郑灏："昨天，张振鑫没有参加你们组的值日，你们组里商量一下，怎么办？"他们组很快地商量出了结果，说："撕一面红旗，罚扫一天。"我说："好，这是你们大家的决定吗？"他们说："是的。"我说："大家都同意吗？"他们说："同意。"我又问："张振鑫，你同意吗？"张振鑫也说："同意。"我说："好，既然大家都同意，那么老师也没意见，今天，老师就在班上宣布对张振鑫的处理结果。可是，我还想问问你们大家，你们觉得张振鑫没有参加值日，真的就只是他一个人的责任吗？组长有没有提醒过他？其他同学有没有提醒过他？"这下大家都不吭声了，一个个低头说："没有。"我语重心长地说："当时，我们组成合作学习小组的时候，老师尊重了你们自己的意见，你们这个小组是你们自愿组合成立的。老师成立合作小组的目的，就是为了大家共同进步，共同提高。你们本来就是好朋友，就更应该互相帮助，互相提高。"这时，几个孩子都面露羞色，不再像刚进来时那样理直气壮了。看到自己的好朋友也被牵连了，张振鑫急了，争着说："还是应该怪我自己，我自己没有留意。我愿意打扫一周卫生。"

看着张振鑫羞愧的神情，看着组长郑灏内疚的样子，我想我的目的已经达到了，我什么都不用说了。孩子们自己已经受到了教育。我并没有要求，可是在后来的一周里，张振鑫自觉主动地打扫了一周的教室卫生，这次的值日风波至此才算处理完了。孩子，多年以后，你也许还会记得"责任""担当"与"友谊"这些词吧？

2016 年 4 月 17 日

今天，小麦挨妈妈打了，我很难过。小麦确实顽皮，可是小麦妈妈，你想过没有，我们真的有权力打孩子吗？孩子虽说是我们的儿女，可他们总有一天会长大，会懂事，会离开我们，他们并不属于我们。我抄下了《孩子》送给小麦妈妈：

孩子

你们的孩子，都不是你们的孩子，
乃是"生命"为自己所渴望的儿女。
他们是借你们而来，却不是从你们而来，
他们虽和你们同在，却不属于你们。

你们可以给他们以爱，

却不可给他们以思想，

因为他们有自己的思想。

你们可以荫庇他们的身体，

却不能荫庇他们的灵魂，

因为他们的灵魂，是住在"明日"的宅中，

那是你们在梦中也不能想见的。

你们可以努力去模仿他们，

却不能使他们来像你们，

因为生命是不倒行的，

也不与"昨日"一同停留。

你们是弓，

你们的孩子是从弦上发出的生命的箭矢。

那射者在无穷之中看定了目标，

也用神力将你们引满，

使他的箭矢迅疾而遥远地射了出去。

让你们在射者手中的"弯曲"成为喜乐吧；

因为他爱那飞出的箭，

也爱了那静止的弓。

2016 年 4 月 23 日

失而复得的教具

今天遇到一件很奇葩的事！去书城买了中国地图的拼图做教具，之后去少年宫，嫌重，见前台坐了一位阿姨，好言相求寄存一下，阿姨应允，态度也还算和颜悦色。旋回，阿姨交还东西，下班离开。我久坐无聊，不禁去翻视教具，忽然发现少了一幅大的地图。再去检查小的地图，小地图也少了一幅，怀疑自己记错，再掏出小票检查，确认无疑，大小各少一幅。

百思不得其解，为什么会各少一幅？遂翻柜台进去找，竟然在柜台下找到一块大的，小的不见踪影。保安随即过来过问，解释，请保安帮忙继续找，保安果真进去找，翻抽屉、柜子，竟然在抽屉里面发现了那块小幅的地图，物归原主。保安笑言："东西找到了，就不要再说什么了。"只是，我纳闷："阿姨到底是怎么想的呢？"

2016年4月29日

今天，评估组的领导来学校检查工作，大家都很重视，我每节下课时间都去班上看看，提醒同学们下课后文明休息。德育处沈予主任来找我了，说要我在班上找一个孩子写写对学校的看法，我找了管彦博。一节课后，管彦博写好了，我把他的作文送给了沈主任，这篇作文送到了评估组的领导面前，感动了评估组的领导们，大家对沙河小学的印象更好了。

附：管彦博的作文《美丽的沙河小学》。

美丽的沙河小学

四（3）管彦博

沙河小学，是我心中最美的校园。

她，就像我的亲人，我的老师一样爱护着我。传我知识，教我文化。

她，春天，泉水叮咚，让我能在寂寞中感到世界的美好；夏天，绿树红花，让我在伤心中感到来自花草的安慰；秋天，让我从疲劳中变得清爽起来；冬天，她虽然不能雪花飞舞，但她那淡淡的美，却使她显得无比高雅。

我对她也像对待自己的亲人一样，尊重她，爱戴她。我每天进入学校，第一件事就是用心对她说一声：校园，您好！然后仔细地抚摸着每一片叶子，每一根草，让它们和我一起分享迎接第一缕阳光的快乐。

我同样爱着校园里的每一位老师，因为他们让我知道了学习的重要性，让我知道了怎么去面对生活，面对每一次困难。

学校是神圣的，而老师们就像是学校的守护者，把学校发出的圣光向世界播撒，让全世界的人都感受到校园的神圣，学习的美好！学校的知识就像鲜花丛一样，发出阵阵芳香，使人陶醉在学习的美好中。

在我不开心的时候，是同学给了我无限的安慰。在学校，没有家长严厉的看管，没有自己一个人的害怕和孤独，取而代之的是无限快乐的笑声，而这个声音，是我的朋友、我的同学带来的。

沙河小学，我一生美好的圣地，我爱您！老师，同学，我也同样爱着你们。我一定要让知识的海洋流向更美好的地方。

2016 年 6 月 21 日

今天是个好日子，蓝天白云，艳阳高照，沙河小学在举行南山区"小交警队"授旗仪式。领导在台上晒着太阳，挥汗如雨，汗流浃背，全部师生后退半个草坪，站在凉风习习的树荫里，观看精彩的指挥操表演。想起那些领导打伞看孩子们在雨中表演的新闻，我不禁在心里悄悄为我们的校长点了个赞，我们有情怀的校长在这个早上向孩子们完美地诠释了"呵护"的含义。我想，今天早晨的这一幕一定会在全校师生心目中留下了深刻印象，让老师们也明白了什么叫"教育"。

这样的小事还有很多很多，虽是小事，但我却从中体会到了什么叫"言教不如身教"，什么叫"以身作则"，什么叫"教育无小事"，什么叫"生活即教育"，什么叫"春风化雨"。所有这些小事聚合在一起，才有了这所城中村学校的崛起，才有了这方都市丛林中的绿洲，才有了这片孩子们心目中的净土。作为一名普通老师，能和校长接触交流的机会实在不多，回想起校长来到沙河小学以后校园里发生的点点滴滴的变化，我内心里充满了感激，感谢校长，祝愿沙河小学能在校长的带领下变得越来越好！

2016 年 6 月 28 日

今天看到一段话，很有同感。"做一个新时代的班主任真心不容易啊：必须上得了课堂，跑得了操场；批得了作业，写得了文章；开得好班会，访得了家长；劝得了情种，管得住上网；解得了忧伤，破得了迷惘；Hold得住多动，控得住轻狂；忍得了奇葩，护得住低智商；查得了案件，打得过嚣张；骂得过泼妇，斗得过流氓；镇得过泼皮，演得了三藏。"

虽是玩笑话，可也告诉我，这个新时代的班主任确实不那么好当，确实得全能。加油！

2016 年 7 月 8 日

经过……（此处省略一万字），终于……（此处省略五千字），假期在望了。一个学期又将近尾声。黄昏，喧闹的校园逐渐静寂下来。漫步校园，看看蓝天白云，赏赏绿树碧草，心也沉静下来，任年华如水流过，流成一条河。寒来暑往，校园草绿又一年；几度春秋，年华如雪染双鬓。我们就像在校园里种树的人，又像是摆渡的人。一年一年，一届一届，把学生渡往彼岸。一分耕耘，一分收获，祝同学们度过一个快乐、有意义的暑假！

附：蔡睿的《我的五彩童年》

（十六）电影配音社团

时光飞逝，过了一个暑假，炎子午上三年级了。

由于某种原因，黄老师不再教炎子午班上的英语了，由一位新的老师来接替黄老师。这位新老师个子很高，表情严肃，对学生要求一丝不苟，她就是廖老师。有些同学还不适应廖老师的上课方式，因此也不喜欢这位新的英语老师。

唯独炎子午很喜欢廖老师的上课方式。在上廖老师的英语课时，积极发言并与老师互动。一个学期下来，炎子午的英语成绩有了明显的提高，廖老师也越来越喜欢炎子午。没过多久，廖老师就推荐炎子午参加学校的电影配音社团。炎子午一听就很感兴趣，欣然答应了。

第一天上社团课，社团里的谢老师和许老师告诉炎子午和其他的社团成员："你们这几个星期要好好地努力，因为你们要给一部电影其中的一个情节配音！然后要在"六一"庆典的时候上台给全校老师和学生表演。"

啊！炎子午大吃一惊：电影配音社团不就是配一下音提高英语学习能力吗？怎么还要上台表演？可转眼一想：不对，我不是正梦想上台表演吗？上次"六一"庆典时我和王思忧的相声泡汤了，一直很遗憾，现在又有机会了，我一定要再努力一把，争取"六一"上台表演。

接下来的每一天，炎子午都像上一次背相声台词那样子，努力认真地背着谢老师发下来的台词，学习两位老师教大家表演时的动作、语气，记住台词发声的方法。有个别成员没有把老师的话当一回事，不认真对待。老师很严肃地说："大家一定要认真，如果谁不认真就把谁替换掉！"因此炎子午上课时都打起一百零一分的精神，生怕被老师开除。

功夫不负有心人，在大家的共同努力下。电影配音社团的节目终于通过了学校领导的审核。炎子午终于踏上了梦寐以求的舞台，炎子午在台上看到了廖老师，廖老师正用慈祥、赞赏的目光看着他。炎子午甚至能从廖老师的眼睛里看到一股自豪。

廖老师，谢谢您！炎子午在心里感激地说。

（十七）游马峦山

蓝天伴着白云，微风伴着花香，欢声伴着笑语。炎子午和班上的同学们来到了马峦山远足。

到了山脚，大家都被眼前的景色吸引住了。许多奇形怪状的巨石停在山坡下，有的像狗正在啃着大骨头，有的像非洲大草原的雄狮正在懒洋洋地晒着太阳，有的像一株美丽的鲜花正沐浴着温暖的阳光……

大队伍慢慢绕过石头，耳边就传来"哗哗哗"的流水声，大家急忙跑到前面去一探究竟。原来是一条小溪，溪水清澈见底，甚至能看到一条条活泼的小鱼儿正在水里嬉戏玩耍。逆着溪流而上，流水声越来越响，最后在源头发现了一条壮观的大瀑布。走近了，水声震耳欲聋，水从高处落下，像是李白《望庐山瀑布》里的"飞流直下三千尺，凝是银河落九天。"飞洒而下的水珠形成了一层淡淡的薄雾，仿佛是一面巨大的纱窗。

一路上都有许多小鸟在引吭高歌，草丛中、树枝上、脚边都能看见它们的影子。凉风吹拂着大家的脸颊，山顶的景色更加美丽迷人。在一块茂盛的草地上有几头大黄牛，牛儿们正"哞！哞！哞！"地向同学们打招呼，欢迎大家的到来。在大黄牛的四周紧随着一群调皮的蝴蝶，那五颜六色的翅膀在阳光的照耀下闪闪发光。蝴蝶们在牛群中飞来飞去，玩得不亦乐乎。山顶的另一边长满了高大的树木，它们已经长得比房子还高，一些干枯的树枝上已经没有了茂密的树叶给它当保护伞了，只有几片小小的嫩芽不起眼的装饰着。炎子午抚摸着那干燥无水的树皮，不禁想：这棵大树一定经历过无数的日日夜夜，曾经在狂风暴雨中依然挺直身躯，一定为小鸟建立过家园……

在马峦山的尽头就是美丽的马峦山村了，这是一个充满了乡土气息的农村。大家都对陌生的乡村田野有着浓厚的好奇心。高兴地跑过去看那些在城市里罕见的东西，看着鸭子在水中洗澡。大家呼吸着新鲜的空气，躺在树枝做的吊床上……

这些景色在炎子午的脑海里形成了一幅美丽的山水画，这幅山水画成了炎子午最珍贵的宝贝。后来，在炎子午的作文中很多次出现那幅画里美丽迷人的景色，炎子午在跟别人聊天时也常常提及……

（十八）心灵驿站

暑假过去了，炎子午又回到了曾经充满欢声笑语的校园。亲爱的校园经过一个暑假的"蜕变"，有好几处地方都变得让人惊叹。其中最明显的地方就是教学楼下新建起来的"心灵驿站"。

"心灵驿站"其实就是一个小小的图书室。里面摆满了书柜，旁边还有两排用来看书的桌椅。书柜里的书应有尽有，各种各样的图书让炎子午看得眼花缭乱。一到下课，空空如也的座位上就会坐满了爱看书的同学，炎子午也在其中。所有人都在安安静静地吸收营养，整个"心灵驿站"鸦雀无声，只有"哗哗哗"的翻书声。

"叮呤呤！叮呤呤！"上课铃声一下子把沉迷于书海之中的炎子午拉了回来，他赶紧站起来想把书放回原位。但发现周围的同学都来不及把书放回原位，只是随手往桌子上"啪"地一扔就走了。炎子午心想：那我也直接扔在桌子上好了，反正又不是只有我一个人这样做，而且上课快要迟到了。炎子午也把书往桌子上"啪"地一扔，然后飞快地跑上楼。后来每次上课铃声响起时，炎子午和其他同学都这么做，原本干净整洁的"心灵驿站"越来越乱。

在周一的升旗仪式上，校长严厉地批评了全校的同学："心灵驿站，是一个净化心灵的地方，是神圣的地方，不可以被破坏！"随后，校长身后的大屏幕上出现了几张图：书本被随手丢在桌子上，有些书已经被损坏，书柜的门也被毁坏了……炎子午看见上面有本书就是自己随手丢到桌子上的，不禁羞得脸红耳赤。校长又说："同学们，我们要爱惜书本，看完后要把书放回原处。以后再看到有不爱惜书本的情况，一定要及时制止。"大家听了校长的话纷纷低下头，若有所思。

从此以后，炎子午不管时间再怎么来不及，都不再把书随手丢到桌子上，如果看到桌子上有书，也会主动把书放回书柜。当发现有同学依然随手把书丢到桌子上时，会第一时间过去制止。

没过多久，心灵驿站又变得像原来一样干净整齐，同学们看书也井然有序。心灵驿站的"顾客"越来越多。

高尔基说过："书籍是人类进步的阶梯。"阅读可以除去心灵的阴影，使人重拾信心，找到自我。炎子午想：以后一定要爱护书籍。

（十九）闯祸了

下课了，炎子午与他的几位好朋友又在一起玩耍，这个课间他们在一起玩摔跤。因为下节课是唐老师的数学课，每次只要上课铃一响，凡是没有回到教室的同学，不管你的成绩多牛，一律被唐老师关在教室外，自我反省半节课。因此大家都不敢去操场跑、跳、嬉戏打闹，只能在教室外窄窄的走廊上玩。

虽然走廊上地方小，但一点也不影响大家玩耍的兴致。力气小的同学一下就被力气大的同学摔在地上，至于有体型优势的张振鑫，要由好几个同学合作，才能把他摔倒，但是他一发力，有多少同学冲上来就有多少同学被摔倒，只剩下炎子午一人没有跟张振鑫交手了。正好张振鑫背对着炎子午，炎子午趁这个好机会在他后面偷袭，对着张振鑫后背用力一推，毫无防备的张振鑫被推得差点就摔倒在地。张振鑫的一只脚往前一大步，好像踩到了什么东西，原来是被人摔倒在地上半天没爬起来的麦政鸿，那只沉重的大脚正好踩中了他的一只眼睛，大家都吓了一跳。张振鑫赶紧把脚移开，麦政鸿的那只眼睛已经又红又肿，还流着泪水，同学们马上送他去医务室……

中午放学回到家，朱老师可能还没有把这件事告诉妈妈，家里像以往一样风平浪静。吃饭的时候，炎子午有点不敢直视妈妈那双能看透一切的双眼，因为害怕而浑身冒冷汗。炎子午想："妈妈现在应该还不知道，我不能被妈妈发现我在学校里闯祸的事。不！妈妈迟早会知道的，抗拒从严，坦白从宽。我还是主动向妈妈说出来好了。不！那样妈妈还是会打我的，那就先藏着！这件事不说，妈妈一定不会知道。好！就这样。"

刚吃完饭，妈妈的电话就响了，妈妈赶紧接："小麦妈妈呀，什么？我马上去医院。"炎子午一听是麦政鸿妈妈的电话，脸色越来越苍白。妈妈挂了电话，狠狠瞪了他一眼，就急匆匆地出去了。

晚上，妈妈一回家，一场暴风雨即将来临，炎子午又被罚又挨打……

后来，炎子午才知道，闯祸了一定要第一时间主动告诉妈妈，妈妈才能第一时间帮忙解决。如果那天自己先主动把事情跟妈妈交代清楚，妈妈应该会教训得宽松一点。

（二十）再坚持一下

周末，炎子午在家里看电视，看到一则新闻：马云创立的阿里巴巴上市了，大家对这个网上购物平台赞不绝口，但讨论得更加热火朝天的是马云在成功之前的努力，在他刚创立阿里巴巴的时候需要投资，他东奔西跑，顶着炎热的太阳，带着自己的计划书到处去找投资商，汗水飞洒，遭受无数的白眼和冷嘲热讽。换作是别人，早就放弃了，而马云没有，他咬紧牙根坚持下去，因为找投资商走了无数的路，连坚硬的皮鞋都磨破了五十多双。经过不断地坚持，最后取得了今天的成就。炎子午看了这则新闻后好像明白了一个道理：坚持就是胜利。

期末考试快到了，体育考试有好几个项目：五十米短跑、四百米长跑、跳远、体前屈……当然了，最难达标的就是八乘五十折返跑，这个项目考的不是速度，不是反应能力，而是耐力。

坚持并不是说做就能做到的，坚持是一种品质，是一种精神，并不是拿来吹嘘的，因为要坚持下去很不容易。

终于轮到炎子午考这个项目了。前面的同学不是中途直接倒下就是慢慢地走回来，只有少数几个体育高手的成绩达标了。"哔——"哨子一响，炎子午像前面的同学一样，深吸一口气往前跑，才跑了两个来回（即四次），炎子午的脚步就开始慢了下来，喘气声越来越响。炎子午心想：跑了这么久，费了这么多力气，才跑了一半！好累，快不行了，但我还能继续坚持跑下去！已经慢了下来的脚步又快了起来。

胜利遥遥在望，最后一个来回，炎子午使出最后的力气跑了过去，但折回来时却一点儿力气都没有了。"实在没力气了，放弃吧，你不行！"一个声音从炎子午脑子里传出来。"不行！不能放弃，你可以的，坚持下去！"又一个声音说。炎子午被这两种声音吵得晕头转向，突然脑海里浮现出了那一则新闻，想到了马云的坚持。我现在这点困难算什么？坚持，再坚持一下……近了，更近了。三步，两步，一步，终点！炎子午趴在地上大口喘气，同学们围在老师身边："怎么样？过了吗？达标了吗？"突然，人群开始激动地大喊："过了，成绩达标了！"

炎子午从地上爬起来高呼："坚持就是胜利！"

（二十一）足球赛

为了培养学生们的体育精神和团队精神，学校准备组织一场"校长杯"足球赛。男孩子们听朱老师说完后，不禁蠢蠢欲动，尤其是很喜欢踢足球的炎子午更是迫不及待。而班上的女孩子则是不屑地"哼！"了一声。朱老师说："想要参加的同学下课后报名。"

炎子午度日如年地等到下课，赶紧跑去找朱老师报名。许多想要参加的同学已经围着朱老师，炎子午不知道费了多大的劲才挤了进去报上名。

炎子午为了这场足球比赛特地买了一双球鞋，每天放学以后跟报了名的同学一起练习，争取在比赛中取得优异的成绩。有时看到别的班级在比赛，炎子午也要在边上认真地看球，看对手们是怎样进球，怎样防守。炎子午已经为这场比赛做好了充足的准备。

终于等到比赛的那一天，决定发球权的硬币很听话，发球权成功地落到了炎子午他们队伍的手中。

前锋舒宇把球传给另一个前锋张振鑫，张振鑫的腿把球带得出神入化，一会儿后退，一会儿转圈，对方的选手一下子被吸引过去，好机会！张振鑫把球一拐，球乖乖地向舒宇跑去，对方一位选手突然横铲一腿，把球改了一个方向，向着炎子午队伍的球门飞来，旁边中锋麦政鸿杀出来，对着球就是一脚！球立即再次飞向无人防守的张振鑫，他赶紧把球调整了方向，射门！没等对方守门员做出反扑动作，球已经碰到球网，弹到地上。进了！大家不约而同地和张振鑫击掌鼓励。

第二轮开始了，对手直接强攻，炎子午的队伍节节败退，炎子午冲上去给那颗球一脚，"碰！"巨大的响声让对手吓了一跳，炎子午乘机将球踢向前锋舒宇，结果被对方队伍中的一个高个子截去，对方飞起一脚，"轰！"球嗖的一声从炎子午耳边飞过，直射球门。可惜！输了一球。不过大家还是拍拍肩膀互相鼓励。

进入第三轮，双方队伍进行了一场激烈的拉锯战，比赛进入了白热化阶段。对方一位选手飞速带球跑了过来，炎子午瞅准机会又来一脚，结果那位球员用脚挡着，炎子午刹车不及，踢了上去，对方得了一个点球……

比赛结束了，炎子午脑海里全是对方进球时的情景，不禁哭了出来。

"不怪你，我们所有人都有责任！"炎子午抬头一看，全部队员都围了过来："失败乃成功之母，胜败乃兵家常事……"炎子午站了起来，抹掉眼泪，和大家把手叠在一起。

（二十二）都是石头惹的祸

马上要期末考试了，可就是在这越需要紧张的时刻，大家就越放松。

操场的一个角落里有一堆小石头，起初并没有人在意它。后来不知什么时候开始，有人拾起了石头往墙上、树上扔，见什么就扔什么，最后，发展到扔人的地步，大家玩起了石头大战。每到下课，大家都往同一个方向奔去，安静的场地一下子就成了混乱的战场。炎子午也过去玩，后来被一块飞来的石头打到了手，火辣辣地痛，只好躲在一边看着。

后来，有一位主任发现了这件事，担心学生们受伤，有一段时间，这位主任经常到这里来检查，一旦发现还有学生在扔石头就大声呵斥："赶紧回去教室，以后都不可以再到这里来，如果再被抓住就找家长来处理了。"大家本来对那堆石头已经没有多大兴趣了，但炎子午一帮学生被主任赶出那个角落后，心里反而痒痒的。趁着主任离开后又蜂拥而至，场面比之前更热闹了。就在这时，刚好有一块石头向炎子午飞来，叭！正好打在炎子午的眼睛上，炎子午疼得"哇"一下哭了，几个高年级的哥哥见状，赶紧扶他到医务室，没过多久，妈妈也来了，炎子午被送到了医院。炎子午的眼睛肿得像一颗烂桃子，医生赶紧给他清理、消毒、包扎。最后，医生严肃地告诉他，以后不能再玩或者看别人扔石头之类的东西，因为眼睛会受伤，要是严重点的话还会瞎掉！要是那块石头再大一点或者再用力一点，你的眼球就会受伤很严重，以后只能靠一只眼睛看东西了。

炎子午的眼睛被纱布包扎着，直到伤好为止都不能去学校，每天还要按时吃几次很苦很苦的药。马上就要期末考试了，炎子午却只能整天躺在床上，闭目养神，不能做看书、写字之类的事，要让眼睛得到休息。

就这样过了两个星期，眼睛上的伤终于好了，而期末考试也到来了，这么长时间没有努力复习的炎子午，期末考试成绩一落千丈。

唉，都是石头惹的祸。炎子午想：一块石头差点儿毁了他的美好前途，以后再遇到这样危险的事，不仅不能去做，也不能去围观，更要提醒和制止别人也不能做。

五年级的故事

2016 年 9 月 1 日

孩子的思念

开学了，又回到了美丽的校园，又开始了和孩子们朝夕相处的日子。过了一个暑假，孩子们好像长大了很多，也懂事了很多，让我省心了不少。我坐在办公室，慢慢地翻看孩子们暑假的练笔作业。打开了刘灏的本子。他写的《想念》不禁让我感触颇多。

附：刘灏的《想念》

想念

五（3）班　刘灏

今天的天空格外明朗，空气是那么清鲜，但是，我的心情却十分糟糕。放假已经有好几天了，没有同学们的陪伴，也没有老师的教导，我的生活一点趣味也没有。

我想念老师讲课的样子，老师用那动听的声音讲课，每一节课都让我听得津津有味，每一节课都是知识的传送和接收。

我想念同学们下课拍卡的声音，每一声都是力量的咆哮，都是力量的比拼，那玩耍的乐趣，超过世界上任何事情。

我想念校园的一草一木，一花一树。我对校园的花草树木都充满了感情，我在校园里的树下做游戏，在草地里奔跑，在花香中沉醉，在亭子里玩耍，这些都成了我的快乐回忆。我在校园里一年一年的长大了。

我想念五（3）班的全体成员，我想念五（3）班的老师，我是多么热爱这个集体啊！

我期待着，盼望着，盼望着开学快点来临，我想快点见到我的老师和同学们。

看完这篇流露出孩子真实心声的小文章，我的眼睛有点湿润了。一直以来，我总以为孩子对学校，对上学，对老师是抗拒的，只是不得已才做的事情，我从来不知道孩子们竟然这么迷恋自己的学校，自己的班级。我总以为孩子们有多么地向往暑假，可其实也不尽然，这篇文章告诉我，孩子的暑假生活也并不总是那么丰富多彩的。

现在的孩子很多都是独生子女。一旦放假，一个人关在家里无所事事，父母要上班，孩子一个人不是泡在网上，就是在看电视，要不就是上各种各样的培训班。现在的孩子想来也确实可怜，远没有我们当年的自由自在。

亲爱的孩子，我愿你们快乐成长，我愿尽自己的力量给你们一个快乐、充实的童年。我有责任、有义务，使我的班级成为孩子们成长的乐园和天堂。这是我的目标，也是我努力的方向。

2016 年 11 月 3 日

"如果媳妇是个老师，你该如何驾驭她？还想驾驭她！？你咋不上天呢？！教育的女人乃脱缰野马，身负洪荒之力，伴有间歇性精神病，自己都驾驭不了自己，每天都与祖国的未来斗智斗勇，且受尽世间各种折磨，百毒不侵。你唯一能做的就是惯着她！让她感觉到人世间还有真情和温暖。看完了吗？看完了给老师合上。"

哈哈，这段话让我肚子都笑疼了。虽有夸张，却也不无道理。学校工作忙，孩子又发烧了，等了一下午，前面还有几十个号。儿童医院的生意，要不要这么火爆？连烧五天，本来就不大的小脸蛋又小了一圈，希望今晚不再发烧才好。工作家庭一肩双挑，孩子学生两难放下，我感觉自己有点心力交瘁，力不从心了，哪里有个肩膀可以让我靠一靠呢？

2016 年 11 月 8 日

开完家长会，迈出教室，去操场里绕了一圈，让晕乎乎的脑袋凉一凉。

校园里，草在长，花在开，金桂在吐香，秋风拂过，吹寒了单衣，吹老了年华。

丈夫调去广州工作，我们两地分居的日子已经两年多了，一个人忙里忙外的日子真的很苦。我不知道春花为谁开？秋叶为谁落？谁的眼泪为谁流？谁为了谁辛苦闯天下？谁又为了谁，飘零憔悴在风中？

不求鲜衣怒马，不求万千繁华，只求头疼欲裂时，身边有一双端汤递药的手，可家里还有一个更小的孩子需要我照顾呢，赶紧回家吧，明天又是新的一天。

2016 年 11 月 24 日

孩子，让我们一起努力

这个蔡睿，新学期开学这么久了，学习一点进步也没有，作业还是那么潦草，上课讲小话、做小动作忙个不停，心思根本不在学习上，还自恋得要命。我真的好烦他。于是，这段时间，只要看到他，我的脸就板得紧紧地，对他，除了批评还是批评。

可是，今天，我看到了他的自由练笔《老师，我想对您说》，孩子在练笔里是这么写的：

老师，我想对您说：每当星期日的夜幕降临时，我的心情就会莫名地激动与期待。我想，我是开始想念课堂，想念老师了吧？

老师，我想对您说：其实，我们都很喜欢上您的课，只是我们喜爱上课的方式不同罢了。

老师，我想对您说：其实，我不只喜欢上您的课，我还喜欢您的人。您虽然平时经常批评我，但我永远忘不了您那温柔的微笑，这使我更喜欢您，更想与您亲近。

老师，我想对您说：其实，您的辛苦，我都明白。虽然，有时我的作业写得不好，上课不能遵守纪律，但是您对我付出的汗水及辛苦，我都懂，只是我不可能一下就变得很好，我只能一点一点地变好，好让您的辛苦没有白费。

老师，我想对您说……

看完，我的眼睛也湿润了。孩子呀，跟你的宽容大度比起来，老师不也有许多需要反省的地方吗？教育孩子就像种树一样，要学会温柔地浇水、施肥，耐心地等待。

所有的教育理念我都明白，可为什么在行动上却做不到呢？我为什么要苛求孩子所有的道理都明白，所有的知识都掌握，所有老师要求他们完成的任务都完成得很好呢？我为什么要苛求他在一夜之间脱胎换骨呢？只要他在努力，只要我们一起努力，只要我每天都能看到他的努力，只要我每天都能看到他的进步，不就已经够了吗？

我相信，所有的努力都会有回报，所有播下的种子终有一天会发芽。孩子，让我们一起努力变得更好。让我陪伴在你们的身边，陪着你们慢慢长大！在你们回首的人生路上，始终有老师的影子存在！

2016 年 11 月 28 日

小小粉笔头，能做大文章

最近，班上出现了一个很不好的现象，就是不爱惜粉笔，下课不是把粉笔乱丢，就是在黑板上乱涂乱画，一天下来，讲台上及地上的粉笔头丢得到处都是。经过一段时间的观察，我决定就从小小粉笔头着手，开始整顿班风，着手班集体文化建设。我围绕粉笔，设计了"勿以恶小而为之"的综合实践活动。

第一步：展开辩论

正方观点"我们要爱惜粉笔"，反方观点"粉笔不值什么钱，何必大惊小怪"。正反双方站在各自的立场，展开了激烈的论辩。最后，正方从培养良好道德品质、环保、节约资源等三个方面彻底驳倒了反方，引起了全班同学的共鸣，得到了大部分同学的赞同。大家端正了思想，统一了认识。

第二步：分组活动，收集资料

同学们按照自己的兴趣自由组合，以粉笔为主题，全班分成了调查组、文学组、数学组、信息技术组等几个活动小组。大家通过查阅书籍资料、请教家长老师、上网、互相讨论等方法分组活动，从各个方面去了解我们天天都熟视无睹的粉笔。同学们在活动中，发现了一个未知的世界，品尝到了发现的快乐：原来，我们天天接触到的平凡普通的粉笔还有这么多新鲜事。

第三步：交流成果

信息技术组的同学上台介绍了粉笔的主要化学成分，粉笔的制作过程，粉笔的制作工艺及新型的无尘粉笔等知识。

"一支粉笔两袖清风，三尺讲台四季晴雨，加上五脏六肺七嘴八舌九思十载，教必有方，滴滴汗水诚滋桃李满天下

十卷诗赋九章勾股，八索文史七纬地理，边同六艺五经四书三字两雅一生，诲而不倦，点点心血勤育英才泽神州"

文学组的同学不甘示弱，我们班有名的才子管彦博以一幅长长的对联作了开场白。韦佳音和肖艺婷充满深情地朗诵了《我爱粉笔》："有人赞美生命力顽强的仙人球，有人赞美高贵典雅的茉莉花，有人赞美热情奔放的玫瑰，而我却爱那平凡的粉笔……我赞美粉笔，因为它无私奉献的精神令人可敬。我更歌颂老师，是他们为人类的进步做出了巨大的贡献！"文学组的同学共收集了二十多篇写粉笔的诗歌、散文，且订成一本小集子，还以此为主题出了一期板报。

调查组的同学公布了自己从后勤处和教导处调查得来的关于粉笔消耗的数据和自己的调查报告。通过调查统计，像我们这样一个 38 个班级规模的小学一年要消耗 40 多箱粉笔。

数学组的同学更厉害，出了 20 多道关于粉笔的习题，可把大家难坏了。其中一道："全校 1800 多名学生，如果每个学生每天浪费一支粉笔，一个学校每天共浪费多少支粉笔？"让大家算着算着脸红了，真是不算不知道，一算吓一跳……

第四步：付诸行动

大家谈收获，谈体会，互相交流。胡林滢还用硬纸板制作成了一个漂亮的粉笔盒，上面有全班同学的签名。正面写着"让我们爱护每一支粉笔"，侧面是全班同学的签名，后面是我们班小画家林坤的作品——一株美丽的兰花。大家还想出了许多办法，制订了班规，列出了乱丢粉笔的惩罚措施。

活动完成后，我布置了与粉笔有关的不限主题、不限体裁的自由命题作文。同学们交上来的作文有科普小文章，有诗歌，有散文，有感想，还有童话。在《我是一支哭泣的粉笔》里，叶梓爽这么写道："我是一块来自

大山的石头，通过千百次的锤炼，最后粉身碎骨做成了一支粉笔，来到了五（3）班的教室里。我最大的理想是把知识传授给孩子们，这是我们每支粉笔历尽千辛万苦最大的愿望。可是我却被一个男生踩碎了，我的心在哭泣，我们粉笔没有泪水，那雪白的粉末就是我破碎的心。"

通过这一系列的活动，我们班再也见不到乱丢粉笔头的现象了。在合作交流中，同学们的合作精神、凝聚力都加强了，班上的班风面貌有了较为明显的改变，孩子们的许多好行为都形成了自觉的习惯。

一次好的活动要胜过老师千百次的说教。德育从来就不是空洞的说教，它蕴含在老师的一言一行中，蕴含在我们的每一门课程里。只要我们的老师具有一双慧眼，在我们身边发生的每一件小事都是教育的资源。老师们，只要用心去做，用爱去倾听，生活就是我们的德育大课堂。孩子的心就像是一片肥沃的土地，播下什么，就能收获什么。播下真善美，就能收获真善美。愿我们每一位老师都成为孩子们心田的耕耘者和播种者。

2016 年 12 月 19 日

又是一个艳阳天。从 11 月 19 日开始感冒、发烧、咳嗽，到今天整整一个月了，吃遍了所有的止咳糖浆，尝遍了所有的咳嗽偏方，都不见好。立此为证，看看到底还要咳多久？和老公两地分居，工作之余的日子，苦比乐多。真希望这样的日子能够早点过去！

2017 年 1 月 13 日

精彩的节目、精美的制作、壮阔的舞台、恢宏的气势，沙河小学素质教育展演暨散学典礼给本学期画上了一个完美的句号。

梅花香自苦寒来，在过去的一个学期里，我们耕耘，我们收获。平时的辛苦努力，换来了今天的成绩和荣光。让我们把所有的荣耀都归于过去。期待新学期，我们再出发。2017，愿新的一年带给我们新的希望！让我们一起努力，一起收获！ 2017，祝大家喜乐、平安、健康、幸福！

2017 年 3 月 1 日

新学期的第一次活动：水果拼盘。孩子们做拼盘、评拼盘、尝拼盘、写拼盘。

附：刘灏的《我们的水果拼盘》

我们的水果拼盘

五（3）刘 灏

当我们一听到这个消息时，每个人都不约而同地露出了笑容，有些人甚至还高兴得蹦了起来。这到底是为什么呢？因为我们班下个星期三要做水果拼盘！

水果拼盘，不过是用水果摆出各种各样的形状而已，可当我们听到老师说，做完要比赛的时候，我们都露出了前所未有的好胜心，每个人都显示出自信满满的笑容，为自己加油、打气，争取拿第一！

大赛在即，老师在准备，同学们也在准备。为了人数上的公平，老师把我们分为几组，看看哪个组做得最漂亮。组长分配每个人要带的东西：组长带什么，其他成员又带什么。我被分配到拿橙子，而其他成员又分别要带：盘子、水果、小刀……

短短的七天时间很快就过去了，意外却发生了——其中一名成员带的不是组长说的那种家里的大盘子，而是简单的塑料一次性盘子！怎么办呢？难道就只能得个"最后一名"的称号，让别人嘲笑？组长绞尽脑汁地想来想去，整节课，组员们都心不在焉。到了下课十分钟，组长终于想出了一个好主意：小组内每个人分别将水果在各自的盘子上摆成花瓣，总共六个花瓣，合并又是一朵花，这样让人从远看是一朵花，而走近看却又变成六朵花瓣，让人有种眼花缭乱的感觉。

计划决定了，当老师一声令下的时候，就轮到我们一展身手了。我先用小刀把圣女果切成两半，在盘子周围摆成五角星的样子，用杨桃摆在中间变成花心，再把橙子放在杨桃顶上，最后用沙拉酱涂在周围，一朵鲜艳好看的水果花瓣就完成了。老师拍完照后微笑着对我们说："现在，你们可以享用你们自己做的水果大餐了！"我们早就等着这句话，立刻狼吞虎咽地吃起我们精心制做的水果拼盘，很快，水果大餐就只剩下几片可怜的果皮了。

怎么样，我们做的水果拼盘是不是让你食指大动？如果喜欢，就为我们组投上一票吧！

2017 年 3 月 10 日

青青燕晗山，暖暖沙河水。熙熙美校园，悠悠度华年。

校门口的木棉花开了，光秃秃的树干上绽放了一朵朵硕大的花朵，灿若红云，烂如朝霞，春光里的木棉开得如此张扬蓬勃，简直是在拼尽全力地挥洒生命的美好。我愿生如木棉之绚烂！

一场暴雨过后，地上落英缤纷！昨日枝头的绚烂今日已委身泥土之中！古人云：落红不是无情物，化作春泥更护花。其实，只要曾经被雨露滋润过，在阳光下骄傲地绽放过，即使化作春泥，又有何妨？

附：

木棉花开
五（3）班　管彦博

春归大地，万物复苏。而木棉花，则是春天的代言花。

每到春天，木棉就会像过年一样，穿着一身红红的衣裳来打扮自己。它们有着白色的枝干，它的枝干又长又粗，白白的枝干上也有些棕色的疤痕。

木棉花有六个鲜红的花瓣，花瓣的边缘最红，到里面慢慢变白，最里面有个像"迷你碗"的东西，棕色的，有四个"瓣"，把它撕开，里面有许多黏黏的汁液，有点清香。在花瓣儿的中间还有许多花蕊，它们中间最长的花蕊最特别，上面有其他花蕊没有的无数纯白色的小绒毛。

奥斯特洛夫斯基曾说过：只为家庭活着，这是禽兽的私心；只为一个人活着，这是卑鄙；只为自己活着，这是羞辱。木棉花从不为自己而活，它是为这个世界而活！它的花蜜不是给自己吃的，而是送给蜜蜂的；它的生命不是给自己的，而是给这个世界的；它的花朵掉落后，也送给了人们当药材……

木棉是英雄之花，也是最值得我们尊敬的花朵。

木棉花开
五（3）班　叶梓爽

"木棉花开呀开，木棉花开呀开，在温暖的春，你尽情地开……"我哼着我自己改编的歌曲，徘徊在校园，闻着春天的气息，寻找着朵朵生机勃勃的嫩红的木棉花。

花香仿佛一位导游，我随着它在花花草草中一边享受春天带来的盎然生机，一边寻觅着落地的木棉花；我陶醉于春天的美，走路的姿势像是在跳舞，不知不觉来到了网球场。顿时，一颗颗犹如炮弹般从天而降的木棉花砸到了我的脚边，这"炮弹"远看像是一团团熊熊燃烧的火焰，近看才是一朵朵盛开着的木棉花。

我捡起一朵木棉花，仔细观察着。五片花瓣都是红嫩嫩的椭圆形；一根根花蕊长长的，由细到粗；花冠是红色的，上面有一层细细白白的绒毛。此时的我沉醉于它甜甜的花香。我掰开一片花瓣，发现木棉花的底部竟有些花蜜！我看着木棉花，莫名地想试试它的味道。于是我轻轻地撕下一点儿花瓣，缓缓放进嘴中。刚放进嘴里，花瓣上的细毛触碰着我的舌头，真痒；嚼了嚼，苦涩的汁水，使我果断地"条件反射"——把花瓣吐掉。

我的好奇心不断扩大，于是我走向了木棉树。它的树皮像是被烧焦了一般，摸上去十分粗糙，像是犀牛皮。木棉花是一种特殊的花，其他花都是先长叶后开花，而它却是先开花再长叶……木棉花不仅奇特，而且用途也大，可以煲汤也可以入药。

木棉花大约三月份开花，四月份花期结束，木棉开花的时间很短，不过没关系，明年的三月份我们还是会再见面，唯一不同的是，明年的我会比今年的我年长一岁，毕竟"花有重开日，人无再少年"。

"英雄"木棉花

五（3）班　刘灏

"盎然绽放在陡峭的春寒里，那是一束绵密的黄色花蕊……"这句诗讲的就是不惧危险和寒冷绽放的木棉花！

传说五指山有位黎族老英雄名叫吉贝，常常带领人民打击异族的侵犯。一次因为叛徒告密，老英雄被捕，敌人将他绑在木棉树上严刑拷打，老英雄威武不屈，最后被残忍杀害。老英雄牺牲后，身躯化为一株木棉树，所以木棉花被当地人民称为"吉贝"以纪念这位民族英雄。

除此之外，木棉花还有一个伟大的称号："英雄花"。花从树上落下，这是一件很平常的事情，可木棉花落下却从不枯萎，它豪气地从树上一路旋转而下落入地面的怀抱，不管多长时间，花也从不褪色。它高大挺直的树干上长满刺瘤，不准闲杂人等乱爬，树枝平展，开花时没叶子，开花后才开始长叶子，非常有气魄，很像英雄道别尘世。

木棉树是每年大约三、四月的时候开花。春天一树橙红，夏天绿树成荫，秋天枝叶萧瑟，冬天秃枝寒树，四季展现出不同的风情。

啊，好一朵举世闻名的木棉花，好一朵不惧寒冷的"英雄花"。你是我心里最美丽的一朵花，让我懂得了勇敢和坚强不屈。

木棉花开
五（3）班　蔡睿

木棉花，一种美丽鲜艳的花，它拥有英雄的气概。

木棉树，它没有松柏那样四季常青的样貌，它只有挺直的树干。它的树干特别高大、笔直，像一根擎天柱；它的树皮特别粗糙，上面还长满刺，像一副坚固的铠甲；它开出的花又大又红，五片花瓣鲜红欲滴，像一团燃烧的火焰。花瓣上有细细的绒毛，轻轻触摸如春天般温暖；放在鼻子前，软软的，香香的，还带点儿苦涩。

木棉花也叫英雄花。当年，关天培将他用的大炮安放在一棵木棉树旁，向侵略者开炮，最后，由于寡不敌众，他被英国侵略者击中，献出了宝贵的生命，而那棵木棉却带着遍体伤痕依然屹立在虎门的江边。从此，人们把这棵屹立不倒的木棉树所开出来的花称为英雄花，因为它象征着永远不会倒下的中国人。

木棉花开，英雄长存。

2017年3月20日

【军训第一天】孩子们期盼已久的军训开始了，班主任们随车一起到军训基地，我跟孩子们上了同一辆车。在车上，孩子们一路欢歌笑语，兴高采烈，而班级群里，面对孩子们的第一次离开，父母却是各种忧虑、担心和纠结。我不禁莞尔，出门在外的孩子们此时此刻笑靥如花，充满了对集体生活的新鲜与好奇。而留守在家的父母们愁肠百结，感慨良多。唉，到底是谁离不开谁呀？

2017年3月21日

【军训第二天】早饭后，孩子们开始进行各种军事训练，我们几个班主任老师沿着山脚走走。五年后故地重游，青山未老，蔬菜碧绿，仍是当年旧模样。难道这五年我过的是假日子？散步回来，大家都放心不下孩子们，各自去各自班的宿舍看望、慰问孩子们，给孩子们拍照片发给家长，以缓解家长们的思念之苦。军训才两天，孩子们见到老师那个亲热，简直就像见到了自己的亲娘一样。回教师宿舍，大家都忍不住开心地笑起来。

2017 年 3 月 22 日

【军训第三天】经过三天的训练，孩子们好像突然明白了不是什么时候都需要讲道理的，个性不是时时都需要张扬的，完成任务是不需要理由的。"命令""服从""行动"三个词保证了严格的纪律。饭菜没有什么好吃不好吃，衣服也没有什么好看不好看。十分钟吃完饭菜，五分钟冲完凉。自己动手收拾碗筷，清理桌面，打扫卫生，铺被子，洗衣服，整理内务。不经历风雨，哪能见彩虹？不经过磨炼，哪能长成参天大树？三天来，孩子们的表现棒棒哒，老师为你们的表现点个赞。

孩子毕竟是孩子，今天一个细节逗笑了我。我去给孩子们拍照的时候，孩子们规规矩矩坐在小板凳上，教官坐在前面，我拍了一张照片。一会儿，教官起身离去，孩子们仍然坐在小板凳上，可瞬间百花齐放，做鬼脸的、扮怪相的、演酷的、头上长角的……呈现了千人千面的风采。一会儿教官回来，大家瞬间回到了千人一面的姿态。原来，教官在与不在的画风是如此不同，孩子们是会变脸吗？

烧烤是最受欢迎的保留节目。黄昏时分，饭堂前面的水泥坪里整整齐齐摆好了 20 来个烧烤灶，木炭烧得通红，旁边的盘子里堆满了鸡腿、香肠、玉米、馒头等各种食材。教官一声令下，烧烤开始。大家很有秩序地开始分组围炉，在火上烤着分配的食物。一会儿，坪里就充满了诱人的香味，一根根金黄油亮的鸡腿举在叉子上，孩子们明明口水都快要流出来了，却还要谦让给老师吃。看着孩子们发光的眼睛，我又怎么忍心吃掉孩子们眼巴巴盼了一个下午的鸡腿呢？看着孩子们开始吃了，我也放心地回去吃饭休息了。

可不知道为什么到了 2 点多，我忽然肚子疼。夜深了，除了同房的阿芬，也不好意思惊扰别人。开始还以为是晚餐吃坏了肚子，在阿芬的陪同下，去基地的医务室找医生吃了几颗消炎药，可是疼痛并没有缓解，在床上翻来覆去，苦苦熬到天亮。阿芬再也忍不住了，起床去叫了钊钊，大家一起把我送到了深圳市二医院。医生诊断是急性阑尾炎,当天就收治入院,下午就进行了手术。非常感谢同事们对我的关心和照顾,在老公从广州回来之前,是阿芬一直在照顾我,陪着我做手术前的各种检查和准备工作,真的是铭感五内。只是在接下来的两天里,可怜了我的孩子们,老师不能再陪伴在你们身边,不知道你们的表现可还好?

附:蔡睿的《五彩童年·军训》

军训(一)

今天,是军训的第一天,炎子午和同学们的书包里不再装满沉重的书本,而是装满了衣服、毛巾、牙刷及其他生活用品,因为他们要在军事训练基地军训整整五天。

当同学们一如既往地来到教室,发现走进教室的不再是大家熟悉的身影,而是一位年轻教官。这位教官长得非常精瘦,个子很高。身着迷彩服,搭配黑黑的皮肤,好像每天都在进行日晒雨淋的训练。他站得笔直,两手背在身后,一副一丝不苟的样子,好像一棵在狂风暴雨里依然耸立的松树,给人一种莫名的安全感。"我!是你们的教官!你们如果让我不高兴,我也会让你们不高兴!"教官大喝一声,那声音如同一声巨雷,吓得大家眼珠子都快蹦出来了!

大家要乘坐大巴到军事训练基地,刚上车,同学们还是很安静的,但还不到五分钟,就开始热闹起来,大家都兴奋地开始大声讲话。这时,车内又响起一声巨雷:"安静!"又一次成功地吓得炎子午他们魂不附体,车里一下子就安静了下来。

到了目的地,教官迈开大步把男同学带到了一个房间里。房间很狭小,整整齐齐地摆满了床,床分上下铺,教官把大家安排到各个床位,又叫大家把书包放在床底。然后教官又把女同学带到另一间房间安顿好,再集合。

快中午了,教官把大家带到了食堂,炎子午发现这个食堂可真大,有学校的两个篮球场那么大。七八个同学凑一桌,桌子上面几乎全是素食,只有一点点肉星子,当炎子午发现有肉时,盘子早就空了,僧多粥少啊!如果再像家里吃饭那样慢吞吞地,就连其他菜也没了。

吃完午饭,把食堂打扫干净,教官就先给大家一个下马威:绕操场跑五圈！我的天啊！这里的操场一圈差不多等于学校操场的两圈那么大！大家跑得眼冒金星，总算是跑完了，想要坐下来休息。教官又大喝："别坐！不然你们试试！"麦政鸿不知是成心不听教官的话还是真的太累了，一屁股坐在草地上。教官说："好！再跑一圈！是他替你们申请的！"教官指指刚刚吓得跳起来的麦政鸿。"唉……"大家只能无奈地拖着腿再跑。"你们让我不高兴，我也让你们不高兴！"看大家快倒下时教官又补上一刀。

　　夜，越来越深了。这一天下来，同学们发现期待已久的军训，也不是想象中的那么有趣，反而感觉特别痛苦，特别难受。

军训（二）

　　天刚亮，嘹亮的起床号响了起来，大家都急急忙忙起床出去集合。没想到，有几位慢性子的女同学稍微迟到了一小会儿，教官就大发雷霆："你们怎么刚来就迟到？全体蹲下！"炎子午他们不知道军姿中的"蹲下"是什么样子，以为就是平时双脚随便蹲下的样子，大家就随便那样蹲下来。教官气得火冒三丈，一脚踢翻他脚边的刘俊峰："你们在干什么？认真看我做示范！"原来是单膝跪地，屁股坐在跪地的那只脚后跟上，两手放在大腿上。等大家都学会了，教官说："好！我们先去吃饭！"说完神气十足地把炎子午他们带到食堂。

　　早餐还不错，有小土豆、大馒头和大米粥。大家有说有笑地讨论着丰盛的早餐准备开饭，突然一位大教官不知从哪儿跑过来，手拿一个麦克风："安静！安静！不许讲话！再讲话的就出去，听清楚了吗？""听清楚了。"食堂里的人异口同声地说。"什么？"大教官又拿麦克风说。大家都以为声音小，不够响亮，就放开了嗓门："听清楚了！""我看你们是没听清楚！"大教官也放大嗓门："全体都给我出去！"这时终于有几个聪明点的同学领悟到了教官的话："食堂里不能讲话。"纷纷竖起了大拇指，表示听清楚了，大教官这才罢休。经过如此一番大家总算吃上了早餐。

　　经过了一天的训练，好不容易熬到晚上。大家都特别兴奋，因为下午教官发话了："你们下午训练时很听话，晚上就奖励你们看电影。"

　　大家急匆匆地吃完晚饭，听从教官的指挥，把食堂的椅子搬到操场上。炎子午发现其他学校一起军训的学生也过来了，整个操场人山人海，人声鼎沸。这时，早上那位大教官又出现了："全体都给我安静！不然回去睡觉！"大教官的出场使全场震惊，连低声细语也没有了。

电影的题材是关于抗日的，名字叫《举起手来》，电影里面有很多搞笑的情节，正当大家捧腹大笑时，电影画面戛然而止，那位大教官又出现了："不准笑！看到有趣的地方就鼓掌！"

唉！炎子午想：这里连看个电影都这么严格，军人的训练真的像传说中那样疲惫、可怕、枯燥！

军训（三）

起床号再一次用它那粗大的嗓门把大家的美梦驱走。集合时，又是那几位总是慢半拍的女同学连累大家被罚蹲下。这个昨天刚学会的蹲下看起来很容易，但是要坚持到教官规定的十分钟却很难。时间一分一秒地过去，因为全身的重量都压在一条腿上，屁股坐着的那只脚慢慢感觉到酸，过了一会儿，慢慢地疼，再慢慢地变麻，最后都没知觉了。大家好不容易才艰难地度过了漫长的十分钟，没想到教官又发话了："重来！"原来是麦政鸿又耍小聪明，趁教官转头之际偷偷换了另一只脚，不料被教官的火眼金睛发现了。大家只能又害怕又无奈地重新开始蹲下，等到大家累得东倒西歪，连站的力气都没有时，教官才放过大家，领着大家去吃早餐。

中午，炎子午看见操场上摆满了烧烤架，全班同学都异常兴奋："哦！下午可以烧烤了！"果然，教官下午把大家带到操场上，给大家示范如何把鸡翅穿在钢叉上面，并说："待会儿的火腿肠和馒头你们可以不用烤，但鸡翅膀一定要烤熟，最后必须要听我的命令才能开始吃，要是谁提前偷吃，他就死定了！如果你们让我不高兴，我也让你们不高兴！"

大家把鸡翅膀放在烧烤架上翻烤，没一会儿就热得满头大汗，害怕教官不高兴，拼命忍着不敢抱怨。鸡翅膀在炭火上面烤得直滴油，从嫩白色变成金黄色，不断地散发出肉香。炎子午没忍住，趁教官转眼时偷偷咬了一口，结果一口肉刚到嘴里就被教官发现了。好吧，教官并没有让炎子午"死定了"，而是大家都可以开始吃了，炎子午只能在一旁看着大家吃，自己不能吃。终于等到大家都吃得差不多了，教官才允许他吃。炎子午使劲咬了一口鸡翅膀，啊！味道真香，满口流油，真是这世界上最好吃的食物了。

晚上，大家躺在床上准备入睡，突然听到门外传来脚步声，都以为是教官来了，不约而同地紧紧闭上双眼。这时，传来了大家熟悉的声音："大家睡了吗？"啊！原来是亲爱的朱老师。朱老师的到来像严冬里的一束明媚阳光温暖着地上的寒冷，坚冰转眼间化为雪水，大家都不断地向朱老师诉说着心中的苦闷。朱老师不断地安慰着大家，大家的泪水不断涌出。炎子午透过朱老师的眼镜隐约发现，朱老师的眼角也闪着晶莹的泪光……

军训（四）

随着紧张的训练，第四天悄然而来。这天，教官叫大家写一写这几天以来的感受感想，教官吩咐完就不见了影子，让大家自由地写。但是大家却千篇一律地在纸上写着：我很开心。我好累……

只有舒宇一个人乐滋滋地在纸上写得密密麻麻：教官是笨蛋，教官被狗咬之类骂人的话。大家看了后都笑得前俯后仰，哈哈哈……后来，舒宇写的纸随着大家的笑声传到了女同学组，她们看了也哈哈大笑，唯有邹雅琪板着脸，因为纸上面还写着：教官的裤子被邹雅琪偷走了。邹雅琪气得要抢走那张纸："给我！给我！"舒宇一边躲避邹雅琪一边往后退："不给！不给！"一不小心后背就撞到了一个人，回头一看，原来是大家的吵闹声把大教官吸引过来了。大教官抬手就抢过了舒宇手上的纸，又转身走了。大家吓得目瞪口呆，舒宇更是魂飞魄散。大教官居然没有骂也没有罚就走了？

不知过了多长时间，教官才不知从哪里跑出来，用那只有力的大手指着舒宇，大喝："你们的朱老师一会儿把你领走！你们不用再写感想了。"说完把大家带去操场上罚蹲下训练，一直到吃午饭。

睡午觉的时候，炎子午有点担心：教官说叫朱老师来把舒宇领走，朱老师怎么半天都没来？难道是教官恐吓舒宇的？不过舒宇却松了口气，这么长时间了朱老师都没有来，这件事应该就过去了。叶梓爽见舒宇松了口气，用带有几分幸灾乐祸的语气说："朱老师可能先去你家做客了，然后叫上你妈妈一起来接你。呵呵！"仿佛约好了似的，叶梓爽的话刚说完，教官就轻轻地从门外走了进来……最后，全班男同学被教官叫到外面罚蹲下。

等教官罚完了，还不见朱老师过来。"这不像朱老师的作风啊？平时大家挨罚了朱老师肯定第一时间过来安慰大家的。"炎子午心里疑惑。大家也开始担心了：朱老师怎么了？朱老师平时再忙也不会这么长时间不来看大家的。朱老师遇上什么事情了？大家纷纷跑去问教官，向其他班主任打听，东奔西跑，最后才打听到：朱老师昨晚半夜生病，去医院了。

炎子午禁不住担心：朱老师的病严不严重？朱老师有没有听医生的话，好好地吃药打针？心里是不是依然想着我们？

军训（五）

军训已经到了尾声。当教官跟大家说我们今天去锦绣中华民俗村游玩时，大家依然心情低落。朱老师不在这里，谁还能开心呢？教官理解大家，也不出声了。默默地把大家带到车上，像来的时候那样，只是教官没有像上次一样说："安静！"车里一片寂静——谁也没有心情说笑。

"滴！滴！"到目的地了，车子发出欢快的叫声。今天还有其他学校的学生过来这里春游，看那些同学个个兴高采烈，书包里塞满了各种各样的零食和可口的饮料。只要仔细一看，就可以在这些兴致高昂的队伍里发现一支稀稀拉拉的队伍。与其他同学相反，这支队伍里的个个都拖着沉重的身躯，艰难地向前走着，并向其他队伍投去羡慕的目光。炎子午看到一位班主任在帮一位刚刚摔跤的小同学清理伤口，眼泪禁不住流了出来。炎子午难过地想：在朱老师生病以前，朱老师也是这样对我们的。从来没有像现在这么想念朱老师啊。炎子午的眼前浮现出一幅幅扣人心弦的画面：朱老师在教大家系鞋带；朱老师在帮他擦眼泪；朱老师在给大家讲故事……

炎子午的心里更难过了。朱老师，您在医院一定要好好地听医生的话，好好吃药，不用担心我们。您曾经像甘露一样滋润过我们这些小草，像尖刺一样保护我们这些玫瑰，像雨水一样冲洗我们这些小树。您一定会想：您不在，我们该怎么挺过最后一天？没关系，朱老师，您不用再为我们操心，我们现在已经学会照顾自己了。小草也能独立长成绿茵；玫瑰也会一枝独秀；小树也可以长成一根支撑整个国家的栋梁。您不必担心我们，您的病一定是因为这几年的辛苦操劳，一定是这几天为我们操心而引起的。

这几天您要在医院里面好好休息，养好身体再回来，我们会在学校里等着您！

2017 年 3 月 29 日

世上岁月短，病里时日长。天天躺在床上，卧床休息，百无聊赖，我想念火热沸腾的学校生活。我惦记班上的孩子们，我不在的日子里，孩子们可还习惯，班级可还平安？孩子们的功课有没有拉下？我的心里放不下孩子们，于是提笔写下了一首小令：

如梦令

日头东升西落，窗外人来人往，睁眼又一日，闲看天花板。昏睡，昏睡，人生了无滋味。

我希望早日康复，早日回到孩子们的身边去。

2017 年 3 月 30 日

今天，孩子们来看我啦！从我出院以来，孩子们多方打听，今天竟然找到了我的家里，小小的屋子挤满了差不多半个班的孩子，孩子们的欢声笑语瞬间驱走了这几天来的阴霾和寂寞，我的心也亮堂起来，谢谢你们，我亲爱的孩子们！我会尽快回到你们身边的！

2017 年 5 月 4 日

有趣的李泓锐

这个李泓锐，最近的作文怎么写成这样？我哭笑不得，宝贝，你是段子手吧？

我一篇篇翻过，再仔细看看，有点味道，嗯，是块璞玉，还要好好打磨，方可成器。

一、介绍家乡：我的家乡是湖北，那是一个瓜果之乡。那儿除了夏天是热乎乎的，其他时候都是和冬天一样冷，要穿棉衣。夏天家里收的总是玉米和西瓜。

二、比赛：今天晚上，我们家举行了一场乒乓球比赛。原本我是懒得参加的，但是妈妈说："冠军奖 50……"我马上打断她，参加了比赛。结果她说："冠军奖 50 个炸蚕豆。"我一听，不想参赛了，她说报名了，必须参加。

三、弟弟：弟弟现在会蹲着尿尿了，但是他要别人说才会蹲着尿尿，一旦你忘了叫他蹲着尿尿，他就站着尿尿，尿了再用脚踩。

弟弟的眼睛大大的，虽然看起来很呆，但是他的眼睛十分奇特：一天大，一天小。我仔细地观察了几天，原来是弟弟的眼睛会变。他一天是双眼皮，一天是单眼皮，还有的时候是一双一单的。他的头有点方。

四、游世界之窗：我照着地图上的游览推荐路线走去，先看了九龙壁，之后是莫高窟、乐山大佛、世界名人植物园、孔庙、圆明园。我之前以为圆明园很壮观，结果到了一看，就是几根柱子。然后还去了长城、山海关、故宫、布达拉宫、维寨、藏寨。

2017 年 5 月 5 日

班级在进行班干部竞选，思忧同学，如果知道了有这么多同学看中了你的宝座，不知道你有没有压力啊？话说，这一票真的好难投啊！

给我一次机会，还你一个优秀的班级

五（3）班　蔡睿

亲爱的老师、同学们：

大家好！

又是一个新的学期，又是一个新的开始！在这个学期，我要竞选班长！

我热爱集体，热爱班级。在班里，我虽然不是最优秀的，但我相信，在以后的日子里我会是最努力的。

如果我当上了班长，我会更加严格要求自己，为同学们树立榜样。我会包公断案——铁面无私：不会因为谁是我的好朋友，就宽容他的过错，也不会因为私下和谁有仇，就把他列入黑名单。

作为一名班干部，最主要的是起好带头作用，带头影响同学们，搞好班级的卫生，提高成绩，然后影响他人，不久，五（3）班一定会变得更优秀！

如果大家对我有任何意见，请向我提出，我一定会接受并且改正。

如果这次没有竞选上的话，我也不会灰心，我相信，总有一天我会选上，就像爱迪生，即使无数次失败，只要努力，下一次就可能成功。

同学们，为了一个优秀的班级，请投上你们的一票吧！

我的演讲到此结束，谢谢大家！

班长竞选发言稿
五（3）班　肖艺婷

亲爱的老师、同学们：

大家好！我是肖艺婷，我想竞选班长。

同学们，你们知道我为什么想当班长吗？那是因为以前的一次午休。记得那天中午，班里特别吵。我被吵得心烦意乱，后来，我实在受不了了，便对吵得最大声的同学说："能不能别吵了？"谁知他说："你又不是班长，凭什么管我呀！"听到这里，我不禁哑然，心想："既然只有班长才能管你们，那我也要做班长！"

从那以后，我便一直很努力地学习，希望能当上班长。可是却一次次落选。

每次，当选好班长时，我就想："这个班长应该能把班级管理好。"可是，每次我的希望都落空了。班长的管理太文弱，除了记名字，还是记名字。可是，这，又有什么用呢？吵的依然吵，闹的依然闹。甚至有些人还明目张胆地把名字擦了。

同学们啊，投票时一定要慎重，你们的每一票都至关重要，因为每一票都与我们班的前途息息相关。如果你们能选到一个能把班级管理好的班长，就算不是我，我也会很开心的。因此，请擦亮你们的眼睛，选一个你心目中最好的班长吧！

2017 年 5 月 14 日

母亲节

周末是母亲节，给孩子们布置的作业是：给妈妈做一张贺卡，写上想对妈妈说的话，拍照发班级群里。今天检查作业美美哒，家长们也特别开心，群里气氛一片温馨。看着孩子们的贺卡，我也情不自禁地想起了我年岁已高的母亲：

　　岁月是一条忧伤的河。从年少时背上书包，我就一步一步走出了母亲的视线，母亲生我养我，我却把背影留给了母亲。年年离别的时候，难舍父母恩，手足情，可是，年年难舍年年舍，年年难离年年离。

　　母亲啊，岁月染白了您的发丝，佝偻了您的身影，皱纹像蛛网一样蒙上了您的脸颊，可依然不改您在女儿心中美丽慈祥的容颜！母亲的笑容胜过世上最美的风景！您若安好，便是晴天！请您一定保重好自己的身体，等我年年回来！

　　母亲啊，我愿舍一世繁华，只为换取您唇边的笑容；我愿做个无知无识的村姑，只要能长依您的膝下。如果时光可以倒流，我唯愿不离母亲半步，依母膝下，宽慰母怀。

　　而此刻，母亲节，我却只能隔着屏幕和母亲说声："妈妈，节日快乐！您一定要保重身体，年年在家等我回来！"

　　珍重，妈妈！

2017 年 5 月 15 日

关于读书的用处

　　今天，推荐了一本书给子仪，子仪问我："朱老师，看这本书有什么用？"有什么用？没有什么用，我从来没有想过看书要有什么用。春天的花开有什么用？蓝天上云飘有什么用？春蚕吐丝有什么用？蜜蜂采蜜有什么用？百合一定要开花，蜜蜂一定要采蜜，云一定要飘在蓝天上，孩子一定要读书。

　　孩子，我们读书并不是为了有什么用。我们读书像我们要呼吸空气，要吃饭一样，读书只是我们的生存方式而已，我们是吃饭长大的，我们也是读书长大的。食物营养我们的身体，书籍营养我们的精神，读一本书，我们就推开一扇认识世界的窗户；读一本书，我们就上一级进步的阶梯。我希望我的学生，我的孩子都能做一个爱书的人，不为有用而读书，只为读书而读书。

2017 年 6 月 8 日

小麦是差生吗

第一单元考试成绩出来了，麦政鸿又没有及格，下课后我看到有同学追着小麦喊："差生""差生"，小麦满脸通红，一言不发，我听了后心里很不是滋味。

上课了，我跟同学们提了一个问题："同学们，你们觉得什么是差生？"

大家表情轻松，嘻嘻哈哈的，觉得这个问题还不好回答吗？

有同学举手了，我一个个点名回答，大家回答的答案不外乎是"成绩差的同学。""学习成绩不好的同学。""考试不及格的同学。"

我请这些回答问题的同学坐下，然后，我又提了一个问题："鲨鱼是海里的霸王，可是它不会爬树，假如有一所自然学校的话，你能说他是差生吗？老虎是森林之王，可是，在海里，他不是任何一条大鱼的对手，你能说他是差生吗？雄鹰是空中之王，如果论爬树，它比不上猴子，你能说他是差生吗？"

同学们不再笑了，表情慢慢地变得凝重了。我继续补充："小麦是我们的同学，虽然他目前成绩不是很好，可是他一直在认真学习，在努力追赶，他待人有礼貌，能乐于助人。他的足球踢得那么好，他的体育成绩那么棒，在运动会上，他为我们班获得年级团体总分第一名立下了汗马功劳。你们能说他是差生吗？"

"不能。"同学们回答。

我继续说："同学们，尺有所短，寸有所长，我们既要看到自己的短处，也要看到他人的长处。孔子曾经说过：'三人行，必有我师焉'，说的就是要向身边的人虚心学习。同学们坐在一个教室里学习知识，就好像大家一起走路，有的同学走得快，有的同学走得慢。对走得慢的同学，我们应该怎么办呢？是嘲笑他打击他，还是热情地帮助他，让他改正缺点，变得更好，让他感受到来自同学们的友谊和温暖呢？"

"热情地帮助他，让他感受到同学们的友谊。"同学们回答。

我表扬了大家，说："对的，能这样做的才是好孩子。"从此以后，再也没有同学当面叫小麦差生了，小麦也学得更起劲了，我又安排了韦佳音和小麦同桌，让佳音在学习上多帮助他，佳音爽快地答应了。我相信小麦一定能进步的。后来，梁力麒写了篇文章发表在《蛇口消息报》上，上课的时候，我们又和大家一起分享学习了梁力麒的作文。

小麦在我们班从来都不是差生，我们班真的就没有差生，只要你睁开爱的眼睛，你就会发现每个孩子都有一颗水晶一样透明的心。在大家眼里最不听话的小麦，在我的面前成了一个最乖的孩子。其实，我并没有为他付出更多，我只不过是没有戴着有色眼镜看他罢了。我的学生小麦告诉我，老师的心，应该成为最宽广的原野，最广阔的蓝天，才能容得下所有的孩子。

2017 年 6 月 13 日

台风"苗柏"

一大早，窗外乌云压城，仿佛科幻大片里的末日来临，一会儿，狂风大作，暴雨倾泻而下。这么大的雨，有没有停课通知啊？我去翻手机，天气君挂的是橙色暴雨信号，学校班主任群也静悄悄的。班级群有家长在询问："今天上不上课？"我赶紧回复："无通知，照常上课。但孩子们可以视雨小点再出发，路上注意安全，今天不算迟到。"

我赶紧起床，收拾好，就出发了。一到学校，孩子们有的到了，有的没来，到了的孩子有的淋得一身湿，有的裤腿湿了，有的鞋子全是水，我又让孩子们去办公室打电话联系家长送干衣服过来，又忙乎了一个早上。而这时候子仪已经坐在座位上认认真真地读书了，这孩子，什么时候都能严于律己。

我听说，一场优秀的台风应该是这样的：来势凶猛，惊醒四座；掉转风向，擦肩而过；环流影响，危害减弱。不过，很显然，"苗柏"并不是这样优秀的台风，它的性格实在古怪，和风细雨的时候，中小学和幼儿园停课。狂风暴雨时，却恢复正常上课。我是该讨厌你呢还是该讨厌你呢？

2017 年 6 月 14 日

巧用电视节目辅助语文教学

今天，有家长跟我说，孩子爱看电视，问我怎么办？我觉得：在现代社会，收看电视是人们获取信息的重要手段。孩子也不例外，现代社会的孩子，怎么可能不接触电视呢？对孩子看电视这个问题，我们只能疏不能堵，要引导孩子正确收看电视。作为老师，尤其是语文老师，我们也应该充分利用这宝贵的教育资源，使自己的教学和社会实践紧密联系，让电视成为自己教学的好帮手。我现在就把自己平时积累的一点经验总结一下，供大家参考。

一、引导孩子放眼看天下，拓宽知识面。这就需要老师具有一双慧眼，同时做一个生活的有心人，收看节目时间越长，积累越丰富。像人和自然、世界之窗、历史知识介绍、各地的民俗风情、旅游风光、历史名人介绍等节目都应该在我们的涉猎搜索之中，一定要认真地做收视笔记，碰到特别有价值的专题纪录片，还应该把整个节目录下来。把这些知识融合、穿插在课堂教学中，并且选择思想内容丰富、制作精美的节目播放给学生看，同时组织讨论学习，尽量为课堂教学服务。我在教学《桂林山水》时，在学习课文之前，播放我录下来的《桂林山水》风光纪录片，同时就课文提出问题，学生在得到感性认识的同时，也得到了美的享受，激发了学生热爱祖国大好河山的爱国主义情感，整堂课上趣味盎然。

二、引导学生关心政治，积极思考社会现实。像中央电视台的《新闻联播》《焦点访谈》《实话实说》《艺术人生》、湖南卫视的《晚间新闻》《乡村发现》《今日谈》都是我经常收看的节目。发现其中一些特别典型、有意义的事例，就把它们记录下来，在作文课上公布出来，供大家思考讨论。如湖南卫视《晚间新闻》曾播出过一条"48岁的雷大妈，背着书包进学堂"的新闻。我把这则新闻原汁原味在课堂上复述一遍。因为事例生动鲜活，学生特别感兴趣，自发地就在教室里热烈地讨论起来：谈知识的重要性、批评某些学生的厌学情绪、谈感想、谈体会，讨论的热火朝天；等大家讨论完了，再布置练笔，让学生把自己的观点、思路整理后写下来。课后抽查，发现大都言之有理，观点鲜明。

三、为写作补充素材。由于孩子生活范围相对较为狭窄，生活较为平淡，有时作文无话可写。因此，我经常有意识地把电视节目中出现的一些鲜活的并且能够吸引学生兴趣的材料引进课堂，以启发孩子们的思维，为写作补充素材。如一个法制栏目播出过一个叫《捉鬼记》的案例，是关于某地一个投毒案件的追踪。我在收看完之后，把它当作写作素材引进了我的作文教学课堂。第一步：介绍现象，让学生推测原因。学生顿时兴趣大增，纷纷做出推测。找到原因之后，进行第二步：原因揭秘，案情暴露。请大家推测公安局下部行动、措施。学生当起了侦探，兴趣愈加浓厚，发言踊跃。第三步：真相大白，恶鬼现形。让学生谈启示、谈观点、谈看法。结果学生议论纷纷，从不同角度得出了诸如"要科学，不要迷信""要科学，不要愚昧""提高道德修养，加强道德意识""农村要大力加强法制建设""提高农村妇女素质任重道远""要宽容，要有爱心""狭隘嫉妒害人害己"等不同观点。随后布置的作文自然思想活跃，观点鲜明。长久坚持下来，我的课堂教学气氛、学生思维都比较活跃。学生们相对来说，也不怎么害怕和讨厌写作文了。

四、参考借鉴当前一些真人秀及娱乐节目的主持方式，引进活动课课堂。当前电视上播的比较火的一些娱乐真人秀节目，像《爸爸去哪儿》《奔跑吧兄弟》《快乐大本营》《百万富翁》等节目的主持方式生动活泼、丰富多样，很受孩子们欢迎。我们都可以参考、学习，拿来为己所用，用来主持语文活动课、课堂讨论和论辩会，可以令学生耳目一新。在上思想品德课的时候，我也模仿电视节目主持方式，请2至3个同学上台来做嘉宾，其余的同学做观众。老师做主持人提问，引导嘉宾侃侃而谈，同时请观众提问。结果学生参与积极，课堂气氛非常活跃，教学效果自然不错。

我想：这也许是教学有法，然教无定法，贵在得法的最好诠释吧。

2017年6月15日

把羊关进羊圈，好吗

多年教书生涯，我深深地喜欢上了教师这个职业，也深深地爱上了宁静美丽的校园。在过去的岁月当中，我成长为一名骨干教师。在我成长的路途当中，我得到过许许多多的帮助和教诲。然而，令我始终难以忘怀的却是这么一件小事。

多年前，我大学毕业分在了市里的一所小学教一年级。我总在心里为自己叫屈，认为我这个中文系的高材生，却去教小学一年级的学生读a、o、e，不是太屈才了？

可是不久后发生的一件事却改变了我的看法。一天中午，我去教室，发现教室里闹翻了天。我们班的蓝盈盈正坐在地上，她爸爸站在旁边，四周围满了看热闹的同学。蓝盈盈的两只鞋东一只，西一只，两只光脚在地上擦来擦去，嘴里一个劲地叫着："我要回家，我要回家。"抱着她爸爸的腿，一定要跟着她爸爸回去。不管她爸爸劝也好，恐吓也好，她就是不为所动。我连忙上前又哄又劝，可哄也不管用，批评也不见效，满肚子的道理也是对牛弹琴。

正当我手脚无措的时候，我们班的数学老师谢老师走过来了。经验丰富的谢老师只扫了一眼，就对眼下的场景了然于胸。只见她脸带微笑，不慌不忙地走过去，俯下身子，用手拾起一只鞋子，对蓝盈盈温和地说："哟，这白白胖胖的小脚丫真像两只羊宝宝，可羊宝宝是要关进羊圈的。盈盈，来，帮忙，我们把羊宝宝关进羊圈，好吗？"说也奇怪，蓝盈盈一下变得安静了，一边说："好"一边乖乖地把小脚伸出来，套上了鞋子，让谢老师把"羊"关进了"羊圈"。谢老师顺势牵起她，说："这么漂亮的小姑娘，扮个大花脸，多不好啊！来，跟着老师去洗洗。"蓝盈盈果然乖乖地跟着谢老师去洗干净了手脸，安安静静地跟着谢老师去上课了。蓝盈盈的爸爸也高高兴兴地走了，一天的风云在谢老师的三言两语之下就化为无形了。

下课后，我找到谢老师由衷地说："谢老师，您对孩子真是有一套。今天的事真是谢谢您了。"谢老师淡淡一笑，说："谢什么？孩子嘛，跟他们待长了，你就知道他们的性子了。慢慢来吧。"

从此以后，我再也不敢以高材生自居了。我认识到了教育是一门无止境的艺术，也是一门爱的艺术，它需要也值得我们献出毕生的精力去追求。我踏踏实实地沉了下来，虚心地一点一滴向老教师学习。到现在，那句温柔的"把羊宝宝关进羊圈，好吗？"还仍然在我耳边响起，提醒我如何走近我爱的孩子们。

2017 年 6 月 16 日

让新课改下的赏识教育之花开得更灿烂

我是个爱赏识学生的老师，但我也发现很多老师对赏识教育的理解存在一定的误解。在新一轮课改中，提倡鼓励学生，肯定学生。赏识教育的宗旨是树立学生的自信心，满足学生内心深处的需求，最大限度地激发学生学习的兴趣和潜能。新课改对待学生的态度和赏识教育的宗旨是不谋而合的。但我们在实施赏识教育的时候，要避免陷入以下几个误区：

一、"赏识教育就是表扬学生"

赏识教育提倡的是一种教育理念，它是在承认学生差异性的基础上肯定学生，从多方面评价学生，不是无原则的表扬，不是和稀泥，更不是混淆模糊学生之间的差距。无原则的表扬，违背学生之间争强好胜的本性，会使学生在学习上产生惰性，削弱学生的上进意识，会导致学生对老师的轻视和对这门学科的轻视，学生会对学习变得无所谓，会淡化学生的竞争意识。我们的表扬一定要具体，不能停留在"好""很好""真棒"之类空泛的词语上。"好"要说出好在什么地方。比如说表扬这种做法很好，就要明确指出："这个问题你提得很深入""你能关爱同学，值得大家学习。"

我们要承认学生的差异性，要在赏识的基础上进行清醒的判断，严格的管教。学生混沌未开，判别力弱，分辨意识差，学生对周围行为、事物的判断往往是受教师或家长的影响，因此我们一定要明确告诉学生，哪些行为是好的，哪些行为是不对的；哪些行为要夸奖，要表扬；哪些行为是要批评，要改正的。我们绝不能一味地肯定，模糊学生的判别力。这样学生才能养成正确的世界观和良好的行为习惯。一个有经验的教师一定是公平公正，奖罚分明的，而不是不分青红皂白，对所有学生和稀泥式地赏识。如果一个学生的不良行为习惯得不到老师的纠正，甚至得到老师的默许乃至肯定，一定会令大多数学生无所适从，打击大部分学生的积极性。导致班级很难管理，老师也难以在学生心目中树立威信。

二、把赏识教育当"万能灵药"

孔夫子说，要因材施教。教育面对学生，而学生是一个个性格、素质各异的个体。老师不能机械化，不能仅仅为赏识而赏识，一定要根据学生的不同性格加以具体分析，区别对待。俗话说得好："泥鳅要哄，黄鳝要恶。"对胆小内向的学生可以多表扬多鼓励，对外向浮躁的学生就要严格要求。对好胜心强的学生来说，教师的表扬越是难以得到就越显得珍贵，教师的赏识也就越能起到积极的引导作用。对教师来说，只要管用，能达到目的，学生乐于接受，就是好的教育教学方法。在新的教育方法、教育理念层出不穷的今天，我们教师一定要学会运用鲁迅的"拿来主义"，灵活运用赏识教育。

三、"赏识教育不能批评孩子"

推行赏识教育，我们不仅可以批评，而且可以更大胆地批评学生，前提是在教师付出"爱"的基础上。当班干部无故不完成作业的时候批评他："没想到你竟然犯这样的错误，真令老师失望。"学生听了，一定会为自己的错误羞愧不已。但是批评的时候要遵循一个原则：就事论事。哪件事做得不对就指出来。比如"上课不认真""作业做得太潦草"，该批评的就批评，目的是让学生下次改正。不能因为学生在某件事上做错了，就否定这个学生。不能用"你怎么这么蠢？连这么简单的题都不会做。"这类伤人自尊的批评，我们应该找出学生不会的原因，是因为上课不认真，还是回家没有进行复习？再针对具体情况进行批评。

教育是爱的事业。只要我们对学生倾注了爱，我相信，在新课改下，赏识教育这朵奇花一定会开得更好！

2017 年 6 月 17 日

快刀斩乱麻

这不，快期末了，唐嘉杰和鲁昌昊因为下课打架又被同学送到我办公室来了。两人进来后，还都不服气，互相气鼓鼓地盯着对方。一个说："谁让你先动手打我？"一个说："谁让你骂我？"见这两人一副不知认错不懂反思，还互相指责互相推诿的样子，我气不打一处来，懒得跟他俩废话，只有一连串的指令。

"闭嘴。"

"立正。"

"手放两边。"

"向后转。"

"面壁思过五分钟。"

五分钟过去了，两人都冷静下来，不再那么激动了，我才开始处理两人的矛盾。

"现在你们两人过来，思考三个问题。第一个问题：'我错了没有？今天这件事情，我哪里错了？'第二个问题：'我该为我的错误承担什么责任？我想怎样弥补我犯的错误？'第三个问题：'今后我打算怎么做，我要怎么样才能避免犯同样的错误？'什么时候想好了，就什么时候把答案告诉老师，谁先想好就谁先说，这件事情什么时候处理完，你俩就什么时候回去上课。"

一会儿，两人过来找我了，"朱老师，我们想好了。"

"好，那说说看你们是怎么想的。"

鲁昌昊说："我错了，我不应该骂人。"

唐嘉杰说："我错了，我不应该打人。"

"那现在应该怎么做呢？"

"唐嘉杰，对不起。我不应该骂你。"鲁昌昊向唐嘉杰鞠了一个躬。

"鲁昌昊，对不起。我不应该打你。"唐嘉杰向鲁昌昊鞠了一个躬。

"课间公然打架，违反学校纪律，不罚你们，没法向同学们交代，也不能让你们记住这次教训。你们觉得，你们应该接受怎样的惩罚呢？"

两人都说："撕一面红旗。"

"好，那就撕一面红旗。这面红旗老师要观察两周，直到你们改正以后才能补回去。那今后打算怎么做呢？"

一个说："我以后再也不骂人了。"一个说："我以后再也不打人了。"

"那如果别人再骂你呢？"我没有忘记补一句。

"我不理他，或者告诉老师。"唐嘉杰说。

"这才是好孩子。我们不能因为一个错误而引发另一个错误，不能因为别人犯了错误，我们就跟着犯另一个错误，错误是不能中止错误的。因此，当别人犯错的时候，我们不能跟着犯错，而是要让错误就此中止。"我说。接着我又继续补充：

"今天，你俩虽然犯了错误，但两个人都是懂得反思并且知错能改的好孩子。犯错误不怕，怕的是不改，只要改了就是好孩子。老师相信你们一定能改。上课去吧。"

"谢谢老师！"两只斗公鸡变成了两只温顺的小猫咪，都心悦诚服地回去上课了。

任何事情，只要多反思，多站在对方的角度考虑，多想想自己的不足就很容易处理了。

附：蔡睿的《我的五彩童年》

（二十三）大队委

炎子午刚上一年级的时候，在校园里不管何时何地都能看到大队委的身影。他们手持评分板，身着鲜艳的红马夹，站在写着数字号码的岗位上面。他们可以给没穿校服和没系红领巾的学生所在的班级扣分，还要帮同学们解决遇到的问题，管理一个年级的秩序……炎子午觉得大队委真是八面威风，好像身上都带着光环，做梦都想当上大队委。

一学期又一学期的过去，炎子午上了五年级。这个盼了五年的梦想终于实现了，朱老师把他推荐到了大队部，下星期一就开始值周。

星期一早上，炎子午早早就来到了学校，站在岗位上面。他看到一位比自己还要高一头的同学，一看就是高年级的学生，炎子午仔细一看，这位高个子同学没有系红领巾。炎子午走过去："同学，请问你是几年级几班的？""二（2）班。"高个子同学回答。炎子午想都没想就直接在评分板上登记下来，高个子同学笑嘻嘻地走了。和炎子午一起值周的另一个大队委看到这一幕，赶紧跑了过来："我认识他，五（4）班的！你怎么这么笨，二年级学生能长这么高？"炎子午想：看来登记扣分我做不好，管理年级秩序应该轻松一点。

刚想着，炎子午就听到二（1）班的学生很吵闹，便走了过去："你们不要吵！"全班学生立刻停止吵闹，安静了下来，并且都盯着炎子午。炎子午心想：只要你们不吵就行，随便你们干什么，哪怕是一直盯着我也行。仿佛约好了似的，二（1）班才安静下来，炎子午听见二（2）班也有吵闹声，赶紧过去二（2）班制止。不一会儿，其他班也不约而同地有吵闹声传出来，此起彼落的吵闹声让炎子午手忙脚乱。二年级有7个班，可把炎子午累得够呛！先前那种当上大队委的自豪感消失得无影无踪。

大队委是要比其他学生提前到学校的，然而第二天中午，炎子午可能是太累了，忘记调闹钟，结果迟到了。大队部的老师板着面孔对炎子午说："身为大队委，不能迟到！忘记调闹钟不是借口，这一次原谅你，要是再有第二次就开除！"炎子午这时候才了解，大队委不好当，不仅要管理好别人，自己也要遵守大队部的规则。

晚上，炎子午躺在床上想：可能我不适合当大队委吧，不过这是朱老师对我的期望，再苦再累我也要坚持下去的。

（二十四）毒品的危害

一日吸毒，长期想毒，终身戒毒。今天，炎子午和同学们一起参观了戒毒所，大家都感悟很深。

炎子午看到为了防止吸毒者逃跑，戒毒所外面被无处不在的摄像头360度无死角地监控着，四面都围着密不透风的高墙，还有那一道道坚硬的铁门。而戒毒所里面的情景却截然不同：有心理辅导室、图书室、洗衣房、篮球场……那些吸毒者只能在规定的时间内活动，他们在这里没有自由，没有快乐，没有亲情。在大家的生命都精彩绽放的时候，他们只能在这里虚度光阴。

炎子午知道：吸毒，早已经完完全全地毁掉了他们有着美好前途的人生。教官告诉大家："毒品会让人走上一条不归路，会使一个美好的家庭支离破碎。为了防止成为毒品的俘虏，我们一定要树立正确的人生观、价值观、世界观。在健康充实的生活中体味人生的乐趣。远离金钱至上，享乐至上的人生观。"

最后，教官还给大家看了那一件件因吸毒身心俱损的可怕案例。那一条条因对毒品的无知、好奇而身陷泥沼，不能自拔的年轻生命。还有那一个个吸毒后还悍然毒驾，造成重大伤亡交通事故的重大恶行。炎子午看到这些后，他的心根本无法平静。

他想：那些吸毒者在最开始是怎么走上这条不归路的呢？他们为什么明明知道这些毒品可以破坏家庭，破坏社会还要去吸食呢？他们为什么不珍爱生命，远离毒品呢？

（二十五）丢校服

学校规定，周一至周四必须要穿校服，如果没有穿校服，自己所在的班级就会被扣分，影响流动红旗的评比。妈妈给炎子午准备了两套校服，一天一套换着穿。而且妈妈已经不止一次地提醒炎子午："校服不能弄丢，不然到时候看你穿什么去上学！"但炎子午总是不以为然。

最近，炎子午参加的情商社团的老师让同学们排练一个梦想剧，就是将大家梦想的职业串成一个完整的故事并表演出来。为了让大家扮演的职业角色更加鲜明突出，同学们要穿上相应的职业装。

中午，妈妈把炎子午要穿的职业装放进一个黄色袋子里，再次嘱咐炎子午："你现在先穿着校服去上学，班级才不会被扣分，下课后再去厕所把衣服换过来就可以了。记住！千万不要把校服落在学校里……"妈妈的话还没说完，炎子午早就提上装衣服的袋子一溜烟地跑掉了。

下课后，炎子午把职业装换好，把校服塞回黄色袋子里，然后把书包和袋子一起放在社团教室外面的椅子上。

排练很顺利。社团课结束后，炎子午突然想起老师写在黑板上的家庭作业还没有抄，赶紧背起书包跑回教室抄作业。抄完作业后，感觉有点不对劲，好像忘记了什么东西没拿？笔盒？还在。水瓶？也还在。那少了什么呢？怎么也想不起来。

晚上，妈妈洗衣服的时候没有看到校服。"校服呢？"妈妈问。炎子午这才绝望地发现，原来是校服忘记拿了！但这个时间学校早已关了校门，只能明天一早再去拿回来。还好妈妈没有发火，只是用"看你怎么办"的眼神瞪着炎子午。

第二天一大早，炎子午赶紧跑到社团教室门口去拿校服，但椅子上空空如也。炎子午很着急，几乎问遍了全校学生。"没有啊！"大家都这样回答。"也没有看到谁拿走。"有一个同学告诉炎子午："可以去保安亭里找找，被遗忘在校园里的东西都会放在那儿。"

"黄色的袋子这么大，上面有一只米老鼠的图案，里面是一整套男生的校服……"可无论炎子午说得有多具体，多详细，保安叔叔都是把头摇得像一个拨浪鼓，最后一个希望也破灭了。

此后，炎子午每天早上起床第一件事就是去阳台摸校服。如果晚上吹风的话校服就可以吹干，但运气不可能每天都这么好，如果连夜下雨的话就只能借妈妈吹头发的吹风机用一下了。现在天气还有点热，丢的是夏季的校服，离能穿冬季校服还要将近一个月。这么说，炎子午要连续很多天穿着还有点湿的衣服上学。

炎子午觉得，今年的冬天比任何一年的冬天都要来得早！

（二十六）校园小故事

早上，炎子午早早到了学校。发现唐嘉杰和鲁昌昊也到了教室，其他同学都还没来。唐嘉杰随手把书包往课桌上一扔："我去上厕所！"说完飞快地跑出教室。鬼点子最多的鲁昌昊仿佛又想到了什么，他把头伸出门外看了看，确定唐嘉杰真去了厕所。笑嘻嘻地跑过来，对着炎子午："嘘！"然后盯着唐嘉杰的书包，炎子午大概知道他要干什么。

鲁昌昊把书包藏在了唐嘉杰课桌的抽屉里，然后装作什么事也没发生的样子回到自己的座位上。唐嘉杰回到教室后，看都没看，一边把手伸进抽屉去摸书包，一边莫名其妙地说："我什么时候把书包放进来的？"在一边看热闹的炎子午忍不住笑出声来。唐嘉杰奇怪地说："笑什么笑？我把书包放进抽屉里有那么好笑吗？……"炎子午笑得更大声了。

炎子午在走廊上看到一朵很漂亮的花，可能是被风刮到地上的。

炎子午站在花面前仔细看，四片血红色花瓣包围着淡黄色的浓密花蕊，像一团可爱的毛球。这么好看的花，不捡起来会不会太可惜了？炎子午弯下腰捡起了这朵漂亮的花闻了闻，真香啊！"同学！你在干什么？"一个浑厚的声音在炎子午背后响起。炎子午回头一看，不知什么时候过来了一位值日老师。老师看见炎子午手上的花，严厉地批评炎子午："学校不是规定不能摘花吗？你怎么还摘？""不不不，这是被风吹掉的！"炎子午尽力解释。"哈！还撒谎，站好，我拍个照！嗯，你是几年级几班的学生？"值日老师不依不饶。"不！老师，不是这样的！你听我解释！"

炎子午想：一朵那么漂亮的花掉在地上，我就是觉得可惜了，所以才捡起来，怎么就解释不清楚呢？

课间，炎子午和舒宇各拿一个毽子在走廊上踢。"咚！"炎子午用力过度，毽子划了一道完美的弧线从四楼掉下去了。碰巧，舒宇的也跟着一起掉了下去，舒宇赶紧跑下去捡。炎子午正想要跟着下去，上课铃声响了起来，看着舒宇义无反顾地跑下去，炎子午也傻乎乎地跟了下去。舒宇的速度很快，一下子就不见影了，炎子午跑到下面时，舒宇早就跑回教室去了。"毽子在哪儿呢？"炎子午在下面慢悠悠地找。突然反应过来：上课铃声早就响了，只好放弃继续寻找毽子，跑回教室去上课，但是却被唐老师罚站了整整一节课。

下课铃声一响，炎子午又急匆匆地想跑下楼去寻找毽子，舒宇一把拉住他："别下去了，我把你的也一起捡回来了。""什么！"唉，炎子午觉得从四楼跑到一楼，再从一楼跑上来，还罚站了一节课的脚并不累，真正累的是心。

（二十七）七色光文学社

以前，炎子午刚刚学习写作文，写的文章没有主次，没有感情，语句不通顺……这些都是炎子午写作文的毛病，炎子午写作文的水平很差。

每个周末朱老师都会布置一篇作文，来提高同学们的作文质量。炎子午觉得能被朱老师评个 A 就已经非常不错了，但是每次写出来的作文却很少能评上 A。朱老师经常鼓励炎子午："你有很大潜力的，你再努力一点，你的作文水平一定能够提高！"炎子午把朱老师的话牢记在心。

朱老师为了让更多的同学爱上写作，写好作文，专门创建了一个文学社团，专门教大家写作方法。朱老师知道炎子午爱写，但是缺少方法，所以特地找到炎子午："如果你加入文学社团的话，会对你的语文成绩有很大的帮助。"对了，炎子午的语文成绩一直在 80~90 分徘徊，大量失分的原因就是作文，总分 20 分的作文差不多丢了一半，难怪分数总是提不上去！炎子午毫不犹豫地答应了朱老师的邀请。

第一节课，朱老师就先给社团取了一个好听的名字——七色光文学社。从此以后，炎子午在每节文学社团课上都能从朱老师那里学到很多写作方法："花香蝶自来，题好一半文""题目是习作的眼睛"让炎子午知道了给文章取一个好题目的重要性。"文似看山不喜平""卒章显志，画龙点睛""凤头、猪肚、豹尾"……这些写作方法让炎子午学会了如何写好文章。

朱老师还领着大家捡木棉花，观察木棉花，描写木棉花；组织大家做水果拼盘，品尝水果拼盘，描写水果拼盘等。大家用干净整洁的文字让每一次活动都在洁白的纸张上绽放出格外鲜艳亮丽的色彩……

炎子午的写作水平越来越高，语文成绩跨过了 90 分这个原来以为不可超越的高山。每一次周末的作文都评上了最高等级的 A 星。写得特别好的作文，朱老师就会推荐到各大报社发表，炎子午清清楚楚地看见，报纸上面很多次出现了自己的作文。

曾经的炎子午就像一株小树，而朱老师就是阳光和雨露，不停地照耀和灌溉着这株小树，使它在微风的吹拂下茁壮成长。

六年级的故事

2017 年 9 月 1 日

新的学期又开始了，我们从五年级升入六年级，我们的教室也从教学楼四楼搬到了最高层五楼。明年这个时候，我们就坐在初中的教室啦。同学们，我们一定要努力学习，不负今天才行啊。世上没有后悔药，一寸光阴一寸金，寸金难买寸光阴啊。从今天起，老师们也要踏入辛勤的工作岗位了。面对着孩子，背后是黑板。从今天起，我要存一分爱生活，一分爱工作，一分爱自己，一分爱孩子，一分诗意，一分乐趣，做个幸福的老师。

2017 年 9 月 8 日

快乐的教师节

今年的教师节是星期天，可是我的孩子们并没有忘记我。一大早，鲜花和卡片就堆满了我的办公桌。谢谢你们，亲爱的孩子，每年这个时候，你们都让我成为世界上最幸福的人。

上完课，我一一细细地翻看，管彦博这孩子用情最深。他的卡片做得还是一如既往地精美。这样的卡片我已经收了五年了，也珍藏了五年。今年，管彦博的卡面分成了左右两面，左边写着：

"老师，一年级时，我还只是个什么都不懂的小孩，您却用您那圣女般的笑容鼓励我。

老师，二年级时，我和别人打架，可您却没骂我，只是一句一句地教导我。

　　老师，三年级时，我当上了大组长，从那天起，我就定下了认真学习的目标。

　　老师，四年级时，我成了大队委，那一刻，我多么自豪啊。当大队委的时候，我可认真了，绝没给您和我们班丢脸。

　　老师，五年级时，我当上了日思夜想的职务：语文课代表，班上那么多人才、精英，而您却让平凡的我来当，我多么激动啊。

　　而现在，老师，我会以十倍的努力来学习，来报答您，老师，我的好老师……"

　　而右边用工整的字迹写着：

　　"老师，感谢您。从一年级到现在，一直教导我们这些'熊孩子'。

　　老师，感谢您。让我可以在一个充满了快乐，充满了爱的环境下成长。

　　老师，感谢您一路以来的陪伴。"

　　左右两面用三根彩条巧妙地联结起来，三根彩条上分别写上了"身体健康""工作顺利""万事如意"。所有的文字中间点缀了漂亮的花、草、爱心和星星的图案。

　　这孩子，太用心了，看完，我的眼睛湿润了，每年你的卡片都是那么令老师动情，你的卡片，是我这辈子收过的最贵重的礼物，我一定会好好珍藏，才对得起你对老师的这份用心。

　　接下来，林坤的、罗子仪的、孙琪的、李泳纯的……我一一浏览过去：

　　"朱老师，您辛苦了，祝您教师节快乐！"这是林坤的。

　　"美丽的朱老师，大大的眼睛，能说会道的嘴巴，身上散发着淡淡的清香味……"清秀的字迹，这是孙琪的。

　　"祝您教师节快乐，虽然，我没有送您花，但这张卡片，包含了我所有的心意。"和孙琪的字长得好像，这是孙琪的好朋友李泳纯的。

　　"朱老师，您辛苦了，今天是教师节，祝您节日快乐！希望您身体健康，天天开心，万事如意！我们会好好地学习，不让您生气，希望您越来越年轻，越来越美丽！"善解人意，像个贴心的小棉袄，这是子仪的。

　　谢谢你们，我亲爱的孩子们，你们是我最大的骄傲和自豪，明年这个时候，你们就只能回母校看望老师啦，让我们珍惜彼此在一起的日子。

　　……

　　还没看完，上课铃响了，我赶紧去上课。

2017 年 11 月 9 日

陈星熙受伤

今天又是同学们最喜欢的开展阳光体育活动的日子，同学们在阳光下奔跑得可开心了。可是就在梁力麒去抓陈星熙时，一不小心踩到陈星熙的脚，陈星熙摔倒手受伤了，看陈星熙痛的龇牙咧嘴的样子，赶紧叫同学送他去医务室。医生作了处理，但我心里还是不放心，又让同学送陈星熙回了家。

第二天，陈星熙没来上课。上完课，我心里还是放心不下，赶紧给陈星熙爸爸打了个电话，问候孩子的情况，想表达歉意。没想到陈星熙爸爸连声感谢说："朱老师，谢谢你，昨天那么多孩子送陈星熙回来，咱们 3 班的孩子不管成绩怎么样，首先品德就是很好的。"我真没想到陈星熙爸爸是这么豁达大度的人，连半句责怪的话都没说，既没责怪老师，也没责怪肇事的孩子，反而是一通夸奖，星熙爸爸说："谢谢老师问候，孩子的伤很快就会好的。孩子也不是故意的，没关系的。"现在这样的家长太难得了。我心里又感动又过意不去。

第三天，陈星熙手上打着绑带来上学了。我心里想："力麒妈妈知不知道孩子在学校惹的事呢？要不要咱们一起去看看孩子呢？"于是，给力麒妈妈发了条微信，表达了这个意思。等我上完课回来，我看到了力麒妈妈的回复：

"那天中午，小梁放学回家，说了这件事。说陈星熙手上挂了绑带来上学的，可能是骨折了。我说这么严重呀。怎么回事？他说昨天下午玩抓人游戏的时候，他不小心踩到了陈星熙的脚，小陈摔到了。开始他以为没什么，结果看到小陈手受伤了，他难过得想哭。开始我们夫妻俩批评了小梁，后来我们又表扬了他主动承认错误的行为。叫他下午上学的时候，告诉小陈，晚上去他家看看他。那天下午下班后，我买了些水果，准备等小梁放学后，一起去小陈家探望。没想到，小陈跟着小梁回来了，小陈很懂事地说：'不用的，不用的，医生说了这不是骨折。'晚饭留他在我家吃（小陈也经常在我们家吃晚饭）。打电话给小陈爸爸了，他说没关系的，他不在家，不用去他们家了。小朋友一起玩，又不是故意的。那天家长会，我也见小陈爸爸，跟他说道歉，赔点钱。他说不用，有保险的。老梁说了，过两天，我们要去小陈家，带点钱过去。"

我真诚地说："你们处理得真好。我昨天打电话问候了陈星熙的病情。他爸爸也是这个意思。你们都是通情达理的好家长，我真的不用操心了。"

力麒妈妈回复说："朱老师是位好老师，我们家长也被感染，成为好家长，我们家长应该教育孩子犯错了要承担责任，以后的人生道路会碰到很多意外的事情，要学会面对，不能逃避。我对小梁说事情已经发生了，那你朋友的手这样子，也是你造成的，那你是不是应该多帮助他呀？小梁说我知道怎么做的。陈星熙是个懂事，气量大的孩子，痛肯定是痛的，但他一点都没有责怪小梁。老师要面对几十位学生，每天上课那么忙，家长能处理的事情私下解决，尽量不要打扰老师您宝贵的休息时间。"

"难怪小梁能成为班上人缘最好的孩子，他的为人豁达、宽容、善良、幽默风趣肯定是受你们遗传。"我忍不住夸奖道。

在接下来的日子里，这对好朋友形影不离。日子一天天过去，星熙的手好了，两个好朋友的友谊也更加深厚了。后来，我看到了两篇作文，在作文里，我看到了因为好朋友受到伤害而自责难过掉下的泪水，我也看到了另一个为了安慰好朋友而撒谎说："不疼，手一点也不疼！"

两个好孩子，老师永远爱你们！

2018 年 3 月 9 日

拿红笔

快上课了，进教室，红笔没带。叫"蔡睿"，他欢天喜地地跑过来，"啊？叫我，什么事？"一贯以来的夸张语气。"去老师办公室帮我拿支红笔过来。""啊？为什么？为什么是我？"一边扁着嘴巴，一边后退着溜了。"切，瞧你那小样，请你帮老师拿东西是看得起你。不拿就不拿，谁稀罕你。"心里唠叨一句罢了。

"李泓锐""到""帮老师到办公室拿支红笔过来。"去了，一会儿，两手空空回来了。"老师，门锁了。""好的。"

但是，记得又有一次忘带红笔，"麦政鸿""朱老师，什么事？"只要朱老师一喊，小麦跑得是比兔子还快的，一下就到了面前，"帮老师拿支红笔过来。"一会儿，小麦笑嘻嘻地过来了，"朱老师，你办公室的门锁了，我给你到隔壁老师办公室借了一支。"看，人家就是这么能干，分数低又怎么样？人家情商高。从此后，干活只叫小麦。

2018年4月5日

乐为人师

在一个春日的下午，阳光斜斜地从窗外洒进来，照着同学们的脸，我的心中忽然涌起了一种很大的感动，有一种神圣的满足。也许是我太过于感性，平静的教室里什么都没发生，可我的眼睛却湿润了。

都说教师清贫，可外行人又怎能体会到教师的快乐呢？任教20多年，我从我的工作中得到无限的快乐和满足。我环顾教室，心想：如果我的生命里没有了三尺讲台，我的生活将会变得多么苍白。

我爱上课。每次上完课之后，我都感到一种特别的快乐。那种充盈心间的无须向人诉说的快乐使我的脚步轻快得好像要飞起来，使我实实在在地领悟到生活的美好和人生的意义。

说句心里话，我是打心底里喜爱教师这个职业的。我常用炫耀的口气跟我的先生说："你知道吗？我天生就是做教师的。"每次，我先生总是不置可否地笑笑，不发一言。因为他知道我并不是天生就是一个好老师的。只有他最理解我，只有他知道我为此付出了多大的努力和多少的心血。他当过我的"学生"，听过我反复讲同一内容的课；他陪过我熬到深夜，为第二天的课找资料，设计教案；他见过我因为学生不听话而回来哭着说："我天生就不是做教师的料……"

"不经一番风霜苦，哪得梅花扑鼻香。"当我终于能从容地站在讲台上，神采飞扬地面对聚集在我身上的五十双清澈透明的眼睛的时候，当听到他们用稚嫩的声音大声地认真读书的时候，当我成为他们的学习伙伴，他们也把我当作他们最好的朋友的时候，当看到他们一天天长大一天天懂事的时候，当上完课回来发现桌上不知是哪个孩子放了一颗糖的时候……我体会到的就只有两个词：幸福和快乐！

出门，有学生的等待；回家，有孩子的笑脸。不问世事的变迁，不管窗外的风雨。生活如此，夫复何求！今生今世，我乐为人师！

2018 年 4 月 9 日

班服的风波（一）——不同的声音

今天是个蓝天白云，阳光明媚的好日子，我们全班 46 人一起出发去美丽的大鹏乡村。这是六年来我们实践活动人数最齐的一次，一个都不少，真是难得！一天下来，我们拍了很多集体照，大家还遇见了李校长，和校长拍了合影。郑钰熙高兴地告诉我："朱老师，李校长表扬我们班了，说我们的衣服穿得很漂亮。"大家开心，我也很开心。下午，在和孩子们返程的大巴上，我点开 QQ，没想到群里吵翻了天。话题是睿妈挑起来的，她想趁孩子们出去春游，跟家长们把班服定下来，群里开始讨论了：

睿妈："这衣服比较实用，平时孩子们也可以穿，不会浪费。"

小东妈妈："如果只是开运动会那天穿几个小时的话，学校的礼服也是不错的选择，每个孩子都有，也比较方便。"

覃海圣妈妈："我觉得也是。"

小东妈妈："现在孩子大了，都比较有个性，这样的衣服是很好看，过后她们又不穿了，有点儿浪费。"

覃海圣妈妈："礼服配上红领巾其实很不错的。"

小东妈妈为海圣妈妈点了个赞。

晓文妈咪 @ 蔡睿妈妈："支持买新衣服，最后一次运动会了。"

蔡睿妈妈："《汉书·礼乐志》：'议立明堂，制礼服，以兴太平。'礼服是庄重的场合或举行重要典礼时穿的服装。"

蔡睿妈妈 @ 全体成员："为了让大家更多选择，现在准备两个方案，供大家选择，最后按选择多的方案执行。方案一：英伦风套装，送了袜子，配白运动鞋。衣服 88 元一套，班徽另收费（看孩子们设计的复杂程度收费），衣服由家委会统一购买。方案二：文化衫，班徽直接印在衣服上，配蓝色牛仔短裤加白色运动鞋。衣服 28 元一件，衣服由家委会统一购买，蓝色牛仔短裤和白色运动鞋各自准备。"

睿妈 @ 全体成员："图一是英伦风，图二是文化衫。请大家尽快决定，因为我们时间紧迫，卖家需要 3—5 天准备衣服。"

小东妈妈："我还是支持穿学校礼服。"

叶梓爽妈妈："孩子最后一年在学校参加运动会，还是好好举办一次，留下美好童年的回忆。"

蔡睿妈妈@小东妈妈:"礼服是在升旗仪式和开学典礼上穿的。"

小东妈妈:"运动会也可以穿啊""这件衣服只是穿几个钟头。"

蔡睿妈妈:"孩子们周末放假也需要穿日常衣服,这衣服平时穿着也很漂亮,我在选择上是考虑了实用性的。"

小东妈妈:"这个衣服漂亮,但是太过于像统一的制服,印上班徽平时穿不合适。"

子仪妈妈:"一件小事,蔡睿妈妈是我们的家长代表,怎么说就怎么做吧。我觉得天热,英伦风那套可能厚些,文化衫吧,轻松凉快,看搭什么裤子就好。"

叶梓爽妈妈:"就是为了运动会买来统一穿的,要的就是统一效果。"

小东妈妈:"礼服更统一,还能代表学校的标准。"

蔡睿妈妈@小东妈妈:"28元一件,如果觉得平时穿不合适,就留着做纪念,给孩子的小学六年留下美好回忆。"

小东妈妈:"我只是表达观点。"

陈子超妈妈@蔡睿妈妈:"我选英伦风。"

小东妈妈:"每个家长都有权表达观点。"

蔡睿妈妈@全体成员:"由于时间有限,我自己也有自己的事情。要考虑的问题太多,没办法照顾到班上每个家长、孩子的想法。请大家多多支持与理解。"

陈子超妈妈@小东妈妈:"是,没有说家长无权表达观点,这是孩子在小学的最后一个学期,希望除了校服、校礼服外,还有别的美好形象回忆。"

小东妈妈:"在学校的每一天都是回忆,不是穿一件不一样的衣服就能代替。"

"28元不是出不起,而是没意义,有意义的事情都可以做。"

"我只是觉得小孩子弄那么复杂没意义,只是点小小的建议,别弄得有异议,就要炸毛一样。"

"春游两百多,接下来做毕业纪念册两百多。"

王思忧妈妈:"仪式感我选英伦风,很帅气。希望孩子们像国外的学校一样,重视仪式,重视朋友。毕业照也要高大上。我支持英伦风。"

"我小学毕业时，穿了部队文工团的衣服照相，有点类似英伦风，白色的。那是我少年时代最美好的回忆，少男少女最爱美。"

管彦博妈妈："刚刚看到，我个人也选英伦风，庄重又不失运动风味，适合运动会，辛苦家委会成员。"

王思忧妈妈："白 T 恤什么时候都有，英伦风可以让孩子日后翻起相册时心里异常欢喜。"

"英伦风孩子穿在身上的感觉肯定不一样，我们班肯定最帅最拉风。"

接下来张越爸爸、林坤妈妈、刘语彤妈妈、鲁昌昊妈妈、黄浩妈妈一堆的家长支持英伦风。

郑钰熙妈妈："其实我们都是为了孩子，为了这个集体。一路走来 6 个年头，大家见面不多，只有家长会时才能碰上，不过，大家的心总是紧紧地拴在一起，碰巧这一年学校对运动会开幕式很重视，对于我们和孩子来说，也是一次难得的机会，更是一个美好的回忆。因此，我们还是统一服装，而且买多套服装，到时候拍毕业照的时候也用得上，也会给纪念册增添一分色彩。"

接下来，刘俊峰妈妈、淄博妈妈、孙琪妈妈、曾辰妈妈……又是一大堆的家长一边倒地支持英伦风，反对的声音就这么被淹没了，不再被提起。

看到这里，我不禁心里发出了一声轻轻的叹息，小东是六年级才转到我们班的孩子，小东妈妈看来并不太了解我们班的情况，也不太了解我们班家长六年来结下的亲如一家的情谊，不过，敢以一己之力怼全班家长，心理也确实够强大。但，我不知道小东妈妈有没有想过，作为一个插班生和插班生的家长，要怎样才能给全班孩子和家长留下一个好印象呢？我想小东妈妈可能并没有想过这个问题。

路上塞车，很快，我收到了学校德育处的通知，赶紧转发到班级群里："大家好！由于下班高峰期，深葵路严重拥堵，预计学生返校时间 19：00 左右，请各位家长及时关注学生返程最新消息，并恳请大家谅解！沙河小学德育处。"

紧接着又给大家发了一条信息："今天阳光明媚，百花盛开。同学们都玩得很开心，摄影师全程跟拍，照片拍得很漂亮。可惜都在相机里，不能先睹为快。"蔡睿妈妈说："大鹏美丽乡村确实是拍照的好地方，我们坐等照片，朱老师辛苦了。"

我补充："今天有几个孩子没有拍单人照，大家也不要着急。下次校园拍摄，我们有四个小时拍摄时间，摄影师会专门补拍。"

一提到拍毕业照，一想到毕业季提上了日程，离别的日子一天天近了，我心中就非常的不舍，大家也开始怀念恋旧。小麦妈妈说："朱老师，看了你的话，我流眼泪了，确实不舍啊！这六年来我感触最深，我经常说起小麦从一年级到现在的种种，现在又要说毕业了……"

我说："我们这个大家庭永远都不要散。老师会在校园里守望孩子的成长，静候孩子们在新学校传回佳音。毕业只是另一个起点。"

紧接着蔡睿妈妈@全体成员，告知路况再次更新的信息，交通拥堵比预计的要好一些。将近6点，我们在益田假日的路口下车，路上遇到了好多来接孩子的家长，我们一起步行回学校。一路上郑钰熙妈妈跟拍了一堆孩子们徒步回校的照片发到群里，说这是："迎着夕阳回来的幸福花儿们。"班群里这一丝不和谐的声音很快被大家淡忘了。

2018 年 4 月 11 日

班服风波（二）—— 孩子们长大了

今天，睿妈告诉我家长们的意见，说："除了子仪妈妈选文化衫，几个不发表意见的和要穿礼服的，基本上都选英伦风，那就按照大家的意见办吧。"我也同意。下午，我把家长们的想法在班上和孩子们公布了。下课，一些女孩子过来找我了。有的说裙子太热，有的说裙子太短，她们都想要文化衫。

子仪说："朱老师，衣服是我们穿，为什么不问问我们的意见呢？"我一想：也对，孩子们长大了，有了自己的想法和主见，衣服是孩子们穿，为什么不问问孩子们的意见呢？下午，我们就在班上举行了一个小投票，大部分同学都选择文化衫配牛仔短裤，我觉得这也不错，青春阳光，符合小朋友们的心意，我把同学们的意见转告给了睿妈。睿妈说："我明白了，女孩子们是担心裙子短，怕走光，麻烦你跟孩子们解释一下，裙子里面还有安全裤，不会走光，让大家放心好了。"

我也偏向于英伦风，这是套装，一穿就统一了。如果买文化衫，下面的裤子没法统一，有的孩子没有牛仔短裤，还得重新去买。于是，我又充当了传声筒，把睿妈的话转达给了孩子，并且加上了自己的意见。这下，班上分成了两派，一派要英伦风，一派要文化衫，大家僵持着，定不下来了。这样吧，那就再来一轮投票好了。第二轮投票让我大跌眼镜，支持文化衫的 4 票，支持英伦风的 5 票，都没过半数。我一下火了，这些熊孩子，到底要干什么？于是，我在班上宣布："既然同学们放弃了投票，那我们就按照家长的意见办好了。"我不客气地帮孩子们做主了，于是，我们的班服定了英伦风。接下来，就是蔡睿妈妈的工作了，又要辛苦蔡睿妈妈收钱、统计、下单了。

2018 年 4 月 14 日

班服的风波（三）—— 睿妈真为难

近段太累了，一到周末哪儿也不想去，今天在家睡了一天，晚上 8 点多，收到睿妈给我的微信："朱老师，我们班班服还差一个小东，她妈妈不说买，也不说不买。说要等晚一点答复。""问她具体时间又不确定。""我 8 点半打过去说不行。""我 9 点再打过去看看。"

我了解睿妈，不是遇到自己搞不定的事，她不会周末给我发信息的。我真心地心疼睿妈，这么多年，为班级付出，任劳任怨，全是义务劳动，自己孩子又不少出一分钱，还要垫上电话费，我真心地感谢她，真不忍心让她为难。这个家长因为自家的特殊情况，可能也确实有自己的难言之隐吧，而这个孩子，本来就不阳光，到时候运动会开幕式那天，大家都穿得漂漂亮亮，在阳光下出场亮相，就她一个不去，她会怎么想？这孩子太可怜了。

我想了想，拨通了小东妈妈的电话，跟她聊了聊，问了下孩子最近在家里的表现情况。挂了电话，我打开微信，给小东妈妈发了个 94 元的红包，附了一段话："一点小心意，送给孩子。孩子来班上时间不长，很多地方照顾不到，但我也希望给孩子留下最美好的回忆。小东妈妈，请代孩子收下吧。"

然后，我告诉睿妈："你再打电话问问她。"晚点，睿妈回复说小东妈妈确认买了，事情圆满解决，我也长吁了一口气。下周还有得忙呢。

2018 年 4 月 27 日

班服的风波（四）—— 圆满

趣味运动会开幕啦！在开幕式上，六（3）班全班的孩子穿着整整齐齐的英伦风的班服亮相了，漂亮的衣服衬托得孩子们格外精神，大家笑得很开心，孩子们的笑脸比花儿还漂亮。

现在"迎面走来的是六（3）班的运动员们，他们英姿飒爽地走过来了……"伴随着主席台前响起的解说词，孩子们精神抖擞地走到了主席台前，跳起了欢快的旋律操，孩子们，尽情地跳吧，这是你们的舞台……六（3）班又一次在全校师生面前展示了自己良好的风采和精神风貌，在孩子们的记忆中又留下了一次美好的回忆。开幕式结束后，我们又回到大操场，穿着我们的漂亮班服，拍了好多照片，家长义工们围着同学们一个劲地猛拍，怎么拍也拍不够，好像要把这段美好的时光永远留下。

任何一个大家庭都是不容易的。任何光鲜的外表后面，都是有人在付出，有人在忍让，有人在默默地包容。

2018 年 5 月 15 日

小树苗在长大

今天下午没课，埋头在办公室写教案。一晃就四点多了。猛然想起下午是我的阳光体育活动，赶紧跑去教室。教室里只有值日小组的同学在有条不紊地值日。其他同学跑去开展阳光体育活动了。我跑到楼下一看，器材已经借回来了，就在我们班的领地视察了一圈，孩子们打篮球的，打羽毛球的，踢足球的，做游戏的，玩得不亦乐乎。我找到班干部交代嘱咐了几句，又转身去找下午要参加心理社团培训的同学，一问才知道蔡睿、罗子仪、管彦博、郑钰熙早早地就去东六楼的教室参加活动了。

此时，我不禁心情大好。孩子们长大了，能有效地实行自我管理了。早晨一来就大声地朗读，中午一到校就安静地写字。当我不在场的时候，孩子们也知道该干什么不该干什么了，班上一切都井井有条。想起他们一年级的时候一窝蜂地找我告状，什么事都无所适从，等着老师拿主意的样子，我不禁笑了。孩子们的成长也许就像树一样，每天看着不觉得有什么变化，可隔一段时间再去看的话，也许会吓一跳，怎么一下就长得这么高了？孩子也是这样，天天陪伴在一起不觉得，可其实他们一天天都在慢慢地成长。孩子们长大了，越来越能干了，很多事情都不再需要我操心了，可离开我的日子也近了，真是不舍。

2018 年 5 月 28 日

今天学习课文《最好的老师》，在课堂上不经意地问了一句："同学们，在你们心目当中，最好的老师是什么样子的呢？""就是朱老师的样子。"我听到了一个热切的而又异口同声的答案。那一刹那，望着那一双双清澈的眼睛，我忍不住眼眶一热，内心最柔软的那根弦被触动了。六年的辛苦和付出是值得的，所有朝夕相处的陪伴都有了回报。这是一个最动人的，意料之外而又在意料之中的答案。这是作为一个老师最幸福的时刻了吧？此时此刻，我只想记住你们最美最可爱的样子。可是，孩子们，不要这么直白好不好？你们不知道你们的老师也是会害羞的吗？

2018 年 5 月 30 日

《依依惜别》的单元学完了。我给大家布置了一篇作文《我最喜爱的老师》，说实在话，这个作文题目里面藏了一点老师的小心思，和孩子们朝夕相处了六年，他们知道老师的好吗？他们懂得老师对他们的爱吗？没想到，今天作文收上来，我一翻开孩子们的作文就哭了。一边改，一边哭，眼泪吧嗒吧嗒地掉下来，打湿了孩子们的作文纸。这是我第一次为孩子们毕业掉眼泪。

2018 年 6 月 20 日

朱老师的口红

今天要照相，擦了点口红，就去上课了。上完课，一堆孩子围了过来，覃海圣说："朱老师，你为什么要擦口红啊？"啊？这个问题，没想过。黄浩说："朱老师的女儿要结婚。"我没回答，笑笑，走了。

坐在办公室，三个女孩进来了，子仪说："朱老师，你擦口红不好看。"我有点好笑："啊？为什么？"陈俞聪说："你的口红太红了，不要这么红。""啊，是吗？"郑钰熙说："是的，就是不要这么红，就好看了。""好的，我以后不擦这么红的了。"三个女孩子完成了一件很重要的事，很放心地走了。这些孩子，平时看着大大咧咧的，没想到还挺关注老师的呀。我心想。

我以为这件事就完了，下午，改作文，打开李泓锐的本子：

我最喜欢的老师

在小学六年的生涯里，我最喜欢的老师非朱老师莫属。朱老师是我们的班主任，也是我们的语文老师。她的外表很普通，以前也不用化妆品。但不知道为什么，最近开始用起了口红，同桌和海圣都说看着像鬼，我也有点看不惯，希望周一不要找我们麻烦。再说一句，别用口红了。朱老师身高目测一米七，年龄应该比老妈稍大一些……

"什么眼色？看着像鬼？"我看不下去了，怒火直冒，这孩子，这么大条？非得去问问他不可。我不就涂了个口红，怎么就像鬼了？结果一忙，忘了，到现在也还没问他。以后再也不涂口红了。

2018 年 6 月 26 日

今天，看到安全处陈主任又在安全群里发磕掉牙齿事件的第七次协调会议的图片，拜托班主任们守好自己的一亩三分地，我不禁感慨良多。班主任是近距离接触孩子和家长的教育工作者，是学校的第一道防线，如果我们的工作不能得到家长的信任和支持，一点点小事都处理不了，都要上交学校的话，那学校领导还怎么工作呢？我深感自己肩上的责任重大。带班六年来，我们班上并不是没有出过意外事故。二年级的时候，刘灏磕伤过牙；三年级的时候，林晓文的手臂骨折；六年级的时候，陈星熙的手受伤。可是，我们的家长从来没有找过学校的麻烦，没有找过我的麻烦，我们都友好地协商解决了。我深深地感谢我们的家长对我工作的信任和支持！

2018 年 6 月 28 日

今天，睿妈跟我说："朱老师，您的能力值得学校肯定。这几年，跟别的家长聊天，别的家长总是用羡慕的语气说：'你儿子真幸运，是朱老师教的。'"

我笑了，睿妈说的学校肯定是指的评优评先吧。对这个问题，我倒并不是太关注，也不太在乎，我教书既不是为了评上优秀先进，也不是为了谁的夸奖。我教书只是因为我真心地喜欢教书，我真心地喜欢孩子们。只是为了自己内心的安宁和满足。我乐意看到孩子们的成长，我乐意看到家长的笑脸和感谢。只要能得到孩子们和家长的认可，就足够了。

就像上天让孩子做一个好孩子就是对孩子的奖赏一样，我觉得上天让我成为一个好老师就是对我最大的奖赏。我的工作是有价值的，是幸福而有尊严的，这就足够了！别的，我什么都不求！

2018 年 7 月 2 日

今天，钊钊找了我，说："君儿，咱们毕业典礼，你跟孩子们感情深厚，你上台去说几句话吧。"我从来没有拒绝过学校的工作安排，可是这次，我回绝了。我说："你找月月吧，我怕讲不出来，自己上台会哭。"我太了解自己了，可能年纪越大，心就越软。我不能想到孩子们毕业，只要一想到他们毕业会离开自己，我就会心里很难过。在那样的场合，怕自己一上台就泣不成声，我怕自己说不出话来，我怕自己失态，我怕自己真的会哭着跟他们说再见。这段时间以来，我经常控制不住自己的情感，有好几次都被孩子们看到了我的红眼圈，我的孩子跟我说了："老师，那一天，我们要笑着说再见。"是的，孩子，再见的时候，我一定要留一个笑脸给你们。

我又翻开了肖艺婷的作文本：

朱老师哭了，我看见她的眼圈红了。

……

朱老师，您都哭了，我们又何尝不想哭呢？每过一天，我们之间相处的日子就少一天，我们又何尝不伤感呢？还记得，一年级时，我们是那么天真烂漫，转眼间，就变成了现在的理性和成熟。六年了！在这六年里，是您教会了我们写字；是您让我们体会到了中华古诗的韵律美；是您让我们学会了如何与人交谈。在这六年里，您毫无保留地把您的所有智慧都教给了我们！

六年前，我们才刚踏进校园，对校园生活充满憧憬，谁也没料到分别就在眼前。

朱老师，我想对您说："谢谢您这六年的栽培，就是因为您，才成就了现在的我们。就要分别了，朱老师，别哭，我们要笑着说再见！"

是的，孩子，我们一定要笑着说再见。现在的你聪慧懂事听话，善解人意，我真的很欣慰。还记得一年级的你可是个淘丫头呢，上学才三天，就把老师的话筒玩坏，下课去玩水，把袖子弄湿，不得不让妈妈上班请假送衣服过来，现在你变成了漂漂亮亮的大姑娘了，真好！

2018 年 7 月 3 日

孩子们就快要离校了，下课不时地有孩子来找我写寄语，可一直无从下笔，不知道该怎么写。就忍不住去翻自己的空间，想看看以前是怎么写的，翻出了一篇 2012 年 6 月 29 日写的《写给六（1）班的每一个孩子》

写给六（1）班的每一个孩子

亲爱的孩子们：

你们即将离开生活了六年的母校，即将迈入更高一级的学校，开始新的生活，在新的起点上开始新一轮的拼搏。老师祝福你们，祝福你们在新的学习生活中取得更大的进步，在新的学校里继续健康快乐成长！

在过去的两年里，老师和你们一起取得了一次又一次的进步和成功。在春季运动会上，同学们齐心协力、奋力拼搏，以团体总分 254 分的高分一举夺得了全校团体总分第一名的荣誉。在运动会那两天里，六（1）班是喜讯连连，捷报频传，校园上空时不时响起六（1）班的大名。运动会结束后，很多同学的 QQ 签名相约改成了"254！254！！254！！！"相信 254 这个数字一定深深地印在了大家的脑海里，相信那份荣光和激动也一定深深地刻在了同学们的心里。这足以证明，六（1）班是一个优秀、团结的班集体。

还记得在合唱的时候，同学们一起选合唱的曲子时热火朝天，每一支歌都唱得响彻云霄。江莹和李钥莹组织合唱是那么的好。女生们排练时的认真，男生们不情不愿却也被迫配合，无奈以窜改歌词来小小地表达一下自己的不满，这些小细节都深深地刻在我的记忆里。

还有多少次忘不了啊，忘不了"六一"时同学们"抢椅子"时的欢乐；忘不了大家军训操练时的认真，一个个英姿飒爽，像极了小军人；忘不了一回回获得流动红旗时同学们溢于言表的激动和开心……忘不了那一个个的小细节，忘不了那一张张笑脸，忘不了我们师生一起走过的那些日子。

两年的时光，校园里留下了我们多少难忘的记忆。校园里枝繁叶茂的大榕树无言地见证了这一切，又无言地送别你们离开校园。

在过去的两年里，老师也曾严厉地批评过你们，严格地督促过你们，有过苦口婆心的劝告，也有过语重心长的教诲。有多少次，有多少孩子是低着头，抹着眼泪离开老师的办公室。可是，这一切也都只源于一个字——爱，老师爱你们，爱我们班的每一个孩子，老师不忍心看你们荒废光阴，不忍心看你们漫无目标得过且过，老师不忍心让你们脑子空空地离开学校。因此，老师曾狠狠地严厉地批评过你们。可是，你们曾经犯过的错，现在看起来也都云淡风轻、不足挂齿了。有一句话说："孩子犯过的错误，上帝也会原谅"，过去的错误属于昨天，明天还把握在我们自己手里。

过去的一切都告诉老师，你们不过是个孩子，你们天真活泼，顽皮可爱。你们有着属于你们这个年龄的孩子的欢乐，你们也有着属于你们自己的小小的忧愁和烦恼。你们每一个人都性格鲜明，给老师留下了深刻的印象。懂事、有责任感的郭莹莹，乖巧的温馨，阳光的林嘉明，一天到晚叽叽喳喳的宋姗姗，像个假小子的李诗意、卢婉娴，庄爱玲，老成持重的黄泽潮，不多说话的叶洪正、黄文卓，不声不响的张一洋，机灵的陈瑜锋，能干的李钥莹、江莹，内秀的匡思彦，温柔善良的黄蕾，文静聪慧的李静宜，憨厚又有点冲动的李智，乐于助人又有点莽撞的温环珲，反应敏捷的王浩宇，多动的庄培泓，不爱做作业的钟济东，乐天的张铭通，憨厚诚实的赖忠鑫、曾镜全、丘浩鹏，灵秀的周子淇，虎头虎脑的谢文翰诚，纯朴的崔静汝，不爱张扬的黄苑婷，学习踏实的张晓微，不爱读书的罗嘉瑞，爱装酷的姜天，爱搞怪的车敖松，稳重的黎黎，帅气的黎文晓，有主见的魏澜，爱搞点小自由的林嘉怡，还有后转学来又很快融入班级的凌浩林和蒲炳有，你们每一个人都像老师的孩子一样，老师了解你们的性格，知道你们每一个人的优缺点。

在你们临别之际，老师送你们三句话：

第一句话是今后要做一个有责任心的人。只有有责任感的人才会有出息，一个人能承担的责任大小决定了他今后能干一番多大的事业；

第二句话是做一个有目标的人。只有有目标的人才会有动力，才会去努力，才不会在人世间随波逐流。目标就像一盏明灯，指引我们去努力、去奋斗。

第三句话是要培养一项合适自己的兴趣和爱好。我们接受教育总有结束的一天，而这些兴趣和爱好却会陪伴我们一生，令我们觉得生活的美好和有滋味。

孩子们，你们是未变的蛟龙，你们的前程无限美好，你们的希望在自己手里，你们的路在自己脚下。加油吧，老师祝福你们！在你们走向更广阔天地的同时，老师会在校园里迎接新一群稚嫩的面孔，同时守望你们的前程和捷报。

看完后，还是没有感觉，继续往前翻，又翻出了2010年6月10日写的《写给六（4）班的每一个孩子》

写给六（4）班的每一个孩子

悄悄地，别离的日子近了，每一天都在提醒我，我即将离开我朝夕相处两年的孩子们。一想起来，我的心中就只有不舍。六（4）班是一个爱的集体，是一个上进的集体。在这个集体里，发生了许许多多的事。在过去的日子里，我们曾一起努力，一起拼搏，我们曾一起欢笑，也曾一起伤心落泪。在过去的日子里，我们的心紧紧联系在一起。今天，在回忆里留下来的却只有美好，包括曾经的泪水也化成了记忆中的珍珠，过去所有的一切都变成了我们今天宝贵的财富。

两年的朝夕相处，让我和大家建立起了深厚的师生情谊。闭上眼睛，我都知道从我身边走过的是谁；改作业的时候，只看字迹，不看封面，我就知道是哪个孩子的作业。我像了解自己的孩子一样了解班上的每个同学。我们班的每个同学也都明白，老师就是那个除了父母之外，最疼爱自己，最关心自己的人。六年级的大孩子了，可每天放学都不会忘记和老师道声再见。我亲爱的孩子们，老师也是那么地留恋你们，在两年的日子里，老师从你们身上学到的，比我教给你们的还要多。

孩子们，在过去的两年里，你们长大了，懂事了，学会用自己的眼睛去看这个世界，学会用自己的头脑去思考这个世界了，你们是一群充满了希望的孩子，你们每个人都很努力，每一天都在进步。想起这些，老师心里除了欣慰还是欣慰。

孩子们，你们即将毕业，开始新的生活，你们前面的道路还有很长，在你们今后的人生路上，你们还会碰到许许多多的人和事。老师送给你们三个词陪你们前行。第一个词是善良。善良就像太阳一样温暖，具有最强大的力量。第二个词是宽容。海纳百川，有容乃大，我们在今后的生活里既要宽容别人，也要宽容自己；既给别人一次机会，也要给自己一次机会。第三个词是坚持。人生就是一场马拉松，一分耕耘一分收获，谁能持之以恒地努力，谁才有可能成就一番自己的事业。

你们是林中的幼苗，终会长成栋梁之材；你们是初升的朝阳，终会如日中天。在你们前进的路上，记得老师永远爱着你们，爱着你们中间的每一个。

今天，我终于把同学们平时练笔积累的文章汇编成册了。这本小册子，凝聚了我们全班同学和老师的心血。里面的每一篇文章并不见得有多好，但它是我们自己写下来的文字，记录的是我们童年生活的点点滴滴，每一篇文章对我们自己来说，都是难能可贵的，都是无比珍贵的。这是对我们小学生活最好的一个总结和纪念。希望这本书一直陪伴着大家长大，让它提醒我们，六（4）班是最棒的，六（4）班的每一个孩子都是最棒的！

看完后，心里更乱了，六年的朝夕相处，孩子的面容一个个浮在眼前，万语千言，一时都涌上心头，不知该如何落笔。

2018 年 7 月 7 日

今年的高考作文命题告诉我们：培养"两耳不闻窗外事，一心只读圣贤书"的书呆子时代已经过去了。我们的孩子要做关心时事、关心民族、关心国家未来，且能独立思考，有主见的热血青年！个人的理想、发展和大时代是密不可分的，我们的孩子胸怀要宽广，格调要高，格局要大，不要拘泥于个人的小恩怨，小情思！少年强，则国强；少年智，则国智！加油，中国少年！

2018 年 7 月 9 日

周一，一大早到校就看见我们班的家长义工穿着义工服，拿着小旗子，站在校门口疏导交通，分流车辆和孩子，这是我们班的家长义工最后一次为学校站岗，为全校孩子们的安全保驾护航。大家都很珍惜最后一次为学校服务的机会，尽职尽责地为学校站好最后一班岗。人人为我，我为人人。家长义工们，你们是最可爱的人！

升旗仪式开始了，天是蓝的，云是白的，草是绿的，旗是红的，风是轻的，孩子是可爱的，生活是五彩的，心情是放飞的，做一个老师是幸福的。

2018 年 7 月 11 日

泡在泪水里的毕业季

又是一年毕业季，开始有一种叫"离别"的情绪悄悄地在校园里蔓延。看着一个个帅气的小伙子，漂亮的大姑娘要去初中念书了，老师心里其实是开心而欣慰的。但也许是人老了，爱恋旧吧，为什么我心里老是恋恋不舍，心里回忆的老是你们一年级刚进校园时的模样呢？从意识到孩子们即将离开我之后，我的眼泪就没有断过。

改《依依惜别》的作文时忍不住掉泪，去看孩子们毕业彩排，《送别》的音乐一响起，眼泪一个劲地往外涌，怎么擦也擦不干。害怕被孩子们看到，怕失态，赶紧离开会场，往厕所里躲。没想到孩子们下台后都涌过来，我们在厕所哭作一团。有天放学后，孩子们不忍离去，拥抱着老师就哭了。接到孩子的毕业礼物又哭了，收到彦博发给我的演奏《轻轻地走过你窗前》的视频的时候，正是在吃饭的时候，结果一看到那熟悉的面容，一听到那多少年前那么熟悉的旋律，忍不住泪如雨下，饭就吃不下去了。任何时候，只要提到、想起"毕业"这个字眼，就忍不住掉泪。到后来，老公非常地嫌弃我，说带学生的老师多了，没见过哭成这样的。可是，我也不想啊，我是老师，我也不想掉泪的，我也不想在孩子们面前失态的，可是，当泪水要往外冒的时候，这由得了我吗？

2018 年 7 月 13 日

开完毕业典礼后，我收到了郑钰熙的笔，收到了管彦博送我的《最美的宋词》，翻开扉页，还是那么熟悉那么工整漂亮的字体：

亲爱的朱老师，时常见您阅诗、诵诗。想必您很喜欢诗词吧，我便用稿费为您买了这一本书。希望它能伴您走过一段唯美的时光。

亲爱的朱老师，不知道若干年后，您是否还能记起您种下的千万桃林中的一株幼苗？希望这段文字能让您回忆起他。您为他付出了这么多，将来，就让他用芳香的果实来回报您吧！

亲爱的朱老师，愿这场诗词星空中的流星雨能伴您直至永远！

亲爱的朱老师，若有来生，希望我还能再做您的学生！

您的学生：管彦博

2018 年 7 月 12 日

彦博的话，永远都是那么暖心，每次都能触及我内心最柔软最纯净的角落。孩子，老师何其有幸，能成为你的老师。我跟彦博相处的点点滴滴都浮现在我的眼前，我的眼泪止不住地往外溢。

没想到书里还夹着彦博妈妈送我的卡片：

敬爱的朱老师：

时间过得太快了，而今，孩子们就要毕业了。事实上，我也做了您六年的学生，如何教育孩子，如何关注他的成长，每一步都在向您学习，如今就仿佛自己也毕业了一样，万般不舍。管彦博幼儿园的时候被老师严重虐待过，心里有很大的阴影。那时候，我多希望他能遇到一位善良、有爱心的老师，上天垂怜，让我们遇到您并且共同度过这关键的六年时光。在您的教导下，他喜欢上了阅读，会认真完成作业，也慢慢地学会包容，您的每一个眼神，对他的每一句肯定的话语，对他来讲，都是偌大的鼓励。每次回家，他都会抬起下巴说："我们朱老师……"看着他那骄傲的样子，我心里在想：有朱老师，孩子真幸福！

朱老师，这六年有您，真好！谢谢陪伴！

愿朱老师永远年轻，桃李满天下！

彦博妈
2018 年 7 月 12 日

谢谢您，彦博妈妈。遇上你们，是我的幸福！下午开教师大会，可我还沉浸在这母子俩的信当中，我的眼睛没有干过，眼泪怎么擦也擦不完。

尾声

离别的日子一天天近了，该来的还是来了，拍毕业照、举行毕业典礼、开展毕业活动，一切都在有条不紊地，按部就班地进行着。最后，孩子们离开校园的那一天，下着小雨，就如我阴雨绵绵的心境。我环顾盘点了一下教室，把孩子们六年来赢得的奖品、体育器材全部送给了孩子们，让它们继续发挥作用，同时，也给孩子们留下一点纪念。班上的东西还不少呢。一堆跳绳，每人一条，好分。篮球，给张慧吧。女孩子们最近爱上了篮球。张慧是体育健将，组织能力也强。篮球放她那，大家还有一起打球的机会。足球送给小麦，排球给淄博，羽毛球拍送给子仪，乒乓球拍送给爱打乒乓球的冠宇。跳棋、围棋、象棋送给爱下棋的孩子们。陪了大家六年的图书，也让大家各选所喜带回家去。我们班积累了六年的财物转眼之间空了，孩子们也即将分别，各奔东西。大家去往各个学校，开始自己人生新的旅程，新的拼搏，新的奋斗，新的故事又将开始讲述。

3班的故事就这么告一段落，所有的故事都留在昨天，酸甜苦辣留在心间，孩子们奔往新的前程，留在校园里的老师将开始新一次的轮回，陪伴新一拨的孩子，但你们永远留在老师的心里，老师会永远祝福你们，期盼着你们更好的发展，我亲爱的孩子们。

附：蔡睿的《我的五彩童年》

（二十八）毕业了

光阴似箭，日月如梭。花开花落，岁月匆匆。六年的小学时光如箭一般转眼间消逝，小学的最后一场考试即将拆散陪伴六年的伙伴们。

马上毕业了，炎子午和同学们一起拍合影，制作毕业纪念册。大家穿上自己最好看的衣服，请了专业的摄影师，在学校的角角落落，留下一幅幅美好的画面，小学六年的美好时光定格在了这一刻。那一本本精美的毕业纪念册，蕴含了同学们之间最真挚的友谊。

学校为毕业生们准备了一场别开生面的毕业庆典。每个班级都为母校、老师和同学们留下了精彩的节目。大家再一次感受到了浓重的离别气氛，炎子午看着同学们在台上翩翩起舞，心里更加不舍。

特别是炎子午班上的同学们精心准备的《送别》，从伴奏到合唱都是多才多艺的同学们独自完成的。那扣人心弦的曲调，让大家的眼眶禁不住红了。

大家相处了整整六年，一起度过了72个月，互相陪伴了无数的日日夜夜。没想到说分开就分开了，一种难舍难分的情绪一直在同学们心里回荡，那一幅幅牵动人心的画面不断地在大家脑海里漂浮着。

（二十九）尾声

炎子午的小学生活已经结束了，回首往事，母校的一草一木，一砖一瓦，一点一滴都还历历在目，是那么熟悉，那么亲切。

在最后一次离开校门的时候，炎子午回头最后看了一眼亲爱的母校。炎子午想：感谢您！我美丽的母校！在这里，我们养成了勤俭节约的习惯；在这里，我们懂得了做人的道理；在这里，我们找到了理想和目标；在这里，我们背负了沉重的担子；在这里，我们走过了人生的起点；在这里，我们得到了知识的源泉；在这里，我们获得了智慧的力量。

感谢敬爱的朱老师！当有同学在上学时迟到了，您就会惴惴不安为我们担心；当上课时有同学讲小话了，您便会谆谆教导；当有同学犯了错还不愿意改正时，您便会循循善诱。全班同学在您的用心教育下朝气蓬勃，茁壮成长。

感谢亲爱的同学们！我们一起度过了六年的缤纷岁月，我们一起攻克过许多的难题，我们一起在成功的时候欢笑过，我们一起在失败的时候互相鼓励，我们一起憧憬着美好的明天。

忘不了我们朝夕相处的美好时光，忘不了我们结下的深情厚谊，忘不了我们许下的真挚诺言。

依依惜别

　　我是噙着泪花看完、改完同学们的作文的。这是我们班学完六年级语文课本《依依惜别》这个单元后，同学们的综合活动展示。这是大家一个小小的作文集子，这也是我们六（3）班的全体同学集体送给老师的一份礼物。这些文字里面记录的是我们师生之间六年来朝夕相处的点点滴滴，记录的是我们永恒不变的师生情，记录的是老师逝去的芳华，是同学们一天天成长的足迹。稚童的心是那么纯洁无邪，他们用尽了他们所能想到的各种溢美之词来赞美他们的老师。老师惶惑之外，更多的是鼓舞和鞭策。这里面记录的都是同学们一颗颗晶莹剔透的童心。老师一定会铭刻于心，珍藏于心，像怀携宝物一样有勇气有信心地继续去走前方长长的路。像你们爱着你们的老师一样，老师也一样深深地爱着你们，我亲爱的孩子们！

我最喜爱的老师
深圳市南山区沙河小学六（3）班　王思忱

　　我最喜爱的老师是朱君老师，她不但是我们的语文老师，还是我们的班主任。

　　杜甫曾经写道："随风潜入夜，润物细无声。"不错的，朱老师就是这样一个人。她讲课时，总是十分耐心地向我们讲解。记得有一次，有几个同学没有听懂，她还专门用了一节课来讲解那首古诗。这下，不仅让我们理解了诗意，还了解了当时的社会背景以及诗人遭遇。我们听完了这些介绍以后，一下便茅塞顿开。有的时候，朱老师也会讲一两篇《声律启蒙》。每次朱老师讲《声律启蒙》的时候，一片朗朗的读书声便充满了课堂，好像要溢出来似的。

而朱老师最拿手的，便是作文了。说起朱老师的作文，那可是名声在外。朱老师不单单自己会写作文，她教我们写作时也十分熟练。什么"文似看山不喜平""标新立异二月花"更是张口就来。但最重要的一点是，她的辞藻非常丰富，每一次用词都十分贴切。因此，她写的作文也十分生动，像是画家用一支画笔细细勾勒出人物的线条一般，使读者仿佛身临其境。

尽管朱老师的教学独具特色，但我们喜欢她更多是缘于她的性格。每当有同学没有交作业时，她都不会像其他班主任一样把你骂得找不着北。哪怕是我们考砸了，又或者不遵守纪律的时候，她也只会温柔地教导我们。因为这个，班里的同学都觉得朱老师是我们年级最好的班主任。

"春蚕到死丝方尽，蜡炬成灰泪始干"，朱老师用六年的时间教会了我们做人的道理，尽管并不舍得分离，但也无可奈何。小时候，我们总是希望时间过得能快一点，然而现在却截然相反了。

六年仿佛只在一眨眼之间，学校也即将重建，不知道我们什么时候能再次重逢。只不过再多寄托一份思念罢了。

【作者简介】思忧，绰号"老夫子"。背负着父母"思家忧国齐天下"美好期望的思忧同学绝对是个学霸的存在。他爱好奥数，拿遍了所有杯赛的奖杯；他是所有孩子学习追赶的目标，每次考试完后，大家都会盯紧王思忧的分数，以此作为考试难易的风向标；他还是个温润如玉的谦谦君子，正如诗经有云"有匪君子，如切如磋，如琢如磨。"思忧待人宽厚大度，颇有君子之风，所以能年年高票当选班长一职。我知道老夫子的偶像是唐老师，所以，这次能入老夫子的作文，颇为意外和惊喜。又收获一枚小粉丝，幸甚幸甚！山高水长，祝福我们的孩子比我们走得更远，飞得更高！

我最喜爱的老师

深圳市南山区沙河小学六（3）班　杨冠宇

我小学最喜爱的老师是给我们上语文课的朱老师，她不仅是我们的语文老师，也是我们的班主任，还是唯一一位陪伴了我们小学六年的老师。

她那高高的鼻梁上挂着一副眼镜，虽然隔着眼镜，但是仍然能从她的眼睛中感受到那柔情似水的眼神。她脸上还常常挂着微笑，那笑容是那么和蔼可亲，是那么平易近人，使人很容易对她产生好感。

在小学六年间，朱老师跟我们有过无数令人感动的事情。

记得有一次，那时我还是一个一年级的小屁孩。一天，我忘记了做语文作业。那天早上将空白的作业本上交了。我心里十分不安，心"砰砰、砰砰"地跳得奇快无比。但是该来的总是要来的，下课铃声响后，一位同学径直地向我走来，"杨冠宇，朱老师叫你去她办公室一趟。"听完这句话后我整个人都给吓软了，好似被一座山给压住了。想起我在幼儿园的时候也有过这样的经历，那次我被老师骂得狗血淋头，还被叫了家长，回到家里后又被家长骂，估计这下又得悲剧重演了。

我慢慢地走向朱老师的办公室，心里暗想"完蛋了，完蛋了！"我胆战心惊地推开办公室的门，"报——报告。"我艰难地从口中吐出这两个字。"嗯，来啦。"正在批改作业的朱老师抬起头看了我一眼，她打开我的作业本，看了一眼递给我说："给，我相信你不是故意的。"说着她又递给我一支笔："就在我这里补吧。"我愣了一下，迟疑地把本子和笔接了过来，坐在她的旁边，认真地补起了作业。旁边的朱老师边改作业边看着我写作业，当我出错时直接指出并给我讲解，很快我就补完了作业。朱老师点点头说："嗯，写得不错嘛。下次不要再忘了写作业。"从那时起我就打心眼里喜欢上了语文课。

还有一件让我和同学们都难以忘怀的事：那时我们已经是五年级的学生了，有一个社会实践活动——军训。五天离家在军训基地的生活，还有每天都有高强度的军训项目，让我们这些在家中娇生惯养的小姐少爷们吃尽苦头。不过令人欣慰的是，朱老师每天都会陪伴着我们，时不时给我们送来亲切的问候和暖心的鼓励。这种暖心的鼓励淡化了我们想家的念头，使我们顺利通过了军训的考验。但就在军训的最后一天，朱老师却生病了，她为了使我们安心军训，硬撑到我们都睡着了，才悄悄去了医院。

在您的培养下，我和同学们从一年级懵懂的小屁孩变成了六年级的大哥哥、大姐姐。虽然在不久的将来，我将要离开您，去开始初中的学习生活，但我心中会永远地记着您——朱老师。

【作者简介】在我眼里，冠宇是一个害羞胆小却内秀的小男孩，可是我不明白，为什么只要和同学们在一起，他却有说不完的话，有如涓涓细流，绵延不绝，想必以后会是一枚小暖男？他写的那件一年级时的小事，我早已忘了，没想到孩子却记忆深刻，其实也是在提醒我慎重对待孩子的每一件事。

我最喜爱的老师

深圳市南山区沙河小学六（3）班　管彦博

从儿时到现在，换过的老师多数都忘得差不多了。但我相信，朱老师的身影将永远定格在我的记忆深处。

朱老师微胖，略矮。岁月这把粗心大意的手术刀不知在朱老师的皮肤上留下了多少痕迹。朱老师有一双会说话的眼睛。当我们在教室里追逐打闹的时候，朱老师总会皱着眉头，用眼睛看着我们，仿佛在问："这样做对吗？"当我们为班级争了光时，朱老师总会咧开嘴，自豪地望着我们，仿佛在说："你们是我的骄傲！"

那眼镜之后的双眼，还有对我们的期待，对我们的希望，对我们的爱……

朱老师的教学方法不像怀特森先生那样引人入胜，不像唐老师那样生动有趣，却如无穷无尽的涓涓细流般流进了我们的心田，使得我们种下的智慧种子发芽、生长……还生怕我们不知人生之路的艰难，将自己对人生探索的经验化作长明灯，为我们照亮远方的路。

与别的老师比，朱老师真是百花丛中的一朵"奇葩"。她深知儿童对新世界探索的渴望，在一年级时就任由我们离开小小的教室，去校园里玩耍、探索……那时也应该是她最忙的时候，因为常常有同学掉进小溪、水坑里，还有不愿去上卫生间而玩疯了的，总是在上课时忍不住，而尿在裤子里……朱老师天天忙得不亦乐乎，而我们只会傻乎乎地接着玩儿，身后是其他班小屁孩们羡慕的目光……

一日为师，终身为父。这句话可不是白说的，朱老师就如我们的第二个母亲般，对我们无微不至。别的不说，就光说我们五年级军训的时候：那时，我们刚到训练的休息时间，每个人像一个大字似的摊在床上。不一会儿，门又被打开了，我们还以为是教官，忙钻进被子里。谁料是朱老师！我们兴奋极了，像见到了妈妈一样，对朱老师述说着自己的苦累……不知是由于兴奋，还是由于当时过于炎热，我们谁也没有注意到朱老师的健康。下午，朱老师病了。因为担心我们，迟迟没有去医院，一直拖到晚上，病情加重，才被汽车带离了我们军训的场地……

谁也没有料到，分离的这一天会到得这么快。小学六年，一眨眼，便离毕业只有一个月的时光了，刚入学，仿佛昨日……朱老师也好像感觉到了，刚送走一届"儿女"，怎么马上又要送一届啦？此时对我们忽然间的严厉，应该是不想在那一天流太多的泪水……

亲爱的朱老师，您永远是我们最好的老师，我们永远也不会忘记您。就像小树苗忘不了大树，又似河流忘不了大海……

亲爱的朱老师，您的身后将有一群永远爱您的小孩，他们也是您坚强的后盾。

亲爱的朱老师，您不但是我们最喜爱的老师，也是我们人生中最好的老师！

【作者简介】管彦博，3班的大才子小作家。我的语文课代表，我最得意的弟子之一。他对阅读和写作有着持久的热爱和痴迷。他的每篇作文都能打动我的心，他的每张手抄报都是班级或学校一等奖，他送给我的每张手制卡片都令我爱不释手，视若珍宝。对一件事有着长久坚持和兴趣的孩子无疑会有一个幸福的人生和前程！

最好的朱老师
深圳市南山区沙河小学六（3）班　张慧

其实我们都并不想，也不敢写这种类型的文章，因为如果真的要把六年以来，所有对朱老师的感情全部抒发出来，我一定会泣不成声，泪流满面。

自从一年级起，"朱老师"这三个字就已深深地刻入我的脑海之中，是您见证了我们从一个个天真幼稚的顽童到青春活泼的花样少年，是您用温暖而慈祥的双手，领着我们一步步走上超越的道路。

小学生活，和朱老师您在一起的时光，是最值得我们回忆的，有悲有喜，有哀有乐，数不清流过多少眼泪，扬起过多少笑容。您还记得有一次，您把我叫到办公室里，递给我那张关于法制宣传的演讲稿吗？起初，我的心脏一直怦怦跳个不停，还以为是我犯了什么错误，被老师当面问责，脑海中已经想好了一百个道歉的方案。直到您说给个机会让我上台演讲，我的心也始终没有平静下来，那是您托付给我的责任，对我的信任，我激动的心情洋溢在脸上。哪怕后来我的演讲成功了，收获的掌声也并没有在办公室中的那一句话："张慧啊，你看这次周一的演讲，让你来好不好？"使我记忆深刻。

每个老师对每个学生的感情是一样的，但是每个老师在学生心中的地位是不一样的，而我心中一个最重要的位置，就自然是朱老师您了，您对我们的好，我们都是铭记在心的。再多再多的感恩之词，也比不上第二个妈妈的称呼。

【作者简介】张慧，跑步快得像风一样的女孩，年级女子短跑冠军，独立、自信、阳光、开朗、有主见、有决断，像孩子们的大姐姐。六年来，我没见她迟到过；六年来，我没见她忘带作业书本过；六年来，除了开家长会，我没召见过她的家长一次。严于自律的孩子，运气都会跟着走。至于孩子说的最好的朱老师，大家笑笑即可，不必当真，就如每个孩子说自己的妈妈是天底下最好的妈妈一个道理，是爱蒙蔽了孩子的眼睛。

我最喜爱的老师
深圳市南山区沙河小学六（3）班　叶梓爽

每个人都非生而知之者，每个人在学习的道路上都会碰到自己的老师。在所有老师中，我最喜爱的，还是我的启蒙老师：朱君老师。

朱老师的身材不算太高，一头淡淡的棕发夹杂着几丝白发，她有一双深邃的眼睛，看着学习的我们，那双眼像深深的潭水一般。尽管她站在讲台上，可大伙在台下的一举一动，都逃不过她的火眼金睛。

我印象最深的是朱老师的课堂。老师上课的姿态与风趣的语言，我至今还历历在目、言犹在耳。

我很热爱国学，每次在《声律启蒙》课堂中，我总是那听课最认真的几个人之一。朱老师在为我们上《声律启蒙》课时，总是滔滔不绝——"丁固梦松，柯叶忽然生腹上；文郎画竹，枝梢倏尔长毫端"……每句话就是一个小故事，每个字词都是一个大道理；书中的每句古文都是那么的令人费解，可在朱老师简洁而通俗易懂的语言下，我们一下子便领悟了。

国学课堂上，在朱老师的教诲下，我们学会了许多历史知识，晓得了许多人生道理，我渐渐对历史的奥秘与故事产生了极大的好奇心，并有了自己的见解。在您的课堂上，无论讲国学、课文还是阅读，都是那样的生动有趣！

为了我们，为了班级，朱老师付出了太多、太多。学习的道路上总是磕磕碰碰的，感谢您 6 年以来的帮助与教诲，我会在学习的路上越走越远的！

【作者简介】叶梓爽，3 班的颜值担当，小帅哥，跆拳道搏击高手，省青少年冠军，校运会班级主力，学校少先队大队委员，三科成绩名列班级前茅，走到哪都自带主角光环。更难得的是孩子努力的品质，永不放弃的决心。一个温柔的母亲和一个幸福的家庭能造就一个优秀的孩子。

我最喜爱的老师

深圳市南山区沙河小学六（3）班　唐嘉杰

书香弥漫而又美丽的沙河小学，充满了孩子们的欢笑声和琅琅读书声。六（3）班里有一位知识渊博、和蔼可亲的老师——朱老师，她陪伴了我整个的小学时光。我最欣赏她，喜爱她。

朱老师不仅是我的语文老师，还是我们班的班主任，她中等身材，宽大的脸颊，慈祥的眼神，拥有神奇的笑容，你只要看到了她的笑容就会莫名其妙的觉得心里很温暖。

朱老师是个热爱乐于助人的老师。每次班级发生了什么事情，朱老师都会立即来询问，然后细心地思考该如何去解决这个事情，并顺利将事情化解。比如，班上有两位同学因为一点小事打架了，两个人互相打得鼻青脸肿，谁也没原谅谁，朱老师得知消息后马上赶了过来。朱老师看了看两位面目全非的同学，心里很不是滋味，皱起眉头问："谁先动手的？"两位同学没有回答，只是低着头默不出声。

朱老师问了问"吃瓜群众"，得知是甲同学先动手的。然后朱老师严肃地问为什么打架？甲同学说是因为乙同学打倒了他的水杯，朱老师觉得这没什么大不了的事，干啥要打架呢？朱老师一下子秒变"唐僧"，开始给他们上教育课程。最后，朱老师叫甲同学向乙同学说声对不起并要意识到自己的过错，这件鸡毛小事就让它过去了。

朱老师是一个难得的好老师，她善解人意，待人热情，我很开心能和朱老师度过这美好小学的六年时光！

【作者简介】嘉杰，一个古灵精怪，心眼多多的"小直男"。

我想和老师谈谈心

深圳市南山区沙河小学六（3）班　孙琪

亲爱的老师：

　　您好！

　　我想借此机会跟您在这封信里谈谈心，有些话就让我在此给您写出来吧！

　　朱老师，还记得小学一年级的时候，我们还是一群什么都不懂、什么都不会的小屁孩。被家长们带进教室时，都闹个不停，家长一走，就更吵了，有的胆小地抖着小手，有的放声大哭，有的跟周围同学聊得热火朝天。是您，用您那温柔的声音使我们安静下来，是您，用您那双温暖的大手，牵着我们"环游"了整个校园；是您，教会了我们什么是爱……

　　朱老师，有些事情您可能淡忘了。但我却是记得一清二楚。二年级的某个课间，我因为跟同学玩耍，跌倒在地上，那时候我只感到脚特别痛，于是"哇——"的一声大哭出来。是您在检查课间时，发现了我，您发现我后，立刻拉起我的小手，并问我"你没事吧？"然后就立刻牵起我的小手走到了医务室，等我擦好药后，您才离开。那时，我的心里就对您有了好印象。知道吗？当时在我心中，您是最好的老师。每次上您的课，我都格外认真，您提的问题我都思考过，那时我最喜欢的就是您的课了。

　　现在说起写作文，我第一想到的就是您，因为是您，教会了我们写作文。一年级的时候，您叫我们看图写作文，我们写不出，您就一遍又一遍地教我们，直到教会为止……

　　快毕业了，我只想说一声："朱老师，您辛苦了！谢谢您！"

　　祝您身体健康！

您的学生：孙琪

2018 年 6 月 8 日

　　【作者简介】孙琪，三班的小百灵，歌声优美，舞姿也动人，画画还那么好，体育也挺棒的，更要命的是成绩还那么拔尖。这就是传说中的别人家的孩子吧？还有一句话是怎么说来着？明明可以靠颜值，却偏偏要拼才华。不过，成功从来不会一蹴而就，孩子今天的绚烂绽放，来自六年来一朝一夕的努力和坚持。以后，沙小的舞台少了孙琪，也会感到寂寞的吧？

我最喜爱的老师

深圳市南山区沙河小学六（3）班　蔡睿

在我的小学生活中，朱老师是我最喜爱的老师，我对她怀着崇高的敬意。

我喜爱朱老师温柔的外表。她戴着一副眼镜，很有智慧。脸上的皱纹是岁月和辛苦的代表，她喜爱穿一身绿色的长裙，看起来既漂亮又温柔。她为了我们一整班的学生操尽了心，我们从懵懵懂懂到长大懂事，朱老师将她所有的青春都耗在了这里。

我喜爱朱老师上的语文课。她讲的课娓娓动听，是那么有趣，能让我学到很多知识。朱老师讲课时，总要给我们讲讲课外书上的故事，开拓我们的视野。比如：学《刷子李》时，朱老师就推荐我们看《俗世奇人》。学《黄继光》时，朱老师就给我们讲其他革命先烈、抗日英雄的事迹。朱老师就像一位园丁，培育着我们这些祖国的花朵，使我们长成国家的栋梁。为此，朱老师费尽心血。

生活上，朱老师也对我们无微不至。有一次下课。我摔了一跤，朱老师当下就用清水轻轻地把伤口里面的沙子给冲掉，细心地用消毒水清理了伤口，还一直关心地问我痛不痛。朱老师对我的关心让我忘记了脚的疼和准备涌出的泪水。

朱老师教给我的知识、做人的道理和对我们的关心使我受益匪浅，我常常心存感激。朱老师是我最尊敬的老师，无论以后我在人生道路上走多远，朱老师会一直在我的心里。

【作者简介】小蔡睿是我们班的搞笑担当，阳光少年，有蔡睿的地方就有笑声和欢乐，他的每一张照片都可以做表情包。上课因为嘴多手多，可没少挨老师批评，但从不记恨老师。校园里一见到老师会像见到前世的亲人一样飞奔过来，问好的声音声震寰宇。小蔡虽然顽皮，但读书写作可从不含糊，曾在班级发表连载《我的五彩童年》，文字极富表现力。孺子可期！

我想和朱老师谈谈心

深圳市南山区沙河小学六（3）班　郑钰熙

六年前的一个早上，我们认识了朱老师。转眼间，六年过去了，我们马上也要毕业了，离开老师们，离开同学们，离开我们的教室，离开我们的母校。我真的有很多很多话想说。

朱老师，您对我们真的很好，有什么都留给我们，都帮我们争取。每次学校一有活动，家长们都积极报名，就算人数达到了上限，您也不阻拦。您说："我理解家长们的心情，他们都想来看一看自己的孩子有多棒，六（3）班的孩子有多棒。"

朱老师，虽然您有时候会生气，会对我们发火，但是我们知道您是为了让我们改正错误。只有关心我们的人，才会提醒我们，才会跟我们发火。

朱老师，虽然您不是长得最漂亮的，唱歌不是最好听的，不是最高的，头发不是最长的……但您在我们心中永远是最漂亮的，最好的，最有爱的，我们最喜欢的老师。

也许，您不知道我们有多爱您，多关心您，多注意您。但没有关系，这些我们知道就行了。您会被我们逗得哈哈大笑，您也会被我们气得哑口无言。这些，我们都记在心里。您的一丝微笑，几颗泪珠，我们其实都知道。很快我们就要毕业了，您一定要注意身体，照顾好自己！

朱老师，我们爱您！

【作者简介】郑钰熙，一个开朗活泼、多才多艺、爱美爱生活的小姑娘，长腿小美女，我的"副班主任"。她为人热情，学习积极上进，乐意为班级付出，连带她的妈妈也成了3班热情的义工和粉丝。3班的森林再茂密，也难掩她的一枝独秀；3班的星空再璀璨，也遮不住她的光芒。我们有理由相信，她的明天会更美好！

我最喜欢的老师

深圳市南山区沙河小学六（3）班　林坤

光阴似箭，日月如梭，转眼间度过了六年的小学时光，马上沙河小学就要变成我的母校了，我们也要离开我们的老师了。

有一件事，我到现在都记忆犹新。记得那是在一年级的时候，我参加了趣味运动会的"袋鼠跳"项目，我在跳的过程中不小心摔倒了，虽然我马上爬起来，但我还是没有得到第一名，我心里难过极了，是您用慈祥的目光看着我说："没事，下次加油！"

有一次因为妈妈有事出去了，很晚才来接我，当时我因为妈妈没有来接我而号啕大哭，闹个不停，保安把我带到食堂，您马上把我带到办公室，给妈妈打了电话，并且安慰我，我感觉自己像回到了家一样。

六年的光阴，转瞬消逝，我们就要告别多姿多彩的童年，去新的校园。我们又会有新的老师，新的同学，但我不会忘记我最喜欢的老师——朱老师。

【作者简介】林坤，3班才华横溢的小画家，美术李老师的得意高徒。在色彩与图画的世界里，他得到无限的快乐，也付出旁人难以付出的努力，并终将得到属于他的成就和光荣。在班级，他是最得人心的小伙伴，最受欢迎的同桌，他凭着宽厚和不争赢得了全班同学的心。他是个沉静的孩子，上课听到最入迷的时候，也不过是露出一丝会心的微笑。假以时光，等我们的小画家变成大画家的时候，再送一张画给老师应该是没有问题的吧？

我最喜欢的老师

深圳市南山区沙河小学六（3）班　韦佳音

光阴似箭，六年的小学生涯就要结束了，回想这些年天真和快乐的童年时光，一些人、一些事，不由自主地走进我的脑海，成了我终生难忘的记忆。忘不了绿树成荫的母校，弯弯的跑道，绿茵茵的草坪，飘扬的五星红旗，大大的升旗台，六（3）班的教室，忘不了一起度过六年时光的同学们，但最忘不了的是和蔼可亲的老师们。

六年中，我遇见了许多好的老师：和蔼可亲的朱老师，幽默风趣的唐老师，平易近人的袁老师，优雅严肃的廖老师，认真做事的李老师，一本正经的郭老师……但陪伴我们最久的，我最喜欢的还是我们班的班主任——朱老师。

朱老师平时穿着多彩的长裙，一双白色球鞋或凉鞋，戴着一副眼镜，她亲和儒雅，博学多才。上课时带着一本陈旧的语文书，她的脸上总是洋溢着笑容，讲课抑扬顿挫，我们的心灵仿佛射进了一束阳光，流进了一股清泉……

但朱老师严肃起来也是很让人害怕的，因为她对我们严格要求，容不得一丝马虎。比如在写同学录时，她要求我们先打草稿，再抄上，字迹要工整，为此，她还严厉批评了几个同学。

朱老师那慈母般的目光，点燃了我们人生的希望，帮助我们在人生的道路上扬帆起航，乘风破浪！

【作者简介】韦佳音，一个品学兼优的好孩子，沙小多少年才能一遇的好学生。她像一棵蓝天下的幼苗，根深深扎在泥土里，枝叶拼命往空中伸展，争取每一丝阳光，每一滴雨露。我没见过比她更全面发展的孩子了，声乐、舞蹈、钢琴、美术、奥数、体育……样样拔尖，还热心学校活动，单枪匹马竞选，当上学校少先队大队副大队长，入选南山区美德少年。孩子，做你的老师要不要太幸福？此去深中，像雏鹰展翅一样，前方是更广阔的天地，你也会面临更大的挑战和竞争。不要忘了，你的背后会永远有老师关注的目光和牵挂，母校以你为荣！

给老师的一封信

深圳市南山区沙河小学六（3）班 胡林滢

亲爱的朱老师：

　　您好！

　　六年的小学生活即将过去，我也快要离开陪伴我六年的母校和老师。我是多么地不愿意离开我的母校和老师呀，在这里我要感谢您一直以来对我的关心与照顾。

　　水滴感谢大海，因为大海让它永不干涸；花朵感谢绿叶，因为绿叶使它如此艳丽；小鸟感谢蓝天，因为蓝天任它自由翱翔。而我要感谢您——朱老师！

　　还记得，在三年级趣味运动会的前两个星期，同学们都在练习八字跳绳，而我却因为不会跳在旁边坐着。阳光体育课时，同学们又在练习八字跳绳，您在帮忙甩绳数数。突然，您看见我便叫我过来跳，我便跟您说我不会，我以为您会让我回去坐着，但是您却跟我说，你试一下。您和另一个同学开始甩绳了，我纵身一跳，绳子打到了我。这时，您过来教我怎样跳，起步、跳过……虽然我学得很慢，但您还是不厌其烦地教我跳好八字绳。

　　运动会那天到了，我和同学们都跳得非常好，得了年级第一名。

　　短暂的六年小学时光即将过去，我也即将离开母校和老师，我是多么不舍得啊！我多么想在这熟悉的校园里再多停留一会儿！我会永远记住您的恩情。

祝老师身体健康！

您的学生胡林滢

2018.6.2

【作者简介】胡林滢，一个文静可爱，懂事听话，心思单纯的小姑娘，一个说话轻言细语待人温柔的小淑女。画画很好，字也写得秀气漂亮，成绩也越来越好，在班级表现是一等一的棒。看她的眼睛，你会看到春天的花，秋天的月。相信她以后一定能把幸福带给身边的人！

我想和老师谈谈心

深圳市南山区沙河小学六（3）班　廖泽隆

亲爱的朱老师，时间过得极快，我们六年的小学生活很快就要结束了，我们全班同学也要各自去往不同的初中读书，我们就要分别了，我舍不得离开美丽而温馨的沙河小学。

朱老师，您是一位心地善良的人。感谢您教了我们很多知识，感谢您平时对我们的严格要求。您要求我们上课认真听课，不能做小动作，不能跟前后左右的同学讲话，更不能在上课的时候走神，在写作业时，我们也不能跟同桌对答案，要靠自己的能力独立完成。您的严格要求让我们受益匪浅。

朱老师，我们全班同学想跟您说："我们特别爱您，也特别想您。我们在初中会想念您的，我们在初中会认真学习，天天向上。也希望您一定要保重好自己的身体，祝您生活愉快！"

老师，我们永远永远爱您，也永远永远想您！

【作者简介】廖泽隆，这个六年来让我操心最多的孩子终于长大懂事了，要离开母校了。这是孩子六年来写得最好最完整的一篇作文，他的进步令人欣喜。愿孩子以后的路越走越稳，越走越宽。愿这个世界对孩子温柔以待！

我最喜欢的老师

深圳市南山区沙河小学六（3）班　陈子超

我最喜欢的老师是教我们语文的朱老师，我喜欢老师的温柔和耐心。

朱老师很温柔，当我们打架、吵闹的时候，朱老师会轻轻地对我们说："下次不要再互相伤害了，很危险，这次就原谅你们，记住哦，下次不要再这样了。"我们听完后，脸上的怒气就退下去了，双方也就和好一起去玩了。

朱老师也很有耐心。当我们有困难的时候，朱老师会慢慢地讲解，细细地把问题拆开，先让我们思考，然后分析，最后带我们深入理解，直到我们明白为止。记得有一次，我的几个字写错了，老师让我订正，我订正完后，把本子交给朱老师，当我要转身离开时，老师把我叫住，说："你的字订错了，拿回去重订吧！"我飞快地订完，结果又错了，但老师并没有生气，反而拿起了我的本子，一笔一画教我怎么写，我小跑回座位，按着老师的字体，一笔一画地写，最终写对了，这就是朱老师的耐心。

我喜欢朱老师，喜欢她的教学方式，喜欢她的耐心，更喜欢她的温柔！

【作者简介】子超，外表高大帅气，内里柔软的大男孩。

我想和朱老师谈谈心

深圳市南山区沙河小学六（3）班　李泳纯

六年级的小学生活就快要结束了，总说毕业遥遥无期，一转眼就各奔东西。心里面有太多太多的话还没跟朱老师您说呢，所以趁这个机会，把我想对您说的话写下来。

朱老师，您教了我们六年的语文，当了我们六年的班主任，所有的语文书，您都不知道教过多少遍了，可您也没觉得烦，反而能从中发现新知识。

朱老师，我们这些学生都亲眼看着您的脸上被岁月刻上皱纹。我们读小学一年级时，您还是一头乌黑亮丽的短发，到六年级时，您的头发里开始藏有白头发了。这些白发里就藏着您为我们耗费的苦心。

朱老师，我常常可以听到别的学生和老师说3班的朱老师好好啊！3班的学生都好有礼貌啊……我都禁不住想说一句："肯定啦，这可是朱老师教的呀，能不好吗？"但是我次次都憋住了。

朱老师，您改同学们的作业，那真是太认真啦！尤其是作文，您几乎会在每篇作文后面都写上评语，不管这篇作文写得好还是不好，您都会给我们鼓励，让我们下次进步。每次您给我写的评语，我都好开心，我会沾沾自喜好几天。

朱老师，同学们都特别喜欢看你笑呢，都说情绪是会传染的，不知道为什么，您不开心我们也会跟着不开心，您一笑我们就会跟着笑，真是一笑倾城啊！

朱老师，学校需要重建了，我们这届学生就要毕业了，如果毕业后我们还能看到您的话，我们一定给您一个深情的拥抱。

【作者简介】泳纯，长腿美少女，班级文艺主力。

我的老师

深圳市南山区沙河小学六（3）班　梁力麒

六年的小学时光转瞬即逝，也许，校园里的花草树木，不记得了；也许，我们在哪里挥洒过汗水，在哪里迎来过欢笑，也不记得了。但我永远都不会忘记那个让我受益终身的人，我们的班主任——朱老师。

记得军训的时候，朱老师每天傍晚都会过来看望我们。可是有一天老师竟然没来，大家觉得很奇怪。后来，我们才知道，原来朱老师是生病了。

大家一起去看望朱老师，朱老师想早点回来为同学们上课。天底下能有几个老师，把同学们的学习看得比自己的身体还重要呢？朱老师就是其中之一。

朱老师，您用自己的言传身教，让我们明白了做人的道理；您的谆谆教诲，使我们获得了用之不竭的知识。上课时，您一丝不苟；有人受伤时，您对同学的关心无微不至。我为拥有您这样的老师感到幸福，感到骄傲。

【作者简介】力麒，外号力肥。开朗大度，憨厚爽快，真诚善良，外表沉默内里闷骚的理科男，全班同学的开心果。

谢谢您，朱老师

深圳市南山区沙河小学六（3）班　黄奕婷

光阴似箭，日月如梭，一转眼，我们从幼稚不懂事的小朋友，变成了成熟懂事的大哥哥大姐姐，可是您却变老了许多。

在我们刚踏进教室时，朱老师，您教我们如何自我介绍，您教我们在舞台上如何大胆地展示自己的美丽舞姿。

　　谢谢您，朱老师！您教会了我们那么多的知识，您教我们在课堂上如何做笔记，教我们学习的方法，教我们如何写作，教我们如何写一篇好作文。

　　谢谢您，朱老师！您告诉我们许许多多的人生道理，是您教会了我们打架后如何和好，您教我们如何和同学们友好相处。

　　谁言寸草心，报得三春晖。诚然，这首诗是关于母亲的，但是在我们的眼里，您就是我们的母亲。谢谢您，朱老师！

【作者简介】奕婷，真诚善良的女孩。

我最喜爱的老师
深圳市南山区沙河小学六（3）班　黄浩

　　尽数整个学校，我最喜欢的老师就是我的班主任——朱君老师。

　　朱君老师最大的特点就是温柔，无论我们怎么做错事，她都不会发火，而是慈祥地教导我们，让我们下次不再犯同样的错误。

　　还记得一次语文考试，我没来学校，随后在家里补考。那次考试我整个人都是浑浑噩噩的，不仅做错了好几道题，作文还写跑题了，那一次，我拿到了我人生历史上第一次低于80分的卷子。

　　尽管如此，朱老师也丝毫没有责怪我，而是让我正确认识到我的错误和不足。从此以后，语文考试我再也没有拿过低分。

　　朱老师不仅慈祥，教书能力也是一流。她教的课从来不乏味，比如在教"形声字"的时候，她生动地用"别脚"表示了为什么偏旁的笔画要缩短，再比如说，她通过"变魔术"把两个字组合成了一个错别字，以告诉我们不是所有的字都能组合在一起的。

　　我多么希望这样的朱老师教我一辈子书啊！可惜，这是不可能的。再过一个月，我就要收拾一切，和朱老师分开了，而我这一届走后，学校又将推倒重建，在重建完后，朱老师还在不在这里工作，我就不得而知了。

　　但无论如何，您永远是陪伴了我成长六年的老师，这个恩情，我将来一定会报答的！

　　十年树木，百年树人；插柳之恩，终生难忘。

【作者简介】黄浩，聪慧早熟，重情感恩的好孩子。

我最喜爱的老师

深圳市南山区沙河小学六（3）班　舒宇

您，有一双澄澈明亮的眼睛，眼睛上挂着一副仿佛能看破所有秘密的眼镜；您，有一张灵巧的嘴巴，用甜美的声音传授给我们知识，下课了，您的声音还萦绕耳畔；您，有一双灵活的手，您的双手能写出漂亮、栩栩如生的好字，是您教我们一笔一画写出漂亮的汉字。

刚进入学校，我们是茫然的、什么都不懂的小孩，在您的教育下，六年的光阴，使我们成了勤学好问、奋发图强的大哥哥和大姐姐。

在这六年间，我们有过快乐、悲伤、忧愁……

我们快乐是因为我们长大了，在过去的日子里，每天有您的陪伴。我们悲伤是因为我们有时候不听话，让您生气了，我们心里也很悲伤。我们忧愁是因为您生病了。

记得军训那一次，到了晚上，同学们睡得香甜，我还没有睡，只是闭着眼睛躺着。忽然，您悄悄地走了进来，您走过一个又一个同学的床，每个同学都看了一遍，有些同学被子掉了，您就捡起来，为他们盖上，生怕着凉。第二天听见您生病去医院了，我心头不禁一颤。

是的，您就是以学生为重的老师，也是我最敬仰的老师。谢谢您，我最爱的朱老师，谢谢您这六年来的悉心教导，以后我一定不会让您失望的！

【作者简介】舒宇，三班的小机灵小可爱。

我最喜欢的老师

深圳市南山区沙河小学六（3）班　刘灏

我的班主任，也是语文老师，从一年级就开始陪伴我们走在成长的路上，直到六年级毕业。她就是我最敬爱的朱君老师。

从我们踏入校门的那一刻起，她就成了我们的老师。在我们淘气的时候，她总是耐心地教育我们，尽管累，也从没说过一声"累"。在上课的时候，她总是对同学们一视同仁，从来不会因为哪个同学成绩差，就直接忽略他。如果我们在作业中碰到实在不会的题，朱老师会给我们耐心讲解。

在同学们成绩好的时候，总可以听见这么一句话："虚心使人进步，骄傲使人落后。"这是为了告诫我们，考到好成绩不要骄傲，仍然要努力。

当我遇到烦恼，想找人倾诉的时候，朱老师就会充当一个树洞，耐心地倾听我的诉求，并时不时地露出微笑和理解的神情，给了我莫大的鼓励。

六年时光过得飞快，转眼小学时光就只剩下一个月了，朱老师的面容已经深深地刻在了我的心里。

【作者简介】刘灏，阳光帅气的美少年。

我最喜欢的老师
深圳市南山区沙河小学六（3）班　林晓文

我们班上有各种各样的老师，有趣的数学唐老师，严肃的英语袁老师，还有热心的科学刘老师，但我最喜欢的还是全能的语文朱老师。

我们的朱老师是很有趣的。上课时为了防止我们的大脑沉睡，她偶尔会讲些关于她的故事。记得最清楚的一次就是她讲她小时候看电视的事。那时，科技还没有这么发达，工资又不高，普通的黑白电视都要300元。朱老师家好不容易存了300元买了一台电视机，全村的人都拿着自家的小板凳涌向朱老师家门口的坪里一起看电视。那个画面是我们无法想象的。

每当我们做错事时，朱老师就会特别严肃地将我们批评一顿。我知道朱老师那么严肃是为了让我们认识到错在哪里，批评我们是为了让我们这些幼苗能茁壮地成长。

这就是我们的朱老师，她既有唐老师的风趣，又有袁老师的严肃，还有刘老师的热心，是一位全能老师。我爱我的朱老师。

【作者简介】晓文，心灵手巧的小淑女。

我最喜欢的老师
深圳市南山区沙河小学六（3）班　张振鑫

小学六年，有无数老师教过我。在所有老师中，我最喜欢的非唐老师莫属。

唐老师长得不高，留着一头乌黑齐平的亮发，显得他很有气质。唐老师肚子很大，胖得像一只企鹅。唐老师很博学，特别难的奥数题他都做得出来。他肚子里装的不是食物，而是满满的知识！

唐老师是个有着将近三十年教龄的老教师，他知识渊博，经验丰富，上起课来幽默搞笑。

唐老师搞笑起来，可以把全班都笑翻。一天，我们在学校考了比例尺。过了两天，试卷发下来了。"好，全班第一……第二……八大金刚又再现风云了。"唐老师拖着长音的声调，让大家肚子都笑疼了。

这就是我喜欢的唐老师，我喜欢他的教学方式，更喜欢他的幽默。

【作者简介】振鑫，开朗阳光的大男孩。

我想和老师谈谈心
深圳市南山区沙河小学六（3）班　陈俞聪

光阴似箭，日月如梭。转眼间，我们的小学生涯就要结束了！而压在心底的话，我现在再不说出来的话，那么以后，我还会有机会再说吗？

朱老师，在这六年中，您的每一个眼神、每一个微笑、每一句话、每一个字都深深地印在我的心中。

在我刚刚入学的时候，我胆子特别小，而且长得又不是很好看，再加上我又是从农村来的，班上有几个同学就有点瞧不起我，还给我起了一个很难听的外号"洋葱"。当我第一次听到这个外号时，我的心里是很不舒服的，我又没有去招惹他们，凭什么无缘无故就给我起这样的外号！但是我又不敢去说，只能强忍着，后来，他们又继续叫我"洋葱"。我忍住在眼眶里打转的泪水，继续埋头写作业，装作什么都没听见。

后来，这件事情传到了您的耳朵里。在周一班会课的时候，您重点给我们讲了不能给别人随便起外号这件事情："同学们，我们可不能随便给别人起外号。如果那个外号是表示亲昵的，别人可以接受的话，这个倒还没有什么问题，但是如果是别人不喜欢的，就不要随便给人起外号。如果是你，你被别人起了一个你不喜欢的外号，而且又要被别人天天这样叫你，你会有什么样的感受呢？己所不欲，勿施于人。如果你被起外号了，你不必跟那个同学发生冲突。你只要告诉老师就好了，老师自然会处理。"这句话仿佛是说给我听的，又仿佛是说给那些给我起外号的人听的，这句话给了我极大的勇气。

朱老师，我已从当年那个胆小的女孩，变成了一个成熟稳重的大姑娘，是您给了我勇气，给了我力量，让我找回自信，我又怎能舍得和您分别，又怎么能忘记您呢？

我宁愿永远都不长大，让时光永远停留在这一刻……

【作者简介】俞聪，懂事听话，勤奋上进的好孩子。

我最喜爱的老师

深圳市南山区沙河小学六（3）班　张淄博

我最喜爱的老师是唐老师，他教的数学是最通俗易懂的。

唐老师刚教我们班时，他的样子就让我们印象深刻。他那大大的肚子、慈祥的笑容、出其不意的幽默、那万兽之王的威严和说爆就爆的恐怖脾气，组成了一个独一无二的唐老师。

上课时，唐老师都会拿出十分之一的时间说说其他的事，老师说得不亦乐乎，我们也听得津津有味，都快忘了现在正在上课。每次上课，唐老师都会带着一个水壶，时不时地喝一口水润润嗓子，班里有几个胆大的同学偶尔也会模仿唐老师喝水时的样子，并放大喝水的声音，最后，还不忘喝水后陶醉的样子，这都带给了我们很多快乐。

唐老师的课有一个特点，数学好的同学，老师不抽他们回答容易的题目，因此，大家都争着当学霸，成为学霸的唯一途径就是考试，只要连续拿到两次93分以上，就会被唐老师视为学霸。

唐老师的课激情、有趣。唐老师说过：没有激情的课堂，就算你讲得再好，学生们也听不进去。

【作者简介】淄博，善良厚道的大男孩，三班的体育健将。

我最好的老师

深圳市南山区沙河小学六（3）班　刘俊峰

朱老师，是我人生中的导师，是我的第二个母亲。

在我的心目中，朱老师是我最好的老师，从一年级到六年级，我印象最深的就是您。那个时候我还是个无知、可爱的小孩。妈妈牵着我的手，来到一（3）班教室时，我第一眼看到的就是您，在您的教诲下，我逐渐成长了起来。

还记得一年级的时候，您教我们认汉字，学汉语拼音，那一个个陌生的字符就像一张张陌生的脸，我们从不认识到会认会写。老师您花费了多少心血啊。您还教会我们怎样写作文，从教会我怎样写一句话，到学会运用各种写作方法，再到写一篇很长的文章，所有的功劳都源自您。

开运动会的时候，我们所有同学都在赛场上挥洒汗水，您就带领啦啦队，在赛场上给我们加油，鼓励我们。朱老师，您还记得五年级的时候，我们全班去军训，您生病了，还来看望我们，为我们拍照，让爸妈放心，最后耽误了自己的病情。

朱老师，我要感谢您的教诲，您是我永远的老师，人生中的导师，我要真诚地感谢您。

【作者简介】刘俊峰，酷爱书法的小豆子。

我最喜爱的老师

深圳市南山区沙河小学六（3）班　郑灏

在我的心目中，有许多老师给我留下的印象都很深刻，而让我最喜爱的是我的语文老师——朱老师。

朱老师是一个关心学生，爱护学生的好老师。她有一头漆黑靓丽的头发，还有双炯炯有神的眼睛。她说话和蔼可亲，每一次作业都会在课堂上讲完正确答案再收，如果你还错，朱老师会先批评你，然后再仔细地为你讲解错题。

记得有一次，在科学课上，我跟张振鑫吵起来，勒他脖子，在张振鑫脖子上留下了一道深深的红色勒痕。朱老师您狠狠地批评了我。但是没有打我骂我，而是严肃地教导我，让我改正错误。

老师啊！您像蜡烛燃烧自己，把全部的知识毫无保留地教给我们，"春蚕到死丝方尽，蜡炬成灰泪始干"就是您的真实写照！

【作者简介】郑灏，善解人意的小胖子，年年被同学们评为班级"关爱之星"。

我最喜欢的老师

深圳市南山区沙河小学六（3）班　胡俊杰

如果你要是问，我最喜欢的老师是谁？那我就会毫不犹豫地告诉你：就是亲爱的朱老师。

朱老师穿一袭红色长裙，戴着淡红的眼镜，明亮的眼睛似乎能看透一切。朱老师已有40多岁了，额头上有些皱纹，这些皱纹里藏着满满的智慧。想起朱老师，有一件事，让我记忆犹新。有一次我到学校边的水池旁玩，没站稳，掉了下去，裤子全湿了，朱老师见了，打电话让家长来送裤子，还用自己的衣服帮我保暖。

朱老师，您就像园丁，终日辛劳培育了我们。您就是这样平凡而伟大。

【作者简介】俊杰，上课永远有讲不完的话忙不完的事的小话唠。

我最喜欢的老师
深圳市南山区沙河小学六（3）班　李泳纯

鱼儿离不开水，花儿离不开树，我们的成长自然离不开老师。我最喜欢朱老师，她是我们六（3）班的班主任。朱老师从一年级教语文教到六年级，到现在为止，我们没有听过朱老师一句怨言。

朱老师喜欢穿碎花布料的长裙，配上一双舒适的布鞋或一双微微有跟的鞋，简简单单，看起来很舒服，有种朴素而带魅力的美感。朱老师带着一副红色的眼镜，眼睛里藏着一双秋天溪水那样清澈的大眼睛，还有一张能说会道的嘴巴，但是，朱老师口才再好，也没有朱老师文采好，听别的老师说，朱老师被大家称为"才女"。

朱老师上的课就像磁铁般吸引着我们。她讲的语文课，我们都爱听。然而，她更可贵的是有一颗无私奉献的心，她把自己的爱都给了我们。

我记忆中有这么一件事。有一次，学校开运动会，朱老师叫我把加油棒发给女生，我让女生们自己挑颜色，旁边几个男生就跑过来拿，教室一下就乱了。朱老师很生气，发了挺大的火，狠狠地批评了我。我回到座位上，哭了起来。朱老师看到我哭了，就走到我面前来，跟我讲我错在了哪里，把道理告诉我，其中令我印象最深的一句话是"人不能被别人所左右"，这简简单单的九个字，让我铭记于心。

还有一次，朱老师课讲完，快要下课的时候，朱老师说了一句："大家不要忘记我"。因为这个单元学的是《难忘小学生活》，她讲的时候哽咽了一下，接着就看到泪水已经湿润了朱老师整个眼眶。我感到朱老师是有多么不舍得我们这一届的学生，毕竟我们这一届读完，我们的母校也要重建，也不知道何时才能见到亲爱的朱老师。

朱老师，您循循善诱的教导，有如春雨一般，滋润每个学生的心田，朱老师，我们爱您！

【作者简介】泳纯，热情开朗的美少女。

我最喜爱的老师

深圳市南山区沙河小学六（3）班　郑钰熙

我最喜欢的老师是朱老师。朱老师不是最漂亮的老师，声音不是最好听的，身材不是最好的，但是她在我心目中永远是最漂亮的，最好的老师。

朱老师有着一双智慧的眼睛，谁听话了，谁不听话了，她一眼就能看出来。朱老师带着一副枣红色的眼镜，看上去十分和蔼可亲。

朱老师待人十分亲切，而且乐于助人。有一次，我生病了，需要杯子冲药喝，我却刚好没有带杯子，朱老师见了，把自己的杯子给我拿去冲药，还询问我的情况，让我快点好起来。

朱老师每一次批改作业都非常认真，她是一个字一个字认真地、慢慢地去读，去品味。有时候看不清的地方，还会来询问我们，并让我们给她讲解。好的作业，好的作文，朱老师都会当着全班同学的面提出表扬，鼓励，并告诉我们好在哪里，让我们参考，互相学习。同时写得不好的作文，朱老师也会提出批评，并教他如何入手写好作文，让我们互相帮助，一起进步。

朱老师对同学们都公平对待，不会偏心谁。朱老师曾经说过："其实没有什么差生，只是一些同学努力了，一些同学没努力。还有的同学也努力，只是结果暂时没有那么好，但是，慢慢地一点一点进步就会好起来！只要付出了，就会有收获。"朱老师还补充说："其实我并不同意有'差生'这个说法。"朱老师就是这样公平，这样大爱无私。

有一次，别人送给朱老师一大束花，非常好看，还很香。但朱老师说她不会养花，等到星期一来上班的时候，花就枯萎了，朱老师觉得特别可惜，就把花送给了会养花的我和妈妈。朱老师不会像别人一样，自己得不到的，也不让别人得到。她会让更多人感受到花的芬芳。

还有一次，弟弟和学校的足球队代表学校去踢足球，得到了亚军，拿了奖杯和奖牌回来。官方做了一个宣传片，他们的教练把它发到学校，朱老师看见后，立刻发给了妈妈，并告诉妈妈这个好消息，表扬弟弟。可以看出，虽然不是朱老师的学生，但是朱老师依然很关心。朱老师关心她身边的每一个人。

这样的事例还有很多，它们都在我脑海里一一涌现。朱老师无微不至的关心，和蔼可亲的说教，慈祥的眼神，都深深烙印在我的心田，我永远也不会忘记她。

给老师的一封信

深圳市南山区沙河小学六（3）班　邹雅琪

敬爱的朱老师：

您好！

您是我们的师长，但在我的心里，您不仅仅是老师，还是亲人、朋友，您在我们心中的分量，可能您自己都不清楚吧！

朱老师，我们所有同学都知道您是爱我们的，但您知道吗，我们也同样地爱您。这次作文的题目是《我最喜爱的老师》，班上大部分同学写的都是您，因为一听到这个主题，大家都条件反射似的想到您，您对我们的付出，我们都看在眼里记在心里！人非草木，孰能无情。

虽然我们年纪小，不懂什么是爱，但我们都不傻，谁对我们好，我们大家心里都明白。朱老师，您虽然偶尔会说我们两句，但我们都能理解您恨铁不成钢的心情，您是希望我们进步才这样说的。

您啊，就是刀子嘴豆腐心。有时候您会说："你们看看人家4班多整齐，多听话啊。"可您心里肯定觉得我们班是最棒的，我们就是这么自信，您把我们当自己的孩子，怎么可能不相信我们？有人说这是一种盲目的自信，不对，其实应该说是信任。

我还记得您在一节课上说了一句："也许你们在以后的生活中会想起我吧。"听到这句话，大家都莫名地眼眶一红，我和张慧的眼睛里都有泪光在闪烁。陈子超说："我要把朱老师记下来，写到书上，你们也快写啊！"我看到了，在他的语文书上写着："致全世界最好的老师朱君，谢谢您！"他问我和张慧你们怎么不写？我和张慧指着胸口说都记心上了，擦都擦不掉，我不知道您能不能感受到我们的爱，但我们希望您能记住我们这一群虽不听话，但很爱您的学生们。

六年时光，流逝得飞快，我们快要毕业啦，我们也将变成您口中的上一届学生，也不知道您头上哪根银丝是为我们而长，哪条皱纹是因我们而生，谢谢老师您对我们的关心、帮助、付出、支持、汗水和心血，我们希望能成为您的骄傲！"老师，您辛苦了！"

您的学生：雅琪

2018 年 6 月 3 日

【作者简介】雅琪是我的学生，她勤奋努力上进，她值得世上最美好的词汇，她能满足一个老师对一个学生最好的期待。我爱雅琪！

我最喜爱的朱老师

深圳市南山区沙河小学六（3）班　陈金爵

"学如逆水行舟，不进则退。"这是朱老师常常用来告诫我们需要认真学习的一句话。每当大家松懈时，耳旁总能及时响起她的声音。

她拥有一双"变幻莫测"的大眼睛，一头乌黑的头发，两片红润的嘴唇，一张一合，便从中传出动人的话语。深厚的文学功底，丰富的教学经验，使她出口成章。她始终都是简简单单的，没有浓艳的彩妆，没有华丽的衣裳，但她的一颦一笑却让人记忆犹新。这就是我最喜爱的朱老师。

每天下午，您总会习惯地巡视正在值日的我们。放学会叮嘱那些学习吃力的学生完成作业，再回去继续备课改卷。朱老师对我们的关心也是无处不在。一次午写，我正认真地书写着，头却快碰到桌子上，是您喊了我的名字，并提醒我写字需坐端正，一定要保持正确姿势。从此，我就再也没有过低头写字的情况。

老师，您辛苦了！是您启蒙了我，感谢您对我的教育之恩。我一定会好好学习，用实际行动来报答您。

天依然蓝，水依然清，老师您依然在呵护着自己的幼苗……

【作者简介】金爵，文艺男，在学习上拥有无限的潜力。

我想和朱老师谈谈心

深圳市南山区沙河小学六（3）班　蒋欣彤

我的小学生活就要结束了，我想要和朱老师谈谈心。朱老师，是您六年以来一直陪伴我，我快要毕业了，我非常地不舍得学校和老师，我想在毕业之前再来一次远足，再留下一些美好的记忆。

我还记得上一次的远足，我们班里有说有笑，大家分享着零食，一路欢声笑语，看到了许多美丽的景色，我们还喝到了山泉，山泉凉凉的，我们的心情也爽爽的，饭也吃得香极了。在坐车回去的时候，很多人都睡着了，那是因为太累了吧。我们回到家的时候都津津乐道地讲给父母听。

朱老师，我真的想再来一次远足啊！

2018 年 6 月 3 日

我们最好的老师

深圳市南山区沙河小学六（3）班　张越

人的一生中，会遇到许多老师，或情同知己，或形同陌路。而在启蒙阶段遇到一位好老师，则是人一生的幸运。我庆幸自己，在小学期间遇到了这样一位好老师。

她好，好在说话幽默，让我们轻松求知；好在讲课深入浅出，让我们掌握更多的知识；好在经常给我们举办活动，让我们学习不再枯燥；好在关心同学，拥有一颗大爱的心；好在……

她，有细细的长发，看上去干净利落，简单又透出独特的魅力。而让我感触最多的，是那双有灵韵的眼睛。

我们之间不缺乏眼神的交流。高兴时她的眼中释放出的喜悦，我看在眼里，想让她永葆那张笑脸；生气时，她眼中流露出的失望，我痛在心上，多想让她对我们重燃希望。我知道她的心中，对我们充满无限的期盼。

每一堂课，她都让我们学有所获，她，已定格在我们心里。

没错，她就是我们最好的老师——朱老师。

【作者简介】张越，有时含蓄内敛，有时热情奔放的美少女。

我最喜爱的老师

深圳市南山区沙河小学六（3）班　肖艺婷

我最喜爱的老师是我们班的数学老师——唐幼林老师。他身高一米七左右，胖胖的，他那圆圆的肚子里装满了笑话。要问我为什么喜欢唐老师，那是因为他十分幽默，常常把我们逗得捧腹大笑。

有一次上数学课的时候，我们都提不起精神，个个都低着头，还有人低头在看课外书。唐老师一看，这怎么行呀，但是，他没有骂我们，而是问："你们是在为昨天不努力的自己默哀三分钟吗？"此话一出，我们都乐了。于是，我们又都打起了精神，继续上课了。

虽然唐老师笑的时候看起来和善，但是，大家可千万不要被他的表象所迷惑了。唐老师生气的时候，看起来还是挺凶的。

记得有一次，班上有个同学在数学课上讲话。唐老师看见了，便大步流星地走到了那个同学的面前，瞪大了眼睛，目不转睛地盯着他，那同学都吓得出了汗。要我说，唐老师那表情也太恐怖了，像要吃人似的。

这就是我们的唐老师，一个既幽默又严格的老师。我对他是既敬畏又爱戴呀！

【作者简介】艺婷，美女学霸，文艺女孩。

我最喜爱的老师
沙河小学南山区沙河小学六（3）班　鲁昌昊

在这六年的小学生涯里，总有一个身影在我们身边指引着我，那就是我们的班主任朱老师。

我们的朱老师，是我们六年以来的语文老师，也是一直以来的班主任，和我们一起度过了六年的风风雨雨，她对工作一丝不苟，也没怎么发过火，平时脸上总有种和蔼可亲的笑容。有同学向她请教，她总会细心地解答，

朱老师戴了一副眼镜，笔直的鼻梁，鼻子下面有个仿佛天天都笑不够的嘴巴。记得有一次运动会，朱老师得知我们的比赛成绩后十分高兴，当时的我们也感到特别的开心。

十年树木，百年树人；插柳之恩，终生难忘。

我最喜欢的老师
深圳市南山区沙河小学六（3）班　覃海圣

老师像辛勤的园丁，哺育了我们幼小的树苗；老师像蜡烛，燃烧自己照亮了别人；老师又像默默无闻的春蚕，吐尽了最后一口丝……

我有一位好老师，她就是陪伴我们整整六年的朱老师。她中等身材，头发柔软而妩媚，充满着蓬勃的朝气。

记得我第一次踏入一（3）班的教室，教室里异常安静，只能听到几声咳嗽声。直到您迈着轻盈的步伐走进教室，亲切地向我们打招呼，教室里瞬间炸开了锅。

当我们考试成绩不理想时，您的眼睛总会发出严厉的光芒，好像在说："你们这次为什么考得这么差，这道题讲过好几次了，怎么还错呢？"当我们在期末取得好成绩，您还是会告诫我们不能骄傲。

朱老师，您循循善诱的教导，有如春风化雨般，滋润我的心田，我们永远不会忘记您！

【作者简介】海圣，老师能干的小助手，称职的班级小管家，外表沉默，内里热情。

我的老师

深圳市南山区沙河小学六（3）班 曾辰

朱老师是我们的语文老师，她个子不高，一头长长的秀发，身上还散发着淡淡的清香。

我是四年级转学来到沙河小学读书的。刚转来的时候，我觉得语文学习是平淡无味的，但是慢慢地，我觉得学习开始变得有意思了，比如说：听写、作文、考试、做手抄报，同学们做得好的都会得到大拇指作为鼓励，大家学习的兴趣就越来越浓了。

朱老师，您永远是我们最敬爱的老师。

【作者简介】曾辰，文静内秀的小美女。

我最喜爱的老师

深圳市南山区沙河小学六（3）班 曾佳仪

俗话说："一个孩子如果没有碰到一个好老师，那么他就是一个潜伏的罪犯。"可见，一个好老师对我们的成长有多么重要。我就有幸遇到了这么一位好老师。

我最喜欢的老师是朱老师，她从一年级到六年级，一直教我们读书、识字、写字……虽然她对同学们要求十分严格，但她的脾气非常好，对我们很温柔。

对于作业，她很认真，要求我们字迹工整、卷面整洁。我知道朱老师是为了让我们在考试时不出现错别字，卷面干净，以免扣分。

花儿要感谢阳光，因为阳光抚育它成长；鲜花要感谢雨露，因为雨露滋润它成长……我要感谢老师，是您传授给我知识，让我健康成长。我爱您，老师！

【作者简介】佳仪，热情开朗的美少女。

给校长的一封信

深圳市南山区沙河小学六（3）班　罗子仪

敬爱的校长：

时光匆匆，我在沙河小学的学习已接近尾声，在离别之际，我想给您提以下几点建议：

一、关于学校的设备

夏天到了，炎热的天气让我们不得不购进一些"降暑小工具"，整个教室里"唰唰唰"地响着小风扇的声音，还时不时传来一声"借我吹一下！"的借风扇的声音。我们每一个人都仿佛是被关在一个大蒸笼里的"馒头"，冒着"热气"。我们都希望能在既凉爽又舒适的教室学习。没错，我的意思就是希望学校可以给每一间教室装上空调，让我们不再为炎热而感到烦恼。

记得有一次家长开放日，我的妈妈也来参观。刚一放学，妈妈就对我说："课讲得很好，就是教室里有一股酸臭味儿，怪难受的，如果能改善一下，那就更好了。"我看着妈妈的眼睛，我知道，她其实就是在说我们的设备落后。

因此，借此机会，向学校提出给每个教室都装上空调的建议。

二、饭堂的饭菜

卫生、干净方面，学校是做得很好的，我们吃了这么多年，也从未出现过身体不适。可就是饭菜做得太少，每次我们中午放学都是争先恐后地跑去吃饭，到了饭堂占位的占位，插队的插队，唯恐轮到自己就吃不上饭菜了。校长，您知道吗？每当上午最后一节课老师拖堂时，我们的心情可是无比纠结啊！

还记得有一次，因为老师拖堂，午托的同学们只好厚着脸皮去老师饭堂打饭，打饭阿姨还说了我们一通，让我们心里很不是滋味。有同学说了一句："吃不到饭还要被批评，早知道不来了……"当时我的心情也很低落。心想有机会的话，一定要向您提出这个建议。

三、关于课程的创新

现在有许多学校开展了游泳课、皮划艇课、溜冰课等。当其他学校的朋友们谈起这些课时，我总觉得很新奇，以为这是课外社团，但是他们却告诉我，这些都是正正经经的常规课！这让我很惊讶，比起他们的学习生活，我们便显得落后、呆板了。

其实，孩子们的成长与学习并不只是端端正正地坐在椅子上听讲，而是需要适当地做一些社会实践活动，这样才能促使我们更好地成长。

以上就是我的建议，望您采纳。

建议人：六（3）班　罗子仪

2018 年 6 月 3 日

【作者简介】子仪，秀外慧中，善良单纯，憨厚大度的女孩，不过，对很多事都有自己的思考和判断，也有自己的原则和底线。

我最喜爱的老师

深圳市南山区沙河小学六（3）班　黄紫玄

在我所有的老师中，我最喜欢的老师就是我们的朱老师了。朱老师是我们班的语文老师和班主任。在每次上课的时候，她虽然对同学们很严格，但是下课的时候，总是给我们一种和蔼可亲的感觉！她用很多方法来帮助同学们改正错误，她对工作非常认真，我们都很喜欢她。

朱老师教学有方。她的口才很好，她讲的课总是深深地吸引着我们，这使我们在课堂上非常积极，每当我们回答问题时，朱老师就用鼓励的目光看着我们，使我们信心大增。即使回答错了，朱老师也不生气，每当我们回答不出来的时候，朱老师就会耐心地给我们讲解，直到我们听懂为止。

老师的角色是千变万化的。在生活中，老师是心灵的医生；理想的路途上，老师是向导，是引领我们前进的灯塔！

朱老师陪我们度过了六年，谢谢你，我亲爱的朱老师。

【作者简介】紫玄，姐妹花中的姐姐。那么清秀的外表，如果能配上学习的热情，那该多好。

我最喜爱的老师

深圳市南山区沙河小学六（3）班　黄紫尘

我最喜爱的老师当然是我们亲爱的语文老师和班主任朱老师。

朱老师，我们班的同学都很喜欢，她把我们从一年级带到六年级。朱老师，和蔼可亲，对每一个学生都很平等，很严厉，我们也很听她的话。

朱老师在我的心目中永远是最好的老师！最棒的老师！

在我们的眼中，朱老师是一个大公无私的教师。我要感谢您，是您传授给我们知识，让我们永远健康成长。朱老师，时光不老我们不散。

【作者简介】紫尘，姐妹花中的妹妹。心灵手巧，能做漂亮的手工，除了学习，对其他都很有热情。

我最喜欢的老师

深圳市南山区沙河小学六（3）班　郭约西

我的数学老师是唐老师，他长得高高的，有一个大肚子。唐老师有时很慈祥，有时很严格。他讲的课很幽默，我们都爱听。

唐老师讲课时，谁要是违反了课堂纪律，唐老师就会走近他的课桌前和那位同学对视一番，以作提醒。每当学到一个新例题，我们没有学会或者不明白，唐老师总是耐心地讲解。他常常对我们说，读题时，要做到读一遍不懂，就读两遍、三遍、直到读懂为止。

唐老师希望我们成才，常常给我们找习题做练习。如果考试没考好，他就和我们一起找原因，分析错误，在错题上改过来，还教我们怎样避免这样的错误，教给了我们很多好的学习方法。

唐老师像辛勤的园丁，把我们这些小树苗精心培育，我们要努力学习，长成参天大树，成为有用的人才。

【作者简介】郭约西，六年级转过来的插班生，愿她能得其所愿。

我的小学时光

深圳市南山区沙河小学六（3）班　唐嘉杰

在我的眼里，小学时光就像一个大布丁，它是我一生中最甜美的回忆，也像一块烙铁，深深地在我心头烙上了烙印。小学不仅仅是我基础知识的源泉，也是我和我同学们成长的舞台，我们共同在这里学习知识，同时也一起玩耍运动。

在这六年时光里，我从一个懵懂无知的小屁孩，变成一个熟读诗书的少年。以前看经典名著，犹如阅览天书，现在翻看，仿佛享受人间乐趣。以前性格胆小如鼠，现在勇敢坚毅，这些变化都是经过小学的六年时光给磨炼出来的！

光阴似箭，日月如梭。即将毕业的我，耳边仿佛响起了以前我和同学们的欢笑声和读书声。曾经，在语文课上，朱老师带着我和同学们在课堂上认真地朗读诗书，其中就有唐代大诗人白居易写的《忆江南》"江南好，风景旧曾谙。日出江花红胜火，春来江水绿如蓝。能不忆江南？"我们班朗读的声音响震云霄，把窗外的鸟儿都给吓跑了。后来，老师表扬我们，我们就读得更带劲了。

三年级的时候，我们秋游去麦鲁小镇玩，那里是职业扮演的游乐场。我们在那玩得不亦乐乎。我们男生最喜欢当警察，因为身上穿着帅气的制服和手里拿把黑黑的小手枪，觉得很威风！在"警察局"里，我和同学们玩"守犯人"游戏，我们轮流当一次犯人，于是大家就都知道当坏人是什么滋味了。女生则去当护士、空姐、医生和保姆等。这些职业对男生没什么意思，但对女生来说，不亚于一次天降惊喜！

中午的时候，大家聚在一起，排队领盒饭吃。打开香喷喷的盒饭，里面的食材可丰富了，有金灿灿的鸡腿、绿油油的青菜、白嫩嫩的米饭和红红的胡萝卜。我们大家吃得狼吞虎咽，边聊边吃饭，好欢乐！

在最后一学期里，我每时每刻都在怀念以前和同学们相处的好时光。可惜，那也只是以前，不可能再回来的了，因此我以后要珍惜每一寸光阴。

难忘的小学生活

深圳市南山区沙河小学六（3）班 覃海圣

时光易逝，转瞬之间，时间的年轮已经转了六圈，我们在沙河小学也度过了六年。在这即将过去的六年里，我得到了许许多多珍贵的东西。在这六年里，也对母校有了深深的情感。

回忆起六年之前的小学一年级，初来乍到的我面对一片陌生的学校和同学，惊奇中夹杂了一份不适。弹指六年过去，陌生的校园已变得亲切，与同学也结下了深厚的友谊。

在学校的生活中，我得到了一份珍贵的礼物——丰富的知识，高尚的品德与深厚的友谊。老师的教导让我们领悟了道理，增加了知识；同学之间相处让我们明白了团结和友谊。六年相处的时间，说长，却只是漫漫人生路的开始；说短，却能使一个人改变许多。往事如烟一般的飘散了，却又飘入了我们心灵深处，浮现在我们眼前，记忆犹新。这都是我们快乐的影子，是我们记忆宝库中的一颗颗明珠！

　　我就要告别亲爱的母校了，离开亲爱的同学们，离开敬爱的老师们。感谢老师的培养和关怀，感谢母校对我们的教育！